国际经济与贸易教学研究与实践

刘小军 王威 王昕 过晓颖 王玉婧 主编

南开大学出版社
天津

图书在版编目(CIP)数据

国际经济与贸易教学研究与实践 / 刘小军等主编.
—天津：南开大学出版社，2017.2
ISBN 978-7-310-05306-3

Ⅰ.①国… Ⅱ.①刘… Ⅲ.①国际经济－教学研究－高等学校②国际贸易－教学研究－高等学校 Ⅳ.①F11②F74

中国版本图书馆 CIP 数据核字(2016)第 000733 号

版权所有　侵权必究

南开大学出版社出版发行
出版人：刘立松
地址：天津市南开区卫津路94号　邮政编码：300071
营销部电话：(022)23508339　23500755
营销部传真：(022)23508542　邮购部电话：(022)23502200
*
北京楠海印刷厂印刷
全国各地新华书店经销
*
2017年2月第1版　2017年2月第1次印刷
260×185 毫米　16 开本　13.125 印张　2 插页　301 千字
定价：40.00元

如遇图书印装质量问题，请与本社营销部联系调换，电话：(022)23507125

前　言

我国高校开办国际经济与贸易专业30多年来，学生人数呈现快速增长的趋势。虽然数量上有长足的发展，但是仍然无法满足国际经济与贸易的发展需求。2007年，教育部制订了《关于加强"质量工程"本科特色专业建设的指导性意见》，2011年教育部、财政部颁布了《关于"十二五"期间实施"高等学校本科教学质量与教学改革工程"的意见》，同年，教育部还颁布了《关于全面提高高等教育质量的若干意见》。这三个文件都强调通过教学改革，大力提高教育教学质量，培养能满足国家经济和社会发展需要的应用型人才、复合型人才和拔尖创新人才，为国际经济与贸易专业开展相关改革和创新工作指明了方向。2013年1月召开的全国教育工作会议再次要求对人才培养模式进行改革，提出要加大创新型和应用型人才培养模式的研究。教育观念的更新、教学模式的改革是当前高校国际经济与贸易专业教育教学改革最迫切的任务之一，教学质量是学科的生命线，也是各高校国际经济与贸易专业建设永恒的主题和一致追求，其核心是使教学由现在的以教师为中心向以学生为中心转变，激发学生学习的主动性与能动性。

目前国际经济与贸易专业办学存在着一些问题，例如，符合国际经济与贸易专业办学基本要求和特色专业之间的矛盾；生产服务一线紧缺的应用型、复合型、创新型人才培养机制尚未完全建立，在设计课程体系时如何解决宽口径、厚基础和重专业特色之间的矛盾，人才培养结构和质量尚不适应经济结构调整和产业升级的要求等。鉴于此，根据国际经济与贸易本科专业人才培养要求，针对教学实践中的关键问题和实际问题，组织综合性的教改研究课题，培育教学成果；针对教学中各环节具体问题开展教学研究，提出解决办法，并应用于教学实践之中；注重教改成果的可操作性，力求成果在教学中得以推广应用，重点考核成果在人才培养中应用程度如何、应用效果如何以及学生受益面，就必须通过不断地进行教学改革与创新实践，在现有的教学方式和范围内寻求突破。

本书作者考虑到教学改革的现实需求，就教学团队建设、人才培养、课程教学模式、教学方法、考核方式等综合改革与实践，专业实践（实验）教学体系研究与实践，学科竞赛教学、学生综合实践能力培养模式改革与实践教育基地建设研究与实践，大学生创新创业训练计划管理机制及平台建设研究与实践，教学资源平台建设与管理，多媒体教学质量保障机制，信息技术与教育教学深度融合研究，网络智能作业系统开发等方面的内容展开探索，从而形成了这本论文集。

本书在编写过程中参考了大量的文献资料，在此，谨向各位专家、学者和文献原作者表示诚挚的谢意！由于编写者水平有限，书中难免有疏漏和不当之处，敬请专家、读者批评指正。在本书的出版过程中，天津商业大学学科办、南开大学出版社给予了极大的帮助，在此表示衷心的感谢！

编　者

2016 年 7 月

目　录

第一部分　教学团队建设 1

国际经济与贸易专业教学团队建设中的机制创新与实践............刘小军　郭　超　3

经济学专业教学团队建设的目标定位与策略分析......................刘小军　贾　楠　9

财政学专业教学团队建设的探索与实践..................................刘小军　郭贵芳　15

金融学专业教学团队特色与建设探索......................................刘小军　张赛赛　21

第二部分　学科竞赛教学 27

国际经济与贸易学科竞赛教学的探索与实践..王　威　29

以学科竞赛促进国际贸易实务综合实验课程教学改革........................王　威　34

全国大学生节能减排社会实践与科技竞赛..郭　超　38

浅谈高校学科竞赛管理体系的构建..贾　楠　45

数学建模竞赛对经济类学生的影响..郭贵芳　51

构建大学生学科竞赛平台，培养高素质创新人才................................张赛赛　57

应用型本科院校国际贸易专业技能竞赛的探讨................................侯亚鸽　63

第三部分　人才培养 69

关于国际经济与贸易专业"知能结合"型
　　学生培养方式的思考..赵静涵　王玉婧　71

天津商业大学国际经济与贸易专业学生毕业实习问题探究................赵常华　76

WEB 2.0环境中，互联网技术在高校学生党建中的应用与思考..........王欣欣　81

国贸类课程情境教学法创新应用及教学效果可拓评价研究................张　炜　86

基于网络学习环境的教学实践探索..郭贵芳　96

建立国际商务专业硕士就业跟踪反馈机制的探索................................张赛赛　102

"互联网+"时代应用型本科院校培养合格国际经贸人才的探讨..........侯亚鸽　108

第四部分　课程建设 115

应用型本科院校"国际物流"课程的
　　模块化设计的思考..王　昕　王玉婧　刘　丹　117

国际商务专业硕士双语课程教学的改革探索
　　——以"商务英语"课程为例..刘　丹　王玉婧　124

  国际商务专业双语课程教学的改革探索
    ——以"国际结算惯例与案例"课程为例……… 刘 丹 王 昕 王玉婧 129
  国际经济与贸易专业增设融资租赁课程的分析……………………… 刘辉群 134

第五部分 实验教学 …………………………………………………………… 143

  国际贸易实务综合实验课程考试
    评估方法改革探析……………………… 刘小军 周迎洁 过晓颖 145
  开放式网络教学视角下国际贸易实务系列
    实验课程教学探析……………………………………… 过晓颖 赵新锋 150
  基于移动互联网的开放式网络实验教学模式研究
    ——以国贸实务实验课为例……………………………… 过晓颖 冯 凯 156
  开放式实验在财经类高校课程设置中的应用 …………………………… 姜达洋 162
  跨境电子商务实验课程体系的设置与实践……………………… 王昕，王玉婧 168
  国际商务专业硕士实验教学效果的评价及改进的思考 ………………… 郭 超 174

第六部分 创业教育 …………………………………………………………… 181

  社会网络、学校教育与大学生创业行为的研究综述 …………………… 王 昕 183
  地方本科院校国际经济与贸易专业教育融入创业教育的路径探讨
    ——以天津商业大学国际经济学贸易专业为例…… 王 昕 王玉婧 冯 凯 189
  基于POCIB外贸从业大赛的国际商务硕士研究生
    创业实践能力培养的研究………………………… 冯 凯 王 昕 王玉婧 195
  探究国际商务专业硕士创新创业型人才培养模式…………………… 贾 楠 199

第一部分　教学团队建设

国际经济与贸易专业教学团队建设中的机制创新与实践[①]

刘小军 郭 超

摘要：国际经济与贸易是一个立足于时代前沿的专业，掌握最新的动态是其主要特点。立足于现实，旧的教学机制已经越来越不能满足时代的要求。学生的专业底蕴与知识的多元化受到极大的限制。毕业后的学生用陈旧的知识难以解决新问题。所以就要求我们对教学团队机制进行创新，与前沿资讯相结合。把知识运用到实践中去，用实践来验证和完善理论。使学生拥有深厚的专业功底与前沿广泛的知识面，毕业后更好地进入社会。

关键词：国际经济与贸易；教学团队；机制；创新；实践

一、引言

社会发展日新月异，产品技术更新换代日益加速。新的事物终将取代旧的事物。在知识大爆炸的时代，只有紧跟时代的脚步，才能不被淘汰。国际经济与贸易专业不仅理论性强，而且实践性不可或缺。教学团队建设是搞好国际经济与贸易专业建设和课程建设的关键，是提升教学水平和教育质量、提高师资队伍建设水平的重要保证。天津商业大学国际经济与贸易专业教学团队（天津市级）积极承担教改课题研究与实践，结合"质量工程"的要求，通过团队合作，优势集成，资源共享，共同发展，实现可持续发展；以师德建设为灵魂，以制度规范为保证，对教学团队的组织机制、运行机制与工作机制进行了深入研究和探索，更新教学思想，改革教学内容和教学方法，优化人才培养模式，提高人才培养质量，为建设高素质、高水平师资队伍提供了保障，为培养创新人才奠定了基础。因此，本专业课程使用的配套教材会将国际经济与贸易的理论知识和实务联系起来。这一学科的特点注定了普通的教学方法，也就是传统的"老师教，学生学"并不适合，会使学生真正地形成创新型思维受到制约。

教育学界著名的教授顾明远认为高校的教学模式不仅仅要不断地更新培养人才的观念，更要对这个模式进行创新。这就要求我们在教学制度和方法上有所突破，勇于创新，使学生更好地掌握学科前沿知识。首先就要从自身的教学团队中进行创新与实践。

[①] 本文为天津商业大学教改课题"经济学科市级教学团队建设探索与实践"（60203-15JGXM14）的阶段性成果。

二、国际经济与贸易专业教学团队建设目标与思路

（一）培育团队精神，使团队成为教研、教改的实践者

教师在教学中要不断研究教学，改革教学，创新教学。团队成员以教改项目为龙头，积极策划各方面的方案，广泛开展教学研究与改革，实施国际经济与贸易系列课程建设和教材出版计划，完善国际经济与贸易系列课程教学平台，建立健全各级教学研究与改革项目、教学成果、精品课程、精品教材、规划教材建设的工作机制。各个项目之间相互合作，相互促进，相互督促。形成网络式的改革，不漏掉任何教学中可能存在的问题。

教研先行，边研究边实践。在教学改革中，坚持教研先行，实践与教研相结合。积极投身教研和教改活动，在参与教改项目和实践的同时，通过积极撰写教学改革论文和专著的方式，提升团队成员的教学能力与水平。坚持行之有效的教学研讨制度，通过教学合作与交流制度，设立资源共享平台，学校之间、学校与社会之间实现资源的共享，将有利于进一步整合教学资源，在教学资源开发中加强资源共享。学校与学校之间，各学校教师之间，各学校学生之间要加强交流。实践是教研知识的应用与目的，搭建实践网络平台，积极签订实践合同，成为机制改革与创新中不可或缺的部分。

（二）以提高教学质量为核心，持续完善团队工作机制

在科层组织模式下，教学过程很大程度上依靠的是已制定的课程标准、教学计划、教学内容等，以及为确保落实到位的规章制度、操作程序与方法。因此，有必要在教学团队的建设中建立基于合作的组织结构，强调合作与共享。教学团队是一项对人才资源、教学资源整合、优化配置的过程。在教学团队的制度建设中，要强化制度所具有的促进教师合作与发展的功能。不仅要促进教师之间的合作，师生之间的合作也十分必要。团队成员必须热爱教学，积累教学经验和教学技巧，长期致力于本团队课程建设，坚持在教学第一线授课，治学严谨。同时团队成员在教学技能、教学经验和教研能力方面也需要实现优势互补。在评价方法上需要体现出对教学改革、创新的鼓励与支持。在评价的实施过程中，要对评价意义、评价体系和标准进行宣传，使师生对评价的目的、程序有认识。同时，也应由侧重考核转向侧重专业发展支持。减少以传统的考试成绩来评估学生的优劣，加强专业方面的学习。教师之间互相听取公开课，相互提取可行性意见，使教师授课更加严谨与科学。以问卷的形式调查学生对教师授课的评价、汇总，找出可行性建议进行改正实施。

（三）落实人才培养中心地位的政策与措施

构建以"国际经济学""世界经济""国际贸易""国际金融""国际贸易实务""国际物流""国际商务"精品课为核心的国际经济与贸易专业"精品课程群"，已形成课程体系不断优化升级的良性循环机制。同时，建成优秀教学实验室、实验教学示范中心、与企事业单位合作共建的教学实习基地，实施大学生创新计划与本科百项创新科研立项，逐级搭建国际经济与贸易综合实验、教学实习和创新教育三级平台，通过高水平科研融入实验教学、推动本科创新，提高实验教学质量和创新科研能力培养水平。以企业最新信息来丰富与扩展学生的视野。通过具体的实例解决来使学生与社会接轨，将课本知识

与实践相结合。

国际经济与贸易专业知识的系统性和层次性设计需要重视培养学生提出问题和分析问题的能力，既要考虑学生未来的职业需要，又要考虑研究型和创新型人才的素质要求。注重分析课程之间的关联性和特殊性，注意课程内容和课程体系的合理性；每一门专业课程在传授基础知识、分析典型问题、介绍前沿的同时，还注意与其他课程的协调和配合。学生既要有专业的功底，又要有丰富的相关专业的知识。此外，国际经济与贸易专业教学研究应注重专业指导性规范研究、专业发展战略研究、专业规范研究、实践教学综合改革研究、专业建设方案研究、基于课程体系优化与课程教学改革的国际经济与贸易专业精品课程群建设、国际经济与贸易专业课程优化与教学实施的实践研究。

（四）开放视野，与外国名校进行交流，取长补短

定期参观外国名校的培养机制，与名校老师进行交流，取长补短。例如：麻省理工学院的"双元制"人才培养模式。所谓"双元制"就是麻省理工学院的学生不仅要在学校学习知识，在此基础上，要在企业接受技能培训。此种制度，使学生减少了出校门之后与社会接轨的不适感，能够更好地就业与创业。与麻省理工学院不同的是哈佛大学的多元人才培养模式。哈佛大学不仅重视学生学科内的能力，也注重培养学科以外的才能。哈佛大学的课程体系是多元化的。学生吸收了多元的知识，就能发挥自己的潜能，知道自己的喜好，更好地了解自己，以建立良好的自我概念。不仅如此，他们由于知识的广泛性，解决问题也会有更多的方法，看问题也会有更多自己的见解。通过与外国名校交流，汲取经验，就能更好地让学生发掘潜能，走得更远。

三、国际经济与贸易专业教学团队建设内容

组建以精品课程为载体的国际经济与贸易专业精品课程群，搭建专业基础实验、教学实习和创新教育三级实验教学平台，形成规划教材、精品教材、行业优秀教材组成的精品教材群，建成品牌专业、特色专业建设点。

（一）围绕"能力"培养构建精品化高水平教学体系

提出并实践"国际经济与贸易精品课程群"建设的教改思路。从推动单一课程的精品课程建设，到实施国际经济与贸易专业"精品课程群"建设规划，有效地实现对教学内容和教学手段的系统优化，有效地解决课程与课程之间的矛盾。通过对实验课程和理论课程进行统筹安排，促进教师之间以及教师和学生之间的积极互动，实践"知识传授—能力提升—素质培养"，使学生明白自己专业的特色。学生立足于课程群，可以更好地挑选课外书籍来扩展知识。

构建以"国际经济学""国际金融""国际贸易实务""国际贸易实务综合实验"精品课为核心的专业"基础精品课程群"，有效保障国际经济与贸易专业课程教学的高质量。不仅仅培养学生专业的技能，而且培养学生的变通能力，做到"举一反三""触类旁通"。教学跟上时代的脚步，了解专业的前景。

"国际经济与贸易精品课程群"要与时俱进。社会发展迅速，课程群也要经常进行可行性更新，不能一直沿用老式的教材。教师应经常关注新出版的书籍，相互之间及时进

行沟通，更加有效率地完成教材的更新，确保学生学习的一直是前沿的知识。

（二）严格教材选用

为进一步规范教材选用，避免随意性，确保选用高质量教材，选用的教材应符合厚基础、宽口径、培养高素质专门人才的培养指导思想，符合人才培养目标和课程教学大纲的要求，符合课程在教学计划中的需要，符合课堂教学有利于学生创新能力培养的需要。教材的内容实用性要强，知识要前沿。更新教材的周期要跟上时代的节奏。

在选用教材时要优先选用"面向21世纪课程教材"以及"十二五""十三五"国家重点教材和规划教材等高水平教材。有条件的课程，还应选用外文原版教材。同时，选用和课堂教学相配套的多媒体课件要与教材相互配合，加深学生对知识的理解和掌握。选用教材时也要注意在满足基础理论知识教育的同时融入学科发展前沿。教材的选用还应注意实践性原则，经过实践检验能够满足培养学生的需要才能够进行选用。

培养优质的课程群，形成独特的教学特色。首先，要改变过去的课程过于单调的问题，专业性要鲜明。如国际经济与贸易专业只重视该专业知识的学习。应该建设宽广的课程群，使学生拥有过硬的专业素养与广博的知识面。其次，专业课程教材的筛选与设立要与学科建设的侧重点、学校教学的特点相结合。最后，教材的选取也要与社会的需求相适应，不断更新教材，才能跟上时代的脚步。

（三）教学管理与控制

教学管理与控制的重点在于过程控制。但目前监控的做法往往容易导致教师过重的负担和压力。为此，应优化教学管理流程，以降低教师负担为前提，帮助教师集中精力致力于教学工作。影响教学质量高低的因素复杂多样，可以组织专门工作小组，通过问卷调查和访谈等方法，筛选影响教学质量的关键因素，给予针对性解决，改变过度控制导致什么都无法控制的局面。监控力度要以适度为原则进行。不能过度监控，欲速则不达，又不能松懈，要抓紧课程的进度。

目前的教学督导主要集中在"督"而缺乏"导"，容易引发督导员与任课教师的矛盾，对提升教学质量反而起到负向作用。为此，应定期召开督导员与任课教师的沟通会，由督导员讲解督导的重点，指出普遍存在的问题，并帮助教师改进。"督"与"导"要相互理解与帮助，共同进步。

为了保证教学质量，首先要有制度作为保证。严格执行各项规章制度，教学计划、开课计划、课表管理、计划调整、课程变动都必须履行审批程序，对于迟到与旷课的学生上报；课下作业要认真完成，教师定期检查，找出优秀的进行表扬，作业不认真者，进行批评；考试管理严格，对考试中出现违纪、作弊的学生应能够当天向有关部门通报；对毕业论文都应向教师和学生提出要求，由指导教师负责论文质量和格式要求，在学生上交论文时，再由评阅老师对论文格式进行检查。论文内容要紧扣时代主题，杜绝抄袭与搬抄套路。论文要立足于现实，学生结合自己的兴趣与实际来写。论文是学生学业成果的一部分体现，教师要主抓。

（四）教学"趣味性"建设

在教学之中引进最新的国内的或国际的"典型案例"，学生之间或师生之间进行讨论与分析。教材体例上也可以增加一些"扩展阅读"，如"练一练""讨论与思考"等。这样就提高了教学的趣味性，激发学生的学习兴趣。

教学体系中可以开设"分享"这一活动。每次课堂上由一名同学分享自己的亲身经历，自己身边发生的关于国际经济与贸易专业相关的案例，相互分享与讨论。真实案例不仅使学生能理论联系实际，而且更具时代前沿性。发言人分享自己的感受，学生能感同身受，更好地理解理论。

学校与社会企业建立交流或签合同。企业的一些实际小案例可以成为教学案例，师生讨论解决。这对企业与学校来说是双赢的局面。

（五）实践教学体系的建设

实践教学是国际经济与贸易专业教学团队建设的重要环节之一，是指导学生理论联系实际、培养学生综合素质与创新意识的重要途径。由于国际经济与贸易专业的应用性、实践性较强，对学生的实践要求较高，实践教学在人才培养中更有着其他教学方式无法替代的作用。课本的学习是实践的基础，实践是理论应用与掌握的地方。

教学团队在实施实践教学过程中，应充分利用社会力量和资源，向同学们展示企业的先进生产手段、技术装备和经营管理方式等，促进产学研相结合，并加强和社会的联系。社会的企业经理或员工到学校讲授企业与社会的一些知识，学生通过提问了解自己想知道的东西。实习教学是教学团队与企业联系的纽带，是教学团队的第二课堂，是培养学生实践能力的阵地。

实践教学的主要实施办法包括：为本科生安排实践教学基地，所有本科生都必须定期到实习基地实习；鼓励学生参与教师主持的横向课题，让学生在教师指导下承担市场调研、市场策划等工作；请企业家来校讲座，联系同学到企业实地参观、研讨；鼓励、引导学生参加"大学生创业大赛"、各类案例大赛项目，将所学的理论知识应用到实践中。

上述教学实践活动突出了教学团队对学生创新意识和创新能力的培养，能充分调动学生的积极性，提高理论和实践相结合的能力，有助于培养既能够正确理解甚至精通理论，又能够勇于实践、善于思考的国际经济与贸易专门人才。

（六）第二课堂建设

第二课堂活动教学是相对特殊的教学形式，有内在特点和辅助条件要求。国际经济与贸易专业教学团队通过学术与创新创业竞赛活动、社会实践与志愿服务活动、社团活动与社会工作项目、国际学生长短期交流项目等第二课堂，可以形成"课堂教学—校园文化—社会实践"育人模式，有利于提高学生的社会实践、团队协作、科学研究和创新能力。因此，在整体规划上应将第二课堂纳入正规的年度专业培养计划，按照专业培训课程设置相应科目的第二教学活动。但是，也有观点认为第二课堂的目的仅仅是培养学生的专业兴趣，辅助课堂教学。但实际上，第二课堂不只是为了提高学生的学习兴趣，而是构建知识、能力、素质的培养模式。针对存在的这些问题，应积极适应新形势新要求，将提高学生的综合素质作为培养学生的主要目的。如果辅助条件不能满足实际需要，例如：参考资料少且陈旧、学生查阅资料困难、硬件发展滞后，也同样会影响效果，甚至影响教师和学生参与活动的积极性。对此，需要征集各方意见，制订国际经济与贸易专业第二课堂教学计划。第二课堂实际是实践合作平台，也就是实践教学综合体系。在课堂上，除了传统的教育之外，还可以运用一些互动教学的方法，如相互讨论，假设情景进行思考等方法进行趣味教学。这些方法能将知识快速地转化为能力与经验。在校内也可以建立仿真的工作平台。老师或学生以面试者的身份面试在校学生。在学习生活中，任课老师或者辅导员也可以以一个企业老员工或老板的心态来面对学生。这样，他们毕业之后，就能快速跟上社会的快节奏。在校外，学校与社区以及企业建立合作关系，建立企业流动的工作岗位，供在校学生体验生活，使学生们接地气。学校也可以推行企业导师与学校导师相结合的"双导师制"。第二课堂是连接实际与理论的课堂，又是理论应用于实际的课堂。在这里，学生切入真实的社会，了解企业文化，毕业之后能更好地适应社会。

四、结束语

针对国际经济与贸易专业教学团队中教师中可能在一定程度上存在的教学设计不充分、教学研究投入少等问题，应采取的措施如下：制定教育方案，提供各种各样的教育与培训，内容应体现前瞻性和专业性，进修方式可以包括国内外短期培训、教学观摩、教学研讨等；强化定期考核环节，比如同行观摩新教师课程，做出评价，定期举办专题研讨会；还应逐步形成既有可操作性又卓有成效的国际经济与贸易专业教学团队教师职业生涯规划方案，规划方案应针对不同层次、不同年龄段，以及教师工作价值的取向制定规划方案，针对谋生、职业与事业工作价值取向制定不同的规划方案，支持教师专业发展；在教师岗位聘用、考核评价、教改立项、教学评奖等方面应改变当前只以数量作为衡量标准，而是转向质与量并重，使钻研教学、取得突出贡献的优秀教师受到重视。

参考文献

[1] 吕秋丰，李湘祁. 提高本科毕业论文质量的改革与实践 [J]. 广州化工，2013 (10)：241-242.

[2] 吴丹辉. 后金融危机时代外贸人才培养模式研究 [D]. 浙江工业大学，2012.

[3] 张桂梅，姜书竹，谢孟军，余慧倩. 国际贸易理论与实务 [M]. 杭州：浙江大学出版社，2014.

经济学专业教学团队建设的目标定位与策略分析[①]

刘小军　贾　楠

摘要： 经济学专业教学团队建设是提高教学质量、创新教学组织的有效途径。针对经济学专业教学团队的内涵、基本特征和目标定位，提出建设教学团队的实现路径。

关键词： 经济学专业；教学团队建设；目标定位

一、引言

随着我国经济学专业高等教育大众化进程的推进，以及经济学专业招生的大规模扩张，经济学专业高等教育质量问题逐渐凸显。在这种背景下，如何推进教学改革、提高教学质量便成为经济学学科建设、改革与发展的主题。加强本科教学团队建设，重点遴选和建设一批教学质量高、结构合理的经济学专业教学团队，建立有效的团队合作机制，正在成为一些高校提高经济学专业教学质量的重要举措。加强经济学专业教学团队建设，既是增强经济学专业的竞争力之一，在学科建设中具有十分重要的地位，同时加快经济学专业教学团队的建设，能够更好地促进教师水平的提高，促进高校学生能力的培养。教学团队建设是搞好专业建设和课程建设的关键，也是提升教学水平和教育质量、提高师资队伍建设水平的重要保证。通过科学设定教学指标、拓展新型教学模式、推广现代化教学技术与教学手段，来培养和锻炼高水平教师团队，通过对各种资源的整合促进团队建设，进而达到整体教学团队水平的提高，促进创新型人才的培养，对于提高教学质量、学术水平和整体办学实力具有重大的现实意义。

本文就经济学专业教学团队建设的目标定位以及建设经济学专业教学团队的对策与思路进行探讨，以期达到提高教学团队整体水平、提高经济学专业的竞争力的目的，促进学科建设更快、更好地发展。

二、经济学专业教学团队建设的目标定位

随着高等教育的迅速发展，教学团队的建设与实践逐渐成为高校建设的重中之重，

[①] 本文为天津商业大学教改课题"经济学学科市级教学团队建设探索与实践"（60203-15JGXM14）的阶段性成果。

而在经济学专业教学团队建设中，目标定位是极其重要的，只有准确的目标定位，才能够在执行过程中有明确的方向，不至于出现偏差或者迷失，才能够更好地取得想要的效果，因此对其目标进行如下定位。

（一）规划课程资源，提升整体教学水平

经济学专业课程资源较为完整，包括基础课和专业课两个层次的课程建设规划，该课程建设资源规划须突出课程的精品化和信息化。精品化主要是指课程资源的权威性以及对经济学专业教育的引导性，信息化主要指课程必须有较强的可获得性、可传播性以及较高的影响力。在教材建设方面，不适宜制定"一刀切"式的指定教材规定，而是应该鼓励教师使用随时更新授课内容的自编讲义进行授课，以确保经济学专业教学内容的时效性和适用性。在课程资源信息化建设方面，目前经济学专业课程普遍实现了信息化，课程资源提供电子化的教案和多媒体教学资料的比例也在逐年提高。在课程视频化建设方面，课程教学上积累的大量电子化教学资料，以多媒体的方式进行系统化的展现，更有利于教学效果的改善。

但是，经济学专业课程资源建设过程中，课程的精品化程度、高规格的精品课数量以及精品课效率水平、对新型的慕课等现代教学手段的使用程度等仍在制约着教学效果的提高。尤其是在借助慕课平台，培养教师学习多媒体技术，推出特色慕课课程，通过网络传播扩大课程影响力方面仍是经济学专业教学团队建设的关键因素之一。同时，有影响力的教材建设也应是经济学专业教学团队建设的优势，但在教材建设上的突破式发展方面及具有广泛影响力的教材数量建设方面，还应该有计划地支持教师将具有创新性的讲义扩展为教材并加以出版和推广，以促进教师创新性讲义的传播。

（二）改革教学，培养和锻炼高水平教师队伍

随着教学改革政策的不断推广，培养和锻炼高水平教师队伍已成为实践中迫切需要完成的任务。经济学专业教学团队的教学改革贯穿在学生入学、上课、考试、实习、交流、择业、毕业等大学生涯全过程，每个环节都要兼顾能力训练和人格素质养成。通过素质提升、职业素养提升，强化学生的素质教育和人格培养，在经济学专业人才培养上形成标准，向社会输送具备特色的高素质专业人才。

在培养和锻炼高水平教师队伍过程中，在致力于特色创新型人才培养的教育教学实践中，在全面落实素质教育纲要的教学改革实践中，通过教改项目建设的推进以及担任本科生导师的导教、导学制度的实施，有利于在专业发展方向上和专业教育目标建设上进行尝试和改革，凝练经济学专业发展方向，完善教育教学模式，取得教育教学改革成效，以此来适应全球化趋势对经济学专业人才培养的新要求。

为建立符合经济学专业教育教学的新体系，经济学专业教学团队需要构建现代数字化网络教学平台，以满足学生日益增长的对教学信息服务的要求，通过整合数字教学资源，来实现教学效率优化。例如，可以将每门课程的教学进程分为教师课堂集中讲授阶段、学生网络自主学习阶段、师生互动讨论阶段。同时，扩展实践教学，将教学实践与模拟职业体验相结合，以期在模拟实践中找到适合自己的职业方向。

（三）整合教学设施、课程资源和社会资源，促进团队合作

教学资源是形成教学要素及实施教学活动的各种条件的总称，主要包括教学过程中

各种硬件及软件。伴随着教学改革的不断推进，传统教学活动中的一些落后的方式和做法正在受到现代教育的冲击。如何更好地开发教学资源并整合有效的课程资源和社会资源，使之能够更好地应用于教学团队之中，促进教学团队合作，为培养学生的创新精神和实践能力服务，已成为教学改革迫切需要达成的目标。

因此，课堂教学设施、辅助教学设施、图书馆等教学设施应能够满足教育教学的要求。实验教学中心软硬件建设过程中，在教学设施上与其他经管类专业容易存在重合，可以加强合作和共享，避免重复建设，节省资源投入。此外，鉴于经济学专业教学团队自主建设教学设施可能无法适应实践需要。例如，对于3D体验教学等投入较大的教学设施和设备，可以发展合作单位共同完成。

为了提高适应社会、求职竞争的能力，教学团队在教学计划内还需要开辟实践教学课程学时，与就业对口，开辟经济学实践规划、研究咨询、传媒广告、金融保险、国际商务、电子商务、会展服务等实习领域，与企业、政府、行业协会共建实习基地。实践中，拓展合作办学渠道有利于实践教学和服务社会。国际化时代的到来，对经济学专业教学团队建设提出了新的发展要求，校友资源、社会资源的合理利用与发挥，对办学及教学团队发展也起着重要作用。

三、经济学专业教学团队建设的思路和对策

随着经济社会的进步与发展，高校对于教学团队建设的需求也愈来愈强烈。高校教学团队具有目标明确、成员互补、分工协作、绩效显著的特点，它能够推进高校组织变革，促进教师团队专业化，提高教学质量。

在经济学专业教学团队建设目标定位的基础上，在保证教学团队建设的目标定位与其任务功能相吻合，与其教学模式改革和创新人才培养的要求相适宜的基础上，制定出经济学专业教学团队建设的执行思路及应对策略。教学团队建设不只是形式上的组建与改变，而是要突破传统教学基层组织管理的体制性弊病，合理配置各种教学资源与社会资源，建立有效的团队合作的机制，只有这样才能够真正实现教学团队的建设，实现人才更好地培养。

（一）科学设定教学指标

教学指标是学校为教师制定的，在规定的时期内需要完成的科研成果量，以及教授学生时所要达到的效果，是衡量教师的重要指标，也是保证学生学习成果的重要指标。因此只有科学地设定教学指标，使其与教师的实际能力水平相结合，才能够实现教师团队高效率的工作，而不至于出现无法完成或者虚假完成的结果。

随着教育理念的更新、教学方法与教育手段的改进，催生教学管理的革新。教学指标分为团队教学指标和人均教学指标。为每位中老年教师配备一两名年轻教师组成教学小组，采取"一帮一"政策，充分开展交流活动，分享教学经验，钻研课程教改方案，科学地设定团队教学指标，鼓励并提高每一位教师的教改积极性，鼓励青年教师参加各级各类教学竞赛，同时也要挖掘和传承中老年教师教学经验，以促进自身教学的发展，使得整体的教学水平得以提高。

人均教学投入指标又该如何科学设定？每位教师每周、每学期、每学年，教学工作量如何科学设定？育人无止境，在教学质量检查中，加大对教学内容、教学形式、教学过程的考查和评比，提高对教学质量的要求必不可少。同时，日常教学管理制度除针对调课、倒课、停课管理及试卷管理外，还应明确规定教学内容、教学过程、教学效果、教学改革及成果等的考核标准，确保每门课的教学质量有制度保障，以此来激励教师努力工作，提高其教育教学水平。

（二）拓展新型教学模式

教学模式是指在一定的教育思想、教学理论、学习理论指导下的教学活动进程的稳定结构形式，也就是按照什么样的教育思想、理论来组织你的教学活动进程。它是教育思想、教学理论、学习理论的集中体现。教学模式的改变必然会触动教育思想、教学观念、教与学的理论等根本性的问题，所以教学模式的改革是比较深层次的改革，而教学内容、教学手段、教学方法的改革则不一定会触动教育思想、教学观念这类根本性的问题。

传统的教学系统是由教师、学生和教材这三个要素构成的，在现代化教学环境下还要多增加一个要素，这就是教学媒体。以教师为中心的传统教学模式，它的特点就是由教师通过讲授、板书及教学媒体的辅助，把教学内容传递给学生或者灌输给学生。老师是整个教学过程的主宰，学生则处于被动接受老师灌输知识的地位。在这样一个模式下，老师是主动的施教者，学生是被动的外部刺激接受者即灌输对象，媒体是辅助老师向学生灌输的工具，教材则是灌输的内容，被动接受知识的方式使得学生学习缺乏主动性，学习效率不高，教学团队急需改进，即新教学模式的出现。

新教学模式包含课堂讲授、讲座课、在线学习、实践基地现场教学、业界实际部门人士上讲台等。实践教学课程是为提升经济学专业学生应用技能的提高而着重加强的环节，可以经学术委员会讨论通过，教师开发设计。此外，教学团队中有科研能力的教师，还可以在本科生中开展科研训练，引导学生参与科研实践。在教师教学方法上，引入教学资源、丰富学习资源、拓宽知识获取渠道；充分利用在线教学平台，增加课堂教学的信息量，引进精品在线课程，并由教学团队教师担任辅导老师，提供指导。此外，在产学研结合紧密的课程中，还可以引入实务部门兼职教师，开设讲座课，及利用调研、参观等形式拓展教学方式。新的教学模式使学生由被灌输式接受知识的方式，转变为自主学习，自主实践，自主探索，不仅带动学习积极性，而且也增强科研实践能力，促进学生能力的培养，提升了学校的教学水平与质量。

（三）推广现代教学技术、教学手段

教学手段是师生教学相互传递信息的工具、媒体或设备。随着科学技术的发展，教学手段经历了口头语言、文字和书籍、印刷教材、电子视听设备和多媒体网络技术这五个使用阶段。现代化教学手段是与传统教学手段相对而言的。传统教学手段主要是通过教科书、板书等教学手段来向学生传递，形式枯燥单一，而现代化教学手段则是指运用各种电化教育器材，将教学知识与其相结合，通过多种多样的方式来传递知识，是集声音、图像、视频和文字等为一体，具有形象性、多样性、新颖性、趣味性、直观性、丰富性等特点。它可以根据教学目的、要求和教学内容，创设形象逼真的教学环境、声像

同步的未完情景、动静结合的教学图像、生动活泼的教学气氛，提升学生的学习兴趣，增强学生的学习效率，同时也可以满足学生学习空间与学习时间的安排，因人而异地去选择与自己相适宜的学习方法与环境。

随着信息日新月异的变化，以及经济学专业教育的深入发展，经济学专业教学团队建设面临诸多挑战，信息技术的突飞猛进，对经济学专业教学团队教学形式和教学手段都提出了新要求。不单单是形式上的多样性、新颖性，更多的是学习空间与学习时间的自由性。新一代大学生对网络技术、移动通信设备依赖性的不断提升，要求教师不断采用新技术与新方法，慕课和碎片化教学手段的普及，要求经济学专业教学团队加大慕课开发和精品课、双语课开发。慕课不仅满足了学生学习兴趣的广泛性要求，同时自由的网络授课方式，也让学生可以自己选择听课时间与地点，给予学生更大的学习空间，而且每周一次的讲授、研讨问题以及阅读建议等，给予学生更多的学习与思考的空间，不仅提高学生的自主学习能力，而且也提高了其与他人的沟通与探讨的能力。

四、结束语

在经济全球化背景下，经济学专业的发展前景十分广阔。经济学专业教学团队的建设有助于加快经济学学科的发展，形成适应经济发展需要的，既有中国特色又有国际化水平的经济学专业人才培养模式。

当前经济学专业迅速发展，但师资队伍建设远远跟不上学生规模的扩张，普遍问题是学生与教师比例较高，出现学生多、教师少、教师团队效率低的情况，要想提升效率，必须通过经济学专业教学团队建设达到资源优化配置，促进教学团队成员间共享经验和技巧，达到共同促进共同进步的效果，因此教学团队在专业知识传授过程中，才能够充分取得良好的教学效果，才能够更有效地处理教学问题，促进经济学专业教学团队整体水平的提高。

因此，在经济学专业教学团队建设中，依照规划课程资源，提升整体教学水平；改革教学，培养和锻炼高水平教师团队；整合教学设施、课程资源和社会资源，促进团队建设这三大目标定位，并通过科学设定经济学专业教学团队教学指标，扩展新的教学模式，推广现代教学技术、教学手段等措施，来进行经济学专业的教学团队建设，必然可以实现经济学专业教学团队的整体提高以及教学质量质的飞跃。

参考文献

[1] 严亚琴，赵恒平. 基于教学质量提升的高校教学团队发展策略 [J]. 华中农业大学学报（社会科学版），2012（03）：111-114.

[2] 刁叔钧. 高校教学团队的建设与管理 [J]. 教育探索，2010（03）：92-93.

[3] 张安富，涂娟娟. 以教学团队建设为契机 创新高校教学基层组织 [J]. 中国高等教育，2010（08）：38-39.

[4] 张意忠. 建设高校教学团队 提高教师教学水平 [J]. 扬州大学学报（高教研究版），2009（02）：40-43.

［5］刘宝存. 建设高水平教学团队 促进本科教学质量提高［J］. 中国高等教育，2007（5）：29-31.

［6］张强. 高校教学团队建设的博弈分析：基于高等教育"质量工程"的研究［M］. 北京：经济科学出版社，2011.

［7］李淑芳. 高校教学团队建设探究［J］. 黑龙江高教研究，2009（6）：104-106.

［8］张笑涛. 本科教学团队的界定及建设［J］. 高等农业教育，2008（3）：43-46.

［9］郑卫政. 建设高水平教学团队的组织策略［J］. 宜春学院学报，2009，01：32-34，80.

［10］梅水燕，李利民. 高校教学团队建设策略探讨［J］. 理工高教研究，2009（02）：65-67.

［11］行龙，要英民. 加强本科教学团队建设的策略与成效［J］. 中国高等教育，2009（12）：33-34，51.

［12］马廷奇. 高校教学团队建设的目标定位与策略探析［J］. 中国高等教育，2007（11）：40-42.

财政学专业教学团队建设的探索与实践[①]

刘小军　郭贵芳

摘要：随着我国经济的快速发展，财政学研究与教育受到越来越多的关注。财政学专业的课程开设应以培养学生应用能力、创新精神为主线，因此，建设一支适应人才培养目标要求的教学团队十分重要。为此，笔者根据财政学专业教学团队建设的目标提出了教学团队的建设思路：一是建设财政学专业课程体系；二是建立健全财政学专业教学团队运行机制；三是加强师资队伍建设，改善教学质量；四是完善学生评教制度，保障教学质量。

关键词：财政学；教学质量；教学团队

近年来，教育部提出了"着力提高学生服务国家和人民的社会责任感、勇于探索的创新精神和善于解决问题的实践能力"的目标，同时也指出"卓越计划对高等教育面向社会需求培养人才，调整人才培养结构，提高人才培养质量，推动教育教学改革，增强毕业生就业能力具有十分重要的示范和引导作用"。因此，卓越计划必将引导其他各类人才包括财政学专业教学团队建设模式的转变。

教育部评审教学团队规定："高校教学团队是基于各学科（专业）的具体情况，以教研室、研究所、实验室、教学基地、实训基地等为建设单位，在多年的教学改革与实践的基础上形成的以系列课程或专业为建设平台，有具有明确的发展目标、良好的合作精神和梯队结构，老中青搭配、职称和知识结构合理，在指导和激励中青年教师提高专业素质和业务水平方面效果显著"的团队。

一、财政学专业教学团队建设的目标

从学科发展来看，作为研究政府行为的财政学科对规范政府经济活动，实现政府决策的科学化具有重要的价值。同时，近年来财政学科涌现了公共选择理论、预约定价税制理论、民主财政理论、最优税制理论等，丰富了财政学的研究范畴和研究内容。因此，加强财政学专业教学团队建设，既是强化财政学理论、实践教学研究的需要，也是更好地为政府和经济运行服务的需要。

[①] 本文为天津商业大学教改课题"经济学科市级教学团队建设探索与实践"（60203-15JGXM14）的阶段性成果。

根据财政学专业教学团队建设的背景，着重从办学方向、人才培养模式、教育规律、教学改革、服务地方和行业经济等，对财政学专业教学团队建设目标进行定位，以适应对具有创新精神和实践能力的高素质专门人才培养的要求。为此，对财政学专业教学团队建设的指导思想的定位是，适应人才培养目标的要求，结合实际，遵循教育规律，深化教学改革，以培养高素质的财税管理人才为宗旨，以"创新意识、创新能力"的培养为目标，通过严格执行教学计划，使学生毕业后能以财政管理和税务管理为依托，以其厚实的财政税收理论和法规制度为基础，具备创新拓展的能力，培养复合型、应用型高素质人才。以提高财税人才培养质量为核心，加强财政学专业师资队伍、学科、课程和实践教学体系、教学条件建设；以提高教学管理科学、有序为目标，加强教学团队队伍建设，提高财税教研水平。

财政学专业教学团队的定位，终极目标在于提高教学质量，以教改项目为抓手，目的是促使财政学专业人才培养适应"宽口径、厚基础、高素质、强能力"的培养目标；教学内容的改革理论与实务并重；中西方财政税收理论并轨；以专业建设、课程建设、教学基地建设、教研项目为重点，课程设置注重前沿、与学科研究方向一致；注重学科交叉；主要内容是以教学工作为主线，实现提高教学质量的目标。

二、财政学专业教学团队建设思路

（一）建设财政学专业课程体系

科学合理地选择专业教材是建设财政学专业课程体系的基础，大学财政学教育立足于帮助学生构建科学、合理与系统化的财政学知识结构，故根据财政学教学内容与学时安排选择适合本科财政学专业学生的教材十分重要。教材的选取应与学生的培养目标紧密结合，在对学生的接受能力、具体教学时限和实际工作中对财政知识的运用有充分认识之后慎重选择。

体现财政学专业特色的教学内容是建设财政学专业课程体系的重点。根据财政学专业学生培养的整体目标规划教学内容，从提高学生综合素质角度出发，科学选择财政学的教学内容，深刻把握教学内容的广度和深度，并通过召开多种形式的教学研讨会来促使高校之间的相互交流了解，结合实际情况，集思广益发现教学问题，及时补充或删减相关教学内容。

合理的教学方法和创新的教学手段是财政学专业课程体系建设的保障。以财政学专业中实践性较强的教学内容为切入点，加强实践模拟教学；从财政学应用较强的特点出发，加大案例教学比例，从案例设计、案例导入、案例讨论及案例整理等环节达到由财政案例加强财政理论的目的；组织课堂讨论，鼓励学生发现热点财政现象，引导学生运用财政理论对其进行分析和解释，锻炼学生利用财政理论分析实际问题的能力。加强教学方法创新，大力推行实践教学，使财政学教学从知识传授型向能力培养型转变，切实提高财政学教学效果。

"精品课程群"建设是建设财政学专业课程体系的关键。实践"精品课程群"建设的教改思路，从推动单一课程的精品课建设，到实施财政学专业"精品课程群"建设规划，实现对财政学专业课程体系、教学内容、教学方法和教学手段的优化,解决课程之间的矛盾。通过对财政税收实验(实践)课程和理论课程进行统筹安排(内容统筹、学时统筹、师资统筹),加强理论与实践教学融合。促进师生互动,实践财政学专业将知识传授—能力提升—素质培养融为一体的教学思路;从指导思想、目标要求、建设规划和动态监管等方面完善和丰富财政学专业精品课程建设模式。注重分析课程体系内部各课程之间的关联性、一致性和特殊性;每一门财政学专业基础课程在传授基础知识、分析典型问题、介绍学科前沿的同时,还要注意与其他课程的协调和配合。

构建以"财政学""税收学""政府经济学""政府预算管理""中国税制""国际税收""税务管理""纳税会计""税收筹划""税务代理""电子商务与税收""纳税检查"为核心的财政学专业"基础精品课程群",实现财政学专业教学团队的优质师资资源配备和优化组合;通过对相关课程教学计划和教学内容的统筹调整,实现对财政学专业课程体系的整体优化,有效保障财政学专业课程教学的高质量,服务社会。

通过使学生参与教学团队科研活动,学生自己组成小组,设计财税实验方案,在指导教师的帮助下完成财税实验测试和数据处理,总结实验成果,提高学生团队合作和分析解决问题的能力;毕业论文平台通过学生选择毕业论文题目参与财税科研或实验,培养学生分析社会现实财税问题和用所学知识综合解决问题的能力及归纳综合、撰写论文等能力。财税实验教学体系形成从基本实验技能训练、创新能力培养到综合实验能力锻炼的培养体系,增强学生实践能力。

(二)建立健全财政学专业教学团队运行机制

课程小组是教学组织结构中的最基本单元,优秀的课程小组群体有计划、有组织、有针对性地组织一系列教学方法研究活动,具有集中各位教师在本课程教学方法上的长处、特点,克服受个人思维、经验局限的短处而形成最佳教学方法的优势,能有效地提高教师讲授艺术和课堂教学质量;课程小组中老教师通过教学研究活动等形式能对青年教师从教学内容到教学方法和教学艺术进行指导和帮助,通过老教师对中青年教师的传、帮、带,迅速提高财政学专业师资队伍素质;教学活动是由若干个相互联系的教学环节组成的复杂系统工程,课程小组通过共同讨论教学大纲、制定教学内容明确各个关节的关系与要求,使每一个教学环节有针对性、有计划地进行,避免教学环节之间出现脱节现象,提高教学质量。

推动课程小组负责制,目的是为了实现财政学专业教学团队的优质师资资源配备;促进老中青及学缘结构优化组合、教学思想、教学内容、教学方法和教学手段改革提高。课程教学小组必须有能力保证课程教学质量,实现性别搭配、专业搭配、年龄搭配、职称搭配;评教工作以课程教学小组为对象开展,课程教学小组成员应参加课程的建设活动,答疑、批改作业,开设讲座,参加学生座谈会,上观摩课等。课程小组可以自愿搭配组成,也可以由教学团队根据各成员的特长、个性特征和个人偏好协调组成,以保证评教工作的顺利进行。

教学规章制度是高校各项管理制度的主体,制约着教育目的和教学目标的实现,严格执行诸如"国家教育考试违规处理办法"等教学规章制度,严肃考试纪律;健全教学检查制度、学生成绩管理规定、课程考核规定、教学实习管理条例、教学规范要求对于稳定秩序和保证教学质量具有十分重要的作用。在建设教学规章制度时要坚持"两手抓"，既要健全教学规章制度，避免无章可依，又要严格执行已有的规章制度，杜绝有章不依。教学管理采用计算机以及网络管理手段，各个教学环节都落实责任到人以保证质量，积极探索教学管理制度、评估制度、教学运行机制的创新，引导教师不断改进教学，提高教学的有效性。

为进一步深化教学改革，加强课程建设工作，规范课程管理，开展课程检查和合格课程自评估工作也是必要的。课程建设和合格课程评估对象应涉及财政学专业全部课程。监督教学计划、教学大纲及教学进度的执行情况；监督课堂教学秩序、教学效果、习题和答疑；监督和指导任课教师在课程体系、教学内容、教学方法等方面的创新；开展交流、座谈，听取学生意见；及时反馈，提出改进意见。新学期开始教学管理小组对开课情况检查，保证教学正常开展。严格执行新教师、新开设课试讲制度。对于毕业论文监控有开题审批、中期检查、论文答辩等环节，中期检查由论文检查小组检查论文进展。

（三）加强师资队伍建设，改善教学质量

教师既是教学活动的组织者和实践者，又是教学内容的规定者，是财政学理论教学创新的主体，是实现财政学专业人才培养目标的主要因素。师德对优良校风和学风的形成有重要的作用，敬业的教师对教学具有高度的责任感，不仅把教学工作看作是职业更作为事业和艺术，他们在教学工作中乐于奉献，勇于探索，追求完美，带动了学生学习的活力，为优良的校风和学风的形成创造了条件；优秀的教师能够揭示"基本理论"背后的"深刻思考"，在传授知识的同时，善于启迪学生去发掘和领会这些"深刻思考"，而这些"深刻思考"以及"深刻思考"的能力是他们学习能力和创新能力的重要组成部分。

建设一支素质好、学术水平高、教学艺术精湛的教师队伍是提高教学质量的关键，也是财政学专业教学团队建设的关键。财政学学科处于不断发展中，因此需要重视年轻骨干教师培养，做到热情鼓励、精心培养、严格要求、大胆使用，帮助他们树立良好的敬业精神，练好教学基本功，养成良好的教学素质和习惯，切实过好教学关。培养和引进高水平优秀青年教师并重，每年按计划招聘从事教学科研工作的高水平教师，聘请国内外高水平教授授课，支持教师参加高水平教学研讨，派出教师参加培训，提高中青年教师的专业和教学能力。实施人才战略，建立快速反应机制，增强创新意识，以学科建设为龙头，以教学工作为中心，引导教学和科研，加快教师队伍的新老交替步伐，形成一支以中青年教师为主、老中青相结合的师资队伍，以造就一批新世纪学术带头人为重点，提升教学水平。

课堂教学为教师实践启发式教学方法提供了条件。在创新教学方法和手段上，教师要转变角色，将教学重心转移到对学生学习过程的组织和引导上，采取多种措施，不断探索符合财政学教育教学规律和大学生特点的教学方法，并对教学实践进行反思和研究。完善教学监督和指导体系，成立教学监督与指导小组，对日常教学严格把关，提升教学质量。建立动态教学评价、教学过程监督与反馈体系，使教师、管理人员可以监督教学进程、教案、答疑过程、作业布置、学生意见和督导组建议等，创造有利于学生个性发展的教学模式。

完善教学质量管理平台，保证监督与反馈及时，促进财政学教学质量管理活动向着协调、规范和科学的方向前进。实现网上选课、评教、成绩查询、学籍审核、网上排课、登录成绩等多种功能以及教学文件签收、毕业设计（论文）检查记录、毕业资格审核和学位资格审核等功能，为教学研究及改革提供基本依据，为保证教学质量提供有力保障。建立教学档案室，保存今年的教学管理文件、实习总结报告、课程设计资料、毕业设计资料等系列重要档案，为教学评估及学科发展奠定基础。

（四）完善学生评教制度，保障教学质量

学生评教是保障教学质量的根本制度，学生评教旨在通过学生来发现财政学相关课程教学过程中存在的问题，为教师和学校改进教学以及其他相关工作提供依据。学生评教有助于高校调整办学导向，树立服务学生的办学宗旨，完善学生评教制度，充分发挥学生评教的功能，是完善教学质量保障体系的重要工作。

学生评教是课堂教学质量评估中的一项重要工作，其结果对于学校教学质量的监控、教学政策的调整具有重要意义。学生评教改变了传统的以教师为中心和权威的教学观，逐步提升学生在教学中的地位，使学生在教学过程中角色和作用发生深刻变化，学生不再仅仅是知识的接受方，更应该对教师的教学以及学校的教学工作发表意见。学生评教制度打破了传统教学模式中教师一统天下的局面，使学生扮演了一种前所未有的角色。

强化教学质量保障体系建设，确保教学团队教学质量的不断提高，是财政学专业教学团队建设的重要课题。学生评教作为教学质量保障的根本制度，完善教学评教制度，充分发挥学生评教的功能，完善财政学教学团队教学质量保障体系，是财政学教学团队不能回避的重要任务。为此，必须树立正确的学生评教观，构建科学的学生评教制度并从借鉴国外先进经验等方面入手改进我国高校的学生评教制度，完善我国高校教学质量保障体系。

三、结束语

教学团队质量指标很难精确量化，作为一项系统工程，财政学专业教学团队的建设需要系统协同，与学校优势学科、办学特色和人才培养方向契合。财政学专业教学活动组织不能仅仅看成为组织教师学生上课，而需要从政策、环境、条件等方面协同并进，在确保教学团队质量目标实现方面必须负有明确责任，切实履行质量管理职能，形成合力，方能取得较好效果。教学团队作为一种新的组织形式，其建设发展需要外部提供资源支持，包括教学设施、团队成员培训机会、考核体制和激励与约束机制的调整，并通过借助相关理论研究，探寻财政学专业建设规律及方法，并在实践过程中探索，寻找团队组建方式和教师引进及培养模式，推动教学内容及方法改革，确保高校专业教学工作的顺利完成。

参考文献

[1] 曲岩. 财政学课程教学创新研究 [J]. 中国成人教育, 2014（14）.

[2] 冯守守. 我国高校面临的新问题及提高教学质量的对策思考 [J]. 内蒙古师范

大学学报，2014，27（1）.

［3］马知恩. 深化教学改革 加强师资队伍建设 培养高素质创新型人才［J］. 中国大学教学，2011（3）.

［4］赵菊珊. 大学有效教学及教学管理的理念与思考［J］. 中国大学教学，2010（1）.

［5］张文玉，樊凌衡，李泽军. 地方本科院校教学质量监督保障体系的研究与实践［J］. 教育教学论坛，2014（6）.

［6］别敦荣，孟凡. 论学生评教及高校教学质量保障体系的改善［J］. 高等教育研究，2007（12）.

金融学专业教学团队特色与建设探索[①]

刘小军　张赛赛

摘要： 本文对金融学专业教学团队建设与管理方面功能及存在的问题进行了分析与探索，提出了以培养创新人才为目标，以构建多层次教学体系为主线，兼顾特色与规范的关系，明确分工，走内涵式发展战略路径，建立长效机制，实现人才培养的竞争优势等建设思路、措施和方法。

关键词： 金融学；专业教学团队；建设

金融在整个经济中占有着核心的地位，随着经济的发展，金融全球化格局的形成，金融学专业人才的培养面临着新的挑战。随着金融理论的不断发展，在课程设置上，金融学课程与数学、会计学、市场营销、法学、计算机网络、外语等课程交叉融合。金融学专业分别开设了金融工程概论、金融计算与建模、博弈论、商业银行会计、财务报表分析、银行营销学、电子金融学、经济法、金融法等双语课程。这种交叉性的课程设置要求组建金融学专业教学团队，来适应"大金融"时代对复合型金融人才的需求。

有目标才有动力，首先应该定制出一个金融学专业的人才培养目标。如要求学生学习和掌握经济学、管理学和金融学基础理论知识，受到金融业务和管理方面的方法和技能训练，能熟练运用计算机和外语等工具，具有较强的分析和解决实际问题的能力，综合素质高，富有创新意识和开拓精神。而毕业生则应具备以下几方面的知识、能力和素质：掌握经济学、金融学科的基本理论、基本知识；具有处理证券、银行、保险等业务的能力；熟悉国家有关金融的方针、政策和法规；了解本学科的理论前言和学科动态；具有较强的语言和文字表达、人际沟通、组织协调以及分析和解决问题等方面的基本能力；能熟练运用计算机和一门外语；掌握文献检索、资料查询、调查研究的基本方法，具有一定的科研能力。在确定了目标的基础上，下面来着重谈谈关于金融学专业教学团队的功能与建设方案探索。

[①] 本文为天津商业大学教改课题"经济学科市级教学团队建设探索与实践"（60203-15JGXM14）的阶段性成果。

一、组建金融学专业教学团队的功能

（一）强化教学质量监控

组建专业教学团队是保证教学质量不断提高的重要因素。专业教学团队经过多年的教学管理实践和教学评估建设，能够完善教学环节的质量标准和教学质量的管理制度，建立覆盖教学全过程的质量标准体系，对教学和管理工作进行全面监控、督促、评估，为提高教学质量提供有力保证。对教学质量的监控方面，直接体现在对教师教学质量教学课程的评价上，主要包括以下两个大的方面：其一，严格执行院系、教务处党政领导听课制度，这有利于加强学校对教学质量的重视与监管，同时对于教师教学质量水平的提高具有促进作用，使得教师上课更加上心，端正教学态度。其二，建立健全科学规范的教学质量评价体系，这要求各个层次的人对在校老师的课堂教学进行评价，应当包括：学生、同行、专家、教师自身对教学进行评价，全方位出发，对教学质量进行全面而又确切的认知与评价。无疑，这些措施都强化了对教学质量的监控，使教学质量变得透明化，也使高效的教学水平成为可能。

另外，教学质量的监控也体现在人才培养的质量上。人才培养质量对专业的生存和发展尤为重要。通过组建专业教学团队、培养方案专项评价、制定修订过程论证、教学评估、学生综合测评、考核、毕业审核与学位授予等措施对人才培养目标、培养方案、实践创新能力培养体系、培养方案执行等环节的质量要求进行评价，有助于确定金融学专业人才培养质量是否达到标准。

（二）优化精品课程建设机制，细化主要教学环节的质量标准

作为教学管理的重要组成部分，规章制度建设占有十分重要的地位。通过金融学专业教学团队的建设，强化教学管理，重视规章制度建设，能够实现精品课程建设机制优化，教学管理制度化、规范化，教学计划修订、教学大纲完善的管理工作制度化。同时，通过教师的言传身教，教学环节质量标准细化，管理工作全部网络化，专业课程设置、课程介绍、课表、教学大纲在网络上公布，让学生形成人才至上的理念，可以丰富教学内容，提高教学效果。

在操作层面上，教学团队由集体备课、学生评教、课程考核、课堂督导、实践教学、毕业论文开题及答辩、考风考纪、教学评估、教学检查、学风检查、现代教学管理手段建设、教学文档规范化建设等一系列操作活动构成，能够形成一个清晰又简便的教学质量监控与评价体系。

（三）完善课程和专业建设要求，提升教学建设水平

一个有特色的专业建设，需要对其课程和专业建设要求进行完善，这样才能有条理有组织地进行教学改革。只有完善了对专业建设的要求，才能够对专业要求进行更好的实施。另外，专业建设是高等学校最重要的教学基本建设，通过建立团队协作机制，促进教学研讨和教学经验交流。专业建设决定着人才培养的格局与办学水平的高低。金融深化的发展要求面向"大金融"时代，培养符合时代要求、具有良好综合素质和多种能力的通用型金融学人才。组建专业教学团队，能够促进教师们探讨在金融学专业教学中

发生的问题并分享自己的教学心得，共享信息资源，汲取教学团队其他成员在教学中的优秀经验及教学方法，互帮互助，协同提升教学水平。这样能够在让学生掌握金融相关的基础知识和理论的同时，又了解到最新的金融理论与金融动态。

二、适应金融人才培养需求，建设金融学专业教学团队

（一）科研与教研一体化，探索教学新模式

创建教学团队，有助于教师合作创新，资源共享，优势互补；讨论改进课堂教学方法，梳理教学内容、教学重点和难点，统一教学流程，交流心得与体会，通过老教师"传、帮、带"，提高青年教师教学、教研和科研能力；把握金融学领域动态，把前沿金融学理论知识和思想引进教学中，组建教学督导体系进行全方位的教学监控，以提高课程教学质量，促进教改和教研，提高金融学人才培养质量。

根据教学团队发展的实际，面向本科生进行通俗讲座和普及性讲座，定期或不定期组织论文交流、学术研讨。还可以举行团队内部研讨会，交流科研小组内部阶段性成果；邀请国内外专家学者讲学，提供了解前沿学术动态的平台；通过学术交流与讨论，使教学团队形成良好的教学和研究氛围。努力寻找出最适用于本科生学习以及创新的教学模式，科研教研一体化，理论联系实际，用所学来致用，让大学不再只是学习较为死板的理论知识的地方，更是培养出优秀的具有综合能力人才的好场所。

（二）建设金融学专业特色课程

在这个竞争日益激烈的社会上，要想立足，就必须培养出适应当今时代发展趋势的掌握多种能力的人才，而这就要求找准自己的办学目标，建设出有一套自己特色的专业课程。特色课程教学资源的建设对于教学团队来说，在教学内容、教学方法和手段及教学模式的改革上，可以实现最优化。但对于多媒体课件和网络课程的建设来说，需要与在技术上有优势的单位合作，发挥他们的技术优势服务于课程教学资源建设中。

为了能够高质量完成精品教学资源建设，专业团队结构需要不断进行优化，一方面要求保证数量，另一方面要求提升质量，核心成员负责课程教学、多媒体课件以及网络课程的开发与研究，辅助成员从事网上精品课程资源的建设及互动。

对于金融学专业的特色课程，应突出金融学科发展中对金融财经、管理、法律及计算机、英语等知识交叉渗透的特点，把学生培养成为以金融学科理论为基础能适应金融实践发展要求的应用型复合人才。具体表现在：应该有自己特色的核心专业课程，并在金融学基本理论知识学习扎实的基础上，增加对金融商务英语、经济法等相关交叉课程的教学，多多开展实践应用性课程，如证券投资模拟、商业银行业务操作实践模拟，等等。在课程建设上，应将课程设计、教学资源和实践创新等方面相融合；在原有的金融基础知识架构中，如计量经济学、时间序列分析等传统数理课程的基础上，强化运筹学、金融工程、精算学、风险管理、计算机语言等应用课程在培养体系中的引入，提高双语课程的授课质量和国际化程度，设计以金融专业数理和英语为基础的专业核心课程群。在课程细分上，课程可以分为：通识学习课程、素质拓展课程、专业基础课程、专业核心课程以及专业拓展课程五大块。这五大块尤其以专业核心课程为主导，其他课程作为

辅助。在课程学时分配以及前后安排上应该按照一定比例突出核心课程，扩充实践性及多元化课程，使教学课程实现更合理的分配，进而促进对综合素质较高的人才的培养。

（三）深化教学方法研究，保障实验教学

围绕创新型金融人才培养目标，利用计算机辅助实验教学、虚拟实验室和多功能电子实验室等，协调课堂教学与实践教学环节，理论联系实际，将理论知识运用于真正的实践过程中；建立创业小组、设计小组、编辑小组等，不同的小组有着不同的任务，就像学生会的不同部门掌管不同事务一样，以此从事各类金融创新实践活动，使活动多元化，每个人都依据个人能力与个人兴趣选择不同的小组进行金融创新活动，达到人尽其才的效果；开设第二实验课堂，参与教学、科研，进行金融模拟实践研究，培养团队意识和社会意识，强化认识实习教学环节，注重实习环节与创新金融实验教学的衔接效果，让在校生尽早地与社会接轨，从而毕业时能够尽快地适应从学校这座象牙塔到现实社会的过渡。以上种种都是金融学专业教学特色的重要源泉。这些条件将共同组成创新金融学专业教学团队实验教学的基本保障体系，促进创新金融学专业教学团队实验教学质量的提高。

经过多年的教学实践，总结出以下几点关于教学方法改革的具体应用：积极运用多媒体方法进行教学，通过多媒体展示不同课程的教学魅力；注重动手能力和实践技能的培养，使学生成为符合时代竞争要求的应用人才；专业教师应积极开展案例教学，带着学生一起对案例进行实地考察或问卷调查，用案例来教学，使所教知识更加牢固与易懂；与学生成为生活上的朋友，而不是隔着一个阶级的关系。在学生遇到学习上的问题时，也可以通过公开邮箱或者电话的方式课下对学生进行答疑解惑；改革传统的教学方法，采取多种模式的创新型教学方法，积极引入管理学中的激励—竞争机制，激发学生对学习的兴趣和热情；注重教材建设与版本更新，通过编写高水平金融教材或者及时更换最新版本的教材，与时俱进，不断吸收本专业最新的理论研究动态，及时反映该领域的最新进展，以适应市场经济条件下不断变化的社会需求。

（四）师资力量是金融学专业教学团队创新的支撑力量

建设高校教学团队对于促进教师专业化，提高教学质量具有十分重要的意义。为此必须通过创建不同类型的教学团队，以团队带头人为核心提高团队的凝聚力，打造合理的教学团队结构，建立有效的教学团队内部管理及运行机制，出台团队发展的相关制度，规范教学团队的管理措施。从而通过高校教学团队建设，提高教师的教学水平。

高素质的师资队伍是金融学专业教学团队建设、课程建设和人才培养的关键。学员结构合理、学科分配均衡，形成以中青年教师为教学和学术骨干，知识结构互补性强，理论知识扎实、实践经验丰富、了解金融学最新动态又富有创新意识的教师队伍，是保证金融学专业教学团队创新人才培养、提高教学质量的重要因素。在师资建设方面，应该吸纳与培养专业的人才队伍。在社会上，邀请金融业权威人士或者是知名学者作为校外导师，使与社会接触较少的学生及时了解金融学的前沿动态；在学校内部，对在职教师进行专业化培养，将与时俱进的创新精神贯彻到实际教学中，从而起到言传身教的作用。合理的教学团队结构要求成员在知识、技能、年龄、个性、职称、学缘等方面互补。只有在这些方面互补了，才能达到专业团队之间的平衡。不同年龄、个性甚至性别的老师有着不同的教学经验以及不同的思维模式,这样可以形成互补,不同成员之间相互交流,利用头脑风暴,产生最佳决策。不同知识、技能的老师应该担负不同的任务,承担不同的责任。比如在金融学上造诣颇深的成员应该成为金融学教学的核心,而在计算机方面有着专长的成员则应做好后台计算机技术支持与维护。每个成员各司其职,各取所长,才能使得整个专业团队高效化、规范化。

专业团队的成长,需要团队成员之间互助合作,教研室发挥的作用尤为重要。因此,基于团队模式的教研室建设,由行政化向教学科研型发展,管理由控制型向研究型发展,引导教师合作学习,开展教学改革,将为教学团队建设提供契机。

(五)完善学校硬件设施,加强实践教学

建立一支高效的教学团队,需要一定的硬件设施作为支撑。比如,一个具有庞大信息系统的图书馆是为学生提供资源的好地方,师生可以利用图书馆借阅纸质版图书,也可以利用校图书馆"电子图书馆"查阅资料;一个具有现代技术的金融实验室,可以为学生实验操作提供极大的便利,能够进行金融等相关业务的模拟操作与分析研究,按照教学计划组织学生到实验室完成各种实验活动,以提高学生的专业知识、分析问题及解决问题的能力;假如所有教室都装备多媒体的话,多媒体教学变成实际,学生不再仅仅用耳朵来听取知识,也可以借助图表来迅速理解知识,这也使得教学手段变得多样化,能够引起学生对教学课程的兴趣。

另外,为了学生更好地与社会进行接轨,不至于"一毕业就失业"或者踏入社会就接受不了骨感的现实,学校可以与金融相关的企业、单位进行合作,组织学生到合作单位实习,积极开展社会调查与社会实践活动,让每一个学生在读期间都有接触社会的机会,都有发展与提升自己的空间。在学校期间进行锻炼,既可以让学生将所学知识运用到实践当中,又可以让学生尽早地完成学校到社会的过渡,这正达到了培养符合时代要求,知识、能力、素质综合协调发展的高质量水平人才的这一教学目标。

三、结束语

金融学专业教学团队建设是一项基础设施系统工程,需要外部资源和团队内部成员相互协作的双重保障。在团队建设期间,需要充分利用相关政策和教学、科研条件,通过建立完善的团队管理、运行机制,鼓励团队教师全方位参与课程建设与教学改革,促进团队开设的金融学系列课程建设水平及教师教学水平的整体提升,恰当运用现代教学技术、方法与手段,注重团队的示范性和辐射推广作用,并通过编写高水平金融系列教材,发表教研、教改论文,研讨会,骨干教师培训班,国内外访问学者等形式促进团队建设。就目前而言,金融学专业实践教学仍然存在诸多问题,需要不断完善,我们将在摸索中前进,任重而道远。

参考文献

[1] 教育部财政部.关于实施高等学校本科教学质量与教学改革工程意见[EB/OL].www.moe.edu.cn,2007-01-26.

［2］马廷奇. 高校教学团队建设的目标定位与策略探析［J］. 中国高等教育，2007（11）：40-42.

［3］田恩舜. 建设高水平教学团队切实提高教学质量［J］. 中国高等教育，2008（15）：20-22.

［4］黄玉飞. 高校教学团队的考核与管理研究［J］. 中国大学教学，2009（2）：70-72.

［5］李延喜，徐秀文. 理工科院校金融学专业教学团队建设的理论与时间探索［J］. 教育教学论坛，大连理工大学，2013（8）.

［6］李延喜. 金融学课程与教学资源建设的改革与实践［J］. 大学教育，2013（3）.

［7］孙忠民，张秀红，王瑛. 加强教学监控的几点尝试［J］. 皖西学院学报，2004（6）：148-149.

［8］刘学华，国晓丽. 浅议金融学专业人才培养方案的改革与优化［J］. 中华女子学院学报，2011（1）

［9］李杰. 金融学（本科）专业特色建设的探索与实践［J］. 湖南涉外经济学院学报，2010（4）.

第二部分　学科竞赛教学

国际经济与贸易学科竞赛教学的探索与实践①

王 威

摘要：针对国际经济与贸易学科竞赛教学的改革和内涵，围绕教学改革、保障措施，进行了探讨。实践证明，学科竞赛将有利于国际经济与贸易专业学生实践能力的培养。

关键词：国际经济与贸易；学科竞赛教学；实践教学；团队；人才

国际经济与贸易学科竞赛，如 POCIB（全国大学生外贸从业能力大赛）、全国商科院校技能大赛、国际商务谈判大赛，竞赛内容大多依托实际经贸问题，要求学生组队参赛。通过组织学生参加对抗强度比较大的比赛，推动了教学模式的改革，提高了应用型、实际操作能力强的国际贸易人才培养质量。

一、学科竞赛与国际经济与贸易人才培养

（一）学科竞赛对应用型国际经济与贸易人才培养的导向作用

学科竞赛是整合国际经济与贸易实践、实验教学的重要环节，通常以实际案例问题为对象，强化参赛团队学生和指导教师分析、解决实际问题的能力，是一条培养应用型国际经济与贸易人才的有效途径。

学科竞赛中，通过竞争，激发参赛选手和指导教师的积极性。同时，竞赛也是一个竞赛团队协同发展的过程。在竞赛中，团队的探索过程，需要小组成员独立思考，又要注重相互沟通，以集体的力量应对难点和疑点，整合团队资源，制定研究方案和实施细则，相互启发、头脑风暴，不断总结、积累经验，保证对设计方案的不断完善，朝着科学的方向前进。

国际经济与贸易应用型人才培养和学生实践能力的培养是一个渐进的过程，不同层次的学生，学科竞赛形式和要求也不同。因此，结合实践，探索学科竞赛与人才培养的关系，推广竞赛课程成功的教学模式，设立独立的竞赛选修课程，并结合实验课程，设计竞赛题目，构建学科竞赛体系，能够使学科竞赛与人才培养相结合，使学科竞赛为应用型国际经济与贸易人才培养服务的导向作用更明确。

（二）学科竞赛在国际经济与贸易专业实验实训教学中的作用

国际经济与贸易专业毕业生的就业单位主要包括外贸企业、外资企业、拥有进出口

---

① 本文为天津商业大学教改课题"经济学科市级教学团队建设探索与实践"（60203-15JGXM14）的阶段性成果。

经营权的企业、涉外经贸部门及外经贸管理、教学和科研机构。另外，毕业生还能在驻外商务机构及海外驻华商务机构的贸易部门从事相关经营管理工作，在国内外金融机构、跨境电子商务企业、国际物流企业从事商务工作。

由于外资外贸企业需要与海外客户运用外语沟通联络，因此，国际经济与贸易毕业生的商务英语听说能力必须能够符合外贸业务员、跟单员等和国外客户商务往来的岗位的要求。

实验实训教学的主要目的是要求学生通过相关实验课程掌握进出口操作技能。为提高实验实训课程教学效果，可以通过学科竞赛，如全国大学生外贸从业能力大赛（POCIB），为国际经济与贸易专业实验实训教学提供一个模拟进出口业务全过程的模拟演练平台。对国际贸易实务、外贸英文函电、国际商务谈判、国际结算等实践性课程，学科竞赛会使学生国际商务意识、创新能力和团队合作精神都得到提升。因此，学科竞赛是有效开展开放式实验教学的关键环节。

开放式实验需要对实验室时间、空间、实验项目和设备等开放。竞赛期间，根据国际经济与贸易学科竞赛特点与需求，实验室将主要承担竞赛软件、实验设备的运行维护工作，为学科竞赛提供保障。学科竞赛的开展，使学生在良好的开放式实验教学平台使用过程中，提升学习能力和实践创新能力。学科竞赛教学方式能够促进师生间互动，增进学生的学习主动性，提高课堂教学效率，提高实践操作能力。

随着信息技术的发展，纸张化教学管理正在转变为信息化教学管理。学科竞赛教学要求集成班级管理、竞赛团队管理、师生信息管理、教案与实验项目管理、作业与考试管理等功能。因此，学科竞赛可以促进教学辅助软件资源、网络资源和实践教学环境的建设；促进互动参与式学习，完善教学手段和方式；及时将学科发展前沿成果引入，加强课程内容的技术性和探索性。

（三）多类型学科竞赛在国际经济与贸易实践教学改革中的作用

在类型上，国际经济与贸易专业的学生可以参加公共基础类竞赛，如英语竞赛、数学竞赛、计算机竞赛；也可以参加专业基础类、技能类、综合类竞赛。多类型学科竞赛的不断发展需要从人才培养目标、特色课程、实践教学特色、岗位定位着手，结合院校教学情况，对研究型、应用型、专业技能型学科竞赛加以区分，精确定位，找到差异，推动实践教学改革，形成品牌。明确国际经济与贸易实践教学改革什么，如何改革，对实践教学改革进行落地建议。培养了解学科发展前沿、掌握学科发展现状、拥有实践创新能力的应用型高素质专门人才。

国际经济与贸易实践教学水平的提高与教学方式的多样化，离不开多类型学科竞赛教学资源库的建设。通过资源整合统一，多类型学科竞赛教学资源库可以在国际经济与贸易实践课程建设、教材开发、实训基地建设等方面提供资源共享和交流平台，明确行业、企业人才需求标准，构建配套的课程体系，实现优质资源共享，整体带动国际经济与贸易专业相关人才培养及实践教学科研水平的提升。一方面切实加强专业师资队伍建设，成立竞赛团队，加强调研学习、实践锻炼、教研投入。另一方面善于运用学科竞赛资源平台的优质资源，并结合市场人才需求，开展特色教学需要，推动国际经济与贸易特色专业品牌形象形成。

在课程教学与实验方面，学科竞赛有助于实现教学内容各环节的综合管理，将理论与实验相结合、课上讲授与课下作业相结合，实现个别化学习和协作学习等教学方式所欠缺的功能。

二、国际经济与贸易学科竞赛教学改革

（一）转变教学理念，整合课程内容资源

学科竞赛课程内容建设需要紧跟学科发展前沿和生产实践要求，及时修订课程结构和教学大纲，既讲授理论知识，又要注重学生报关、报检和跟单业务等专业技能训练；编写配合学科竞赛的教材，并以教材为基础，以学科竞赛成果和国内外学科进展补充更新授课内容，适应用人单位对应用型国际贸易高级专门人才外语交流、业务拓展能力的要求。

在保证国际经济与贸易理论知识教学的前提下，对学生进行学科竞赛需要的能力培养，是学科竞赛教学改革的主要特点。因此，在设置课程过程中，要规范课程内容资源，按照学科竞赛对课程内容资源的要求，参照外校参赛团队的课程资源，保证学科竞赛教学资源的特色和共性。同时应围绕专业培养目标，根据学科竞赛的新发展和新要求，加强课程体系、教学内容改革与建设，转变观念，体现学科竞赛课程特色。

（二）教学方法改革

教师面临多重任务的挑战。学科竞赛教学环境中，教师的任务不再只是讲授课程知识，而同时是学科竞赛的组织者、管理者、答疑者等。学生不仅是教学对象，而且还是竞赛的主体，作为教师需要帮助学生进行学科竞赛专业知识建构，而不能仅仅进行"灌输式"教育。学科竞赛教学要求减少使用灌输式教学方法，更多地采用讨论式、启发式、案例式教学方法，增加信息量，激发学生学习热情，督促团队成员在听课过程中根据老师提供的资料和问题参与发言、讨论，利用网络资源充实教学内容。学科竞赛教学要求配合比赛改进教学方法、梳理教学内容、教学重点及疑点问题，交流竞赛心得与体会，师生互动、生生互动，交流经验。

学科竞赛团队指导教师应就教学模式、教学内容、教学方法、课程建设与改革等内容定期研讨，每期一个主题，通过研讨，不断探索教学模式和内容的改进方法和路径，提高教学水平和质量。同时，可以围绕学科竞赛教学单位申报教学研究项目。

（三）考核方式改革

学科竞赛对考核方式改革会产生很大影响。学科竞赛可以有效地促进考核方式的改革。学科竞赛教学环境中，教师必须将计算机技术、多媒体技术、网络技术及数字化技术等应用到教学中，优化教学效果。学科竞赛指导教师和参赛团队学生基于共同的目标，通过合作机制不断开发优质教学资源、促进教学研讨和经验交流，最终达到提高教学质量的目的。

国际经济与贸易实验室资源建设与网络教学辅助方面，作为学科竞赛教学的载体和重要补充，凭借校园网络系统逐步丰富学科竞赛资源，如教学大纲、教学视频、习题集等，为学科竞赛团队学生构建自主学习互动平台，学生可通过竞赛平台进行学业成绩评

价，团队指导教师还可据此答疑、批改作业，开展开放性实验教学，指导参赛学生自主设计实验。实践证明，学科竞赛能促进参赛学生综合素质的全面提高，符合改革考核方式，培养复合型、创新型人才。

三、学科竞赛教学保障措施

（一）学科竞赛教学团队建设

教学团队建设影响着学科竞赛的成绩，涉及学科竞赛教学目标的定位，课程体系及其内容设置、实验实习及社会实践的方式等方面。建设好具有专业特色的学科竞赛教学团队与教师理念、知识结构及师德风貌和素质能力密切相关。具有科学教育教学理念的学科竞赛教学团队，在提高学科竞赛教学质量中会较好地根据实际情况，加强外贸行业和相关经贸领域发展趋势及人才需求研究，制定出与外贸实践需要相结合的培养方案和课程体系，并形成特色。

国际经济与贸易学科竞赛教学要根据专业培养目标和社会需求，制订教学计划，涉及有多少门专业课程要开设学科竞赛实验课，课时是多少；另外，要开设多少门学科竞赛课，每门课时是多少，哪个学期开设等。这些应体现在专业培养方案中。课程内学科竞赛课时和学科竞赛课程的教学目标、任务、内容、学生考核方式、考核要求等可以通过教学大纲的形式体现，并在教学中实施，避免流于形式。

学科竞赛教学团队建设应立足于教研室建设，并以学科竞赛课程建设为基础平台。国际经济与贸易学科竞赛教学要关注专业基础课和系列专业课程教学的建设。由于学科竞赛教学内容、教学手段、教学组织等逐渐演变为综合化、系统化和信息化，为此，应充分利用国际经济与贸易学科课程体系互相支撑的教学生态环境，以重点学科竞赛课程、精品学科竞赛课程建设为抓手，整合具有实践经验和理论基本功、年龄和职称结构合理的教学团队，以及实践部门兼职教师共同组成课程组，追踪学科竞赛前沿问题，优化教学内容，探索学科竞赛教学模式，开展案例和网络教学，使学科竞赛教学团队教师在教研和经验交流中提高教学质量。重点建设"国际贸易实务""国际商务谈判""商务英语视听说"等系列学科竞赛课程。并增强这些课程的辐射和示范作用，强化各个学科竞赛教学团队建设。其具体目标是：提高学科竞赛教学团队教师素质，形成结构合理的师资结构；不断改革和完善学科竞赛课程体系和教学内容；强化竞赛教学环节，形成国际经济与贸易人才培养与学科竞赛实践良性互动的机制。

（二）学科竞赛参赛团队建设

认知实践是参赛学生在比赛开始前有必要参加的实践活动。为了进一步使参赛团队学生对外贸业务有较感性的认识，由学科竞赛指导教师组织和负责，带领竞赛团队学生到外贸企业观摩、见习，了解外贸形势，熟悉进出口产品及外贸业务流程；了解如何正确制作外贸单证，了解用人单位要求。外贸企业在竞争中求发展的经验可以激发参赛团队学生的积极性，增强学生的实践认识，有利于推动自主学习、态度目标和突出能力的教学。

要建立以参赛团队人才培养为核心的激励机制，要在把握参赛团队成员的内部激励因素包括比赛成绩激励因素、成长激励因素和外部激励因素的前提下，实现比赛成绩激励与课程成绩激励相结合，团队奖项激励与个人奖项激励相结合。

要立足于国际经济与贸易人才培养的定位和要求，建立学科竞赛成绩及指导教师打分相结合的评价制度，为学科竞赛参赛队伍建设的可持续发展提供机制保障。在评价内容上，既要有对参赛团体成果、课堂教学效果的评价，又要有对参赛学生素质提高、能力培养等的评价；在评价环节上，既要注重学科竞赛参赛团队建设终期成绩的评价，又要注重建设过程中阶段性任务完成的监督和考核。同时，对学科竞赛参赛团队建设的进展和成效需要跟踪管理，保证建设质量与成效。

开展产学研合作教育是国际经济与贸易人才培养与社会需求接轨的现实需要和有效途径。应充分发挥行业优势，在院校与外贸企业的共同诉求下，主动创建产学研合作教育项目，并以项目为平台，重构开放式的学科竞赛教育教学环境，打造高水平学科竞赛参赛团队。例如，通过联合开办高素质人才实验班，对学生进行"定单式培养"。从实验班的培养目标出发，集中优质资源，分期分批选送学科竞赛团队学生到外贸企业实践，同时通过特聘、柔性流动等方式吸收外贸实务部门的专业人士到学科竞赛教学团队中来，构建结构合理、层次分明的"双师"型教师队伍，形成以产、学、研合作模式培养国际经济与贸易学科人才的特色学科竞赛教学团队。

四、结束语

国际经济与贸易专业学科竞赛教学目标的确立，既重视知识目标的教学，又重视态度和能力目标的教学，在学科竞赛过程中注重参赛团队学生学习、分析、解决问题、团队协作能力的培养。通过团队竞争、合作、比赛训练，参赛团队学生学习态度、专业态度得到激发，会取得较好的教学效果。实践表明，随着学科竞赛等级、参赛队伍和人数的不断扩大，学科竞赛已逐渐成为国际经济与贸易专业课程体系的必要组成部分。

参考文献

[1] 张肃. 基于大学生学科竞赛的实践教学模式研究 [J]. 山西财经大学学报, 2013 (2): 88.

[2] 付兴峰, 张常年, 肖秀玲, 范金华. 以大学生竞赛活动为契机, 增强实验实践教学质量 [J]. 实验教学改革, 2008 (2): 135-137.

[3] 许光辉, 黄泳波, 邓君. 学科竞赛内容向大学生实践教学转化的探讨 [J]. 实验技术与管理, 2010 (7).

以学科竞赛促进国际贸易实务综合实验课程教学改革[①]

王 威

摘要：针对国际贸易实务综合实验的教学改革问题，分析了学科竞赛的新要求，围绕国际贸易综合实验课程建设和改革进行了探讨。

关键词：学科竞赛；国际贸易实务综合实验；教学改革；实践能力

国际贸易实务综合实验课程应用性较高，其实践教学环节在国际经济与贸易人才培养过程中显得较为重要，其教学质量的提高更应注重增强学生的外贸进出口业务综合素质、培养学生的创新精神与实践能力。围绕这一指导思想，在教学内容、教学方法和教学手段等方面需要不断尝试，以加强对国际经济与贸易专业学生的外贸业务学习能力、业务能力和跟单能力的综合培养。

目前，国际贸易实务综合实验通常由专业独立实验、外贸进出口业务训练、课程设计、相关研讨活动组成。其中课程设计作为统一和完善核心基础知识，培养学生的外贸进出口经营理念和能力的典型实践教学环节，始终贯穿于全部教学环节中。

一、学科竞赛对国际贸易实务综合实验课程的新要求

国际贸易学科竞赛指导教师队伍是学校人才队伍的重要组成部分，包括国际贸易综合实验教学和实验技术两部分人才队伍。在国际贸易实务综合实验课程教学改革的过程中，将学科竞赛教学由实验教学的"可有可无"地位向"重要组成部分"转变，着力解决好学科竞赛队伍、项目与实验教学教材、体系之间的相互关系问题，是开展学科建设、教学实验和科学研究的保障，是促进国际贸易实务综合实验教学上水平的主导因素。

学科竞赛和国际贸易实务综合实验教学紧密相连，学科竞赛不只是课外科技活动，而是国际贸易实务综合实验教学的一个部分。随着竞赛体系的不断完善，学科竞赛作为国际贸易实务综合实验教学的一个重要部分，通过让更多学生参与，将逐步形成以竞赛促教学、以竞赛促进能力的教学目的。目前，很多高校国际贸易实务综合实验已独立设置课程，实验学时数量得到保障，但部分实验教学内容仍有待优化，演示性和验证性的实验项目的比重较大，制约了学生创新能力和实践能力的培养。通过学科竞赛，将部分

[①] 本文为天津商业大学教改课题"经济学科市级教学团队建设探索与实践"（60203-15JGXM14）的阶段性成果。

演示性、验证性的实验教学项目转换为竞赛学生团队全程参与的实验项目,并将外贸技能训练和基础实验项目内容的讲授时间压缩,将有效提升实验教学质量。

目前,在国际经济与贸易相关学科开展了各级各类的学科竞赛活动。按照学科竞赛组织的频率,可以分为临时组织、每年一次或两次等。按照学科竞赛的形式,可以分为竞答形式、考试形式和作品形式等。其中,国际贸易从业技能综合实训(Practice for Operational Competence in International Business)是中国国际贸易学会联合有关机构推出的互联网培训证书课程,以提高学习者外贸综合业务技能为目标,以仿真在线国际贸易游戏为核心方式。从架构上分析,学生可以在进出口业务流程分析,国际贸易买卖合同磋商,出口公司与贸易相关各机构间来往函电、证件等知识的实际处理等方面充分发挥主观能动性,全面培养和训练创新思维和外贸实践能力。

学科竞赛内容基于专业基础知识,立足模拟实践,仅仅依赖普通专业课程是无法满足比赛要求的。学科竞赛锻炼的是学生对所学国际贸易实务知识的综合应用能力,而典型实践、实验环节则是对前期所学国际贸易实务知识综合应用的阶段性检查,考虑到实践、实验环节滞后于理论教学的客观原因,若在课堂教学中脱离了模拟综合实验,则势必造成学生在国际贸易实务综合实验过程中不知如何应用所学知识去解决实际问题的现象。为了更好地将国际贸易实务教学内容和实践内容相互连贯起来,需要结合教学、科研主体开设不同的培育课程,并采取分层次教学模式。

二、国际贸易实务综合实验课程建设和改革

(一)实验教学改革目标

国际贸易实务综合实验课程建设和改革需要专业性实验室作为依托,秉承教学科研联系教学实践这一宗旨,以外贸行业数据分析与挖掘为应用方向,采用云计算、云存储、移动互联、流媒体等高新技术,集教学、科研、练习、实习、交流于一体,整合实验信息数据、教学实验改革、平台软硬件资源,系统便捷地开展大数据演示和教学,以国际贸易实务相关教学研究为主,广泛开展教学方法、教学技术、教学模式探索。

把学科竞赛作为国际贸易实务综合实验教学的重点,激发学生探索和创新思维的能力,引导学生快速、有效地进行学习。面向学科竞赛的国际贸易实务综合实验教学,要注重个性化学习过程和策略,通过学科竞赛真正转变国际贸易实务综合实验教学理念,强调实际应用,面向具体外贸进出口业务实践;要高度契合外贸进出口业务人才和实验教学目的,以培养学生外贸业务能力为切入点,要主动适应和规范化支持国际贸易学科竞赛。学科竞赛是国际贸易实务综合实验教学的补充和延伸,是师生集体参与的实验活动,一定程度上代表国际贸易实务教学的水平和地位。

参照学科竞赛目标整合教学资源,改变教学方式。国际贸易实务综合实验需要重视基础知识教学,还需要重视实验教学,实现培养综合素质较强的外贸专门人才,而改革国际贸易实务综合实验教学内容、教学方法是学科竞赛的需要。要改变教学方式,变被动教学为主动教学,变课堂教学为基础知识与实验相结合的实践教学,才能真正有利于实现国际贸易实务综合实验教学目标。

（二）改革教学进程

面对我国高校毕业生就业率低迷问题，究其原因，缺乏从课程论角度对就业指导课的研究是其中一个重要因素。应用复合型国际贸易人才应掌握较深厚的基础理论，对外贸外经领域实际状况比较了解，具有较强的商务实践适应能力和竞争能力。专业技能型外贸人才是要在外经外贸岗位一线，具备操作技能，并在国际商务实践中能运用技术和能力进行实际操作的人员。因此，国际贸易实务综合实验课程，从教学进程上体现以实践教学为核心环节。

对国际贸易实务综合实验教学进程改革要强化，从具体措施实施看，主要是要能强化外贸进出口业务组织执行能力，要保障学生能够按照培养的方案完善国际贸易的模拟操作训练。通过对多种教学手段和教学方法的综合运用来加强各个实验环节教学进程的教学效率，通过对实验教学进程的建设、对学习软件以及国际贸易业务教学等教学内容的基础强化，进而提升实验课教师的多样化教学能力。教师通过指导学生学科竞赛和为相关的企业开发科研项目，为教师的实验教学水平的提升打下基础。对国际贸易实务综合实验课程的教学要运用灵活的教学方法，例如通过模拟实验针对进出口业务流程、运用网络资源宣传企业及产品的基本方法，结合比赛进程，实践国际贸易买卖合同的磋商过程，掌握询盘、发盘、还盘和接受环节的英文函电写作技巧。

在教学中，充分利用模拟实验室和模拟操作软件。利用模拟软件，学生可真实地经历签单、签合同、填表等环节，实践操作能力得以加强。为锻炼学生的沟通能力和团队精神，可将学生分为若干小组，每组为一个外贸企业，并对组员进行岗位安排，彼此间进行贸易。在评价时，主要考察企业成绩和个人优秀表现。也可由教师设定任务，学生通过合作进行调查、搜集资料、分析、制表，熟悉贸易流程。

（三）规划外贸领域创业路线

外贸领域创业是一个结合了进出口贸易、财务、市场营销、生产、人力资源管理等职能的综合，在国际贸易实务综合实验课程教学中，规划创业路线是学科竞赛的重要内容之一。在学科竞赛中，制订符合实际情况的创业计划方案，需要教师引导学生了解可进入的行业与产品，指导学生从外贸理论与实践相结合的学习中落地到外贸实际，认清产品的生命周期是处于萌芽、成长、成熟还是衰退阶段；界定目标市场，分析同业竞争者的业务状况、相似度，如何提升竞争力，在财务、风险、人事、市场行情方面所要面临和亟待解决的问题，形成清晰的短期、中期、长期创业目标以及路线图。

国际贸易实务综合实验课程，通过学科竞赛的建设，为老师和学生提供数据库及外贸行业信息模拟分析演练实验平台，为学习效果考核、考试提供必备的基本数据与外贸实战研究实时模拟环境，改革陈旧的模式化考核方式。同时，通过学科竞赛，师生协同创新，促进教学科研成果的产业孵化，提高检验考核方式的效率。

（四）完善考核、考试方式

传统的期末笔试+上机考试考核方式已不适合国际贸易实务综合实验课程的考核，考试的内容只考查学生对课本知识的理解和掌握，而忽略学生创新能力的考核，也很难全面测试学生的实验课学习效果。

通过结合学科竞赛，为学生提供自选实验、自拟活动课题和参加教师科学研究项目等形式，积极组织各学科竞赛团队教师整合历年学科竞赛内容，作为国际贸易实务综合实验的教学项目内容，从而使学生在常规实验教学活动中就可以置身学科竞赛的培训中，体验学科竞赛教学。

基于学科竞赛的国际贸易实务综合实验以问题或课题为核心，要求把实验放在仿真情境中，设计一个动态市场环境。出口商可以从本国市场采购产品出口到他国的进口商并从中获利，而进口商进口后，需要将其销售给本国的消费者获利。出口商采购价格和进口商国内售价之间的利润空间是有限的，同时也受到成本费用、利率、汇率、税率变动的影响，交易双方都必须尽可能准确地核算成本费用。通过强调"团队协作和自主学习"，促进实验教学观念和教学行为转变，探索能促进学生主动学习的教学模式的形成和实践教学体系的完善。

依据学科和课程本身的性质和特点，采取以重上机考试，兼顾课程设计、笔试和学科竞赛等的考核方式，在成绩的评定上加大这方面的考核力度，这种考核方式旨在注重学生的动手实践能力、知识的综合运用能力和创新能力，更能全方面的对学生的学习做出考核，实践证明比传统的方式更能激发学生的学习兴趣，学生学习的主动性明显增强。

三、结束语

学科竞赛对国际贸易实务综合实验教学有着重要的意义，以基础能力培养为依托，通过与现有实践、实验教学模式比较，在参加学科竞赛的过程中，国际贸易实务综合类学科竞赛从内涵体系上更符合国际贸易实务的实际情况。将学科竞赛与课程教学相结合，覆盖整个学习过程，针对业务操作的技能点掌握度进行评价，保证学习者完成足够的仿真业务量，锻炼模拟实际操作能力。通过将学科竞赛与国际贸易实务综合实验结合起来，作为一种实践模式广泛开展，将更有利于国际经济与贸易专业学生学习能力、创新思维、业务能力和跟单实践能力的培养。

参考文献

[1] 李平，杜力．以学科竞赛为驱动的主动式实践教学探索[J]．中国电力教育，2013（11）：99-100．

[2] 于保华，徐泽源，姚培锋．基于学科竞赛的机械工程实践教学改革与研究[J]．教育教学论坛，2011（7）：158-159．

[3] 陈天虹，文献民，葛龙威，易雯．依托学科竞赛培养学生的实践创新能力[J]．浙江科技学院学报，2008，20（2）：136-138．

[4] 李平，杜力．以学科竞赛为驱动的主动式实践教学探索[J]．中国电力教育，2013（11）：105-106．

[5] 史宁，陈芳．简论学科竞赛与高校学风建设之关系[J]．辽宁教育行政学院学报，2011（2）：28-30．

[6] 尹仕，肖看．构建大学生多学科竞赛平台培养新型拔尖人才[J]．实验技术与管理，2009（5）．

[7] 蔺永政，朱红岩．学科竞赛促进计算机类创新型人才培养和深化实践教学改革的探讨[J]．大学教育，2013（13）．

全国大学生节能减排社会实践与科技竞赛[①]

郭　超

摘要：由教育部高等教育司主办的全国大学生节能减排社会实践与科技竞赛（全国大学生节能减排大赛）是全国性的大学生学科竞赛里比较重要的一项，具有典型性。本文通过分析近年来日益恶劣的环境与日益稀缺的资源，来说明节能减排的重要性，以及全国大学生节能减排大赛的必要性。通过简单介绍全国大学生节能减排大赛取得的成果，以及对全国大学生节能减排大赛的本身机制的思考，来肯定它的优点，以及提出些改进的措施和大学生节能减排大赛对其他学科竞赛的借鉴意义。最后，得出和全国大学生节能减排大赛具有同类性质的大赛所具有的共同的不足之处，提出了一些改进的方向和建议。

关键词：节能减排；科技竞赛；创新；实践；需求；教学

一、引言

近年来，特别是 2013 年以来，环境与能源的形势不容乐观，雾霾污染天气在冬天北方的一些城市长时间存在，已经严重影响人们的生活，从侧面反映出环境已遭到严重的破坏。"先污染，后治理"的传统生产模式并没有从根本上发生改变，而且能源消耗量巨大，很多重要的能源（煤炭、石油）等都需要进口。我国的经济发展仍以"高投入、低效率、高排放"的粗放型模式为主，并没有科学精确的节能减排指标。我国面对资源与环境的双重压力。同时我国还是发展中国家，还没有实现全面与更高级的小康生活，所以既不能放弃经济增长速度，又要考虑环境的承载能力。为了实现可持续发展，实现中国梦，必须创新技术，建立长效的节能减排机制。全国大学生节能减排大赛就是为了创新技术与建立节能减排机制而创立的大赛。

[①] 本文为天津商业大学教改课题"经济学科市级教学团队建设探索与实践"（60203-15JGXM14）的阶段性成果。

二、当今资源与环境面临的严峻形势与节能减排的重要性

（一）国内基本耗能现状与环境现状

我国能源消耗巨大，已经达到全球的能源消耗总量20%以上。石油消耗量更是天文数字，仅在2013年石油的对外依存度已经达到36%。各类大型能源的产量不仅仅消耗巨大，而且国内资源相较于国内以前的资源量短缺严重。耗能量日益增加，资源总量日益减少。国内的资源已经承担不起巨大的消耗。

我国环境也遭到了严重的破坏。其中，二氧化硫和各种温室有害气体以及有机废水的排放居世界的首位。传统的生产模式已经使环境达到或接近了承载上限。

（二）耗能大的行业面临巨大的挑战，有更大的节能空间

耗能大的行业有更大的节能减排潜力，所以我们要更加关注这些行业的节能减排，对这些行业的节能减排技术进行筛选。例如，钢铁行业、煤炭行业与建筑行业就具有非常大的节能减排潜力。以钢铁行业为例，我国钢铁行业从2012年到2030年18之间预估的节能潜力为3.8亿吨标煤，节能潜力巨大。在18年之间预估的减排潜力为13.7亿吨二氧化碳，减排潜力巨大。钢铁行业是排放二氧化碳的大户。要改善环境，钢铁行业是我们的首要选择，是创新技术的重点行业。

建筑行业也具有巨大的节能潜力。在建筑的建造和使用中所消耗的能源已经高达全社会消耗能源的40%。建筑业排放的污染物是形成雾霾天气的重要原因。

对这些行业进行节能技术与操作流程的创新，具有立竿见影的效果，具有经济可行性。选择性的技术推广以及管理的改进，能使节能收益和减排收益远大于投入的经费。

行业之间具有相互影响的作用，钢铁行业节能减排的推广能够产生连带效应，使很多企业也加入节能减排的行列。

（三）节能减排管理现状以及改进方向

我国的节能减排基本处于生态效率低的状态。生态效率一词是由世界企业可持续发展协会（WBSCD）提出来的，用于反映经济的增长速度与资源环境的协调程度。而且由于技术和信息传递、管理等方面的差异，节能减排效率区域之间差异明显。东部地区的节能减排效率高于中西部的效率。因此我们实施节能减排政策时以及应用节能减排技术时要因地制宜，不能盲目应用。而且要注重地区之间的相互融合，把东部地区高效的节能减排技术要向中部推广；东中部高效的节能减排技术要向西部推广。

国家制定的规制与政策偏向于高污染的行业，并且制定的轻污染行业与重污染行业的治理标准是不同的。在建筑行业，企业追求数量至上的粗放型生产，广泛存在低价竞争。我们要立足于节能减排机制创新的基础上，从粗放型经济生产方式转向集约型的经济生产方式。国家制定一定的政策，提高产品标准，由低价竞争转向提高产品性能和服务。从而做到不粗制滥造，走出低价怪圈，实现节能减排。我国对于低价低质商品要进行严格的检验，要清扫市场垃圾，健全市场机制，实现高质高价，不能让低价商品鱼目混珠，从而扰乱市场秩序。

三、全国大学生节能减排社会实践与科技大赛的介绍及意义

节能减排大赛的核心是创新，目的是实现节能与减排。为当今的科技发展注入新的活力。大数据时代给大学生的创新带来有利契机的同时，又带来重大的挑战。大学生进行创新，要把握时代的主题，利用当今时代的工具。节能减排大赛也是如此，要想对节能减排进行更好的创新，就要利用大数据享用各种资源。只有充分利用大数据与当今时代的工具，走在前沿，才能进行创新。

（一）全国大学生节能减排社会实践与科技大赛的简介

由教育部高等教育司主办的全国大学生节能减排社会实践与科技竞赛是全国十大大学生学科竞赛之一，也是全国高校最具影响力的大学生创新大赛。在所有实践类大学生竞赛之中具有举足轻重的作用。全国大学生节能减排大赛充分体现了"节能减排、绿色能源"这一主题，是在教育部的直接领导与广大高校的积极协作下紧密围绕国家能源与环境技术、政策以及方向，紧密结合国家前沿问题的大学生大赛。该大赛内容具有广泛性，贴近实际。全国大学生节能减排大赛是一项具有群众性、引导性和创新性的全国大学生竞赛，得到了教育界各方面的高度重视。

全国大学生节能减排大赛从 2008 年起，历经了 8 年的历程。竞赛作品分为"社会实践调查"和"科技制作"两类，倡导大学生深入社会调查，发现国家社会的前沿问题，认真研究问题，创新研究方法，从而解决问题。大赛鼓励大学生将人文素养融合到理论的学习当中，学以致用，理论联系实际，同时也使大学生提前接触社会问题，更好地融入社会当中。该竞赛吸引了多达 250 多所高校，规模宏大，已经形成了"百所高校，千件作品，万人参赛"的国际性规模。

全国大学生节能减排社会实践与科技竞赛的专家委员会由院士、首席专家、长江学者、杰出青年获得者等 130 余位国内知名专家学者组成，每年还特邀一定数量的企业专家参与评选。大赛具有权威的评审委员会，他们把握时代的前沿，把大赛引导走向正确的方向，为大赛注入正确的理念，带领大学生走向社会实际问题与热点。

（二）节能减排大赛的意义及思考

节能减排大赛在培养学生创新精神与职业能力方面扮演着非常重要的角色。它引导学校把单一的课堂教学与实践教学相互融合。

考虑地区之间的异质性，实行区域化节能减排。通过派遣科技人才和引进科学技术计划依托于国家区域发展战略机制，即"双援助"机制，加快地区之间的节能减排技术的扩散与相互学习。

通过节能减排大赛，能够很好地对节能减排进行宣传，改变人们对节能减排的态度，使人们更好地理解节能减排的重要性与必要性，使人们的节能减排行为由强制转化为自觉，形成全民节能，万众创新减排的局面。

四、节能减排大赛对其他学科竞赛的借鉴意义及学科竞赛改进

（一）节能减排大赛对其他学科竞赛的借鉴意义

通过节能减排大赛，对于其他的学科竞赛的创建和改革具有借鉴意义。同时，学科竞赛本身也是高校推动教育体制改革的有效手段。

通过节能减排大赛的过程，可以培养大学生的动手与实践的能力，也培养了每个项目成员之间较好的团队合作精神。节能减排大赛有益于培养适用于社会需求的综合性人才。通过节能减排大赛，为社会培养了大批的应用型、创新型等复合型人才。学科竞赛的最终目的之一就是培养人才。其他学科竞赛应该借鉴节能减排大赛的机制与理念，不要走传统的过场，结合当今时代对人才的要求，不断调整大赛的流程与内容，切实努力培养适合当今时代的合格型人才。

节能减排是当今时代的主题，是当今社会急需解决的实际问题。

（二）学科竞赛不足以及改进的措施

节能减排大赛以及同性质的学科竞赛虽然取得了一系列成果，但是还有许多需要改进的地方。

学科竞赛对学生的综合素质要求比较高，致使许多喜欢研究的学生没有资格去参加大赛。许多高校的人才培养方案并没有将学科竞赛纳入到里边，使许多学生难以获取资源来完善自己的创新。许多学科竞赛的创新范围不够大。创新不仅仅包括技术与方法的创新，也包括制度的创新。学科竞赛通过学生创新要学生解决社会问题，制度与管理方面的创新也是一大创新。高校的课堂教学往往任务繁重，学生很难有精力与动力去进行学科竞赛，应该建立相关的奖惩制度来激励学生进行学科竞赛。学生的创新脱离企业与行业的实际，由于企业或行业自身的一些特点或壁垒的存在与管理模式的特殊性，使创新成果难以被采用。创新方案与构思不仅仅要考虑到技术使用的效果，也要考虑使用该技术的经济成本，投入的消耗不能大于产出的效果，否则在市场竞争的大环境下，企业没有采用技术的动力。学生的参赛作品只考虑了效率与利用率的高低，并未考虑实际的经济成本与国家政府的投入量。

根据出现的问题，提出了以下的整改措施。

首先，需要修订人才培养的方案。许多高校的学科竞赛与人才培养方案是不匹配的。我们要做到理论与实践相符合，人才培养方案与学科竞赛保持一致，以人才培养方案作为学科竞赛的指导思想和标准。学校的人才培养方案更多地体现在教学环节，理论与实践的结合也就是将学科竞赛与常规教学环节相结合。有意识地将学科竞赛的内容与方向融入日常的教学之中，教师培养学生养成创新式、探究式的学习惯性，为学生参加学科竞赛打下基础。

其次，学科竞赛应该坚持"由浅入深"的阶梯式循环渐进原则。学校要开设一些学科竞赛的选修课来进行个性式的挖掘，选出真正具有创新观念的学生。学生在选择自己感兴趣的行业以及企业需要解决的问题时，要立足满足于企业或行业本身的特点以及运营模式和行业规范，防止创新成果与企业的行业规范等发生冲突从而无法投入使用或不

能有效地使用。企业工作方面的机制、文案与要求以及利润的主要来源都是必须要了解的。通过校内竞赛以及一些选修课、课外读物的选取可以了解企业的运营状况。也可以积极地引入企业的管理运行的软件，小组内模拟运营，分担不同的角色，相互讨论，模拟企业业务的开展，以至于对企业运行机制有更好的了解。学生对学科竞赛的创新的定义不仅仅要定义在技术层面上，通过对企业全方位的了解，可以在企业的工作机制、资源配置、高层管理等方面进行整理、分析，最后进行创新。

再次，建立规范化的规章制度和鼓励学生参加学科竞赛。例如：可以使参加学科竞赛培训的学生获得一定的课外学分。规范竞赛制度，使竞赛严格化、正式化。对于学生获得的不同程度的奖项设置相应的奖励额度或者是激励特权，以使学生有较大的积极性。这样就可以达到"赛学互动"的效果。学生通过参加学科竞赛不仅可以培养自己的创新实践能力，还可以促进课堂学科的贯通。学生努力学习课堂知识也可以为学科竞赛夯实基础，做好准备，从而取得理想的成绩。

最后，要有项目学习的驱动实践，即开放实验场所与交予学生处理一些项目。由于筛选出来的学生具有不同的层次基础，项目也要具有梯度，逐步分层次地进行培养。为更多不同层次、不同能力的学生提供更加广阔的实践与创新的空间，发掘自身潜力，找到适合自身的创新之路。设立常态化的机构，即学科竞赛基地。成立各个学科的办公室小组，负责各自学科的一系列的工作，例如：参赛见习、组织参赛、指导比赛等方面，逐步提高各个阶段的效率。教师是学生学习与创新的主要引导者，直接关系到学科竞赛的进展。我们不仅仅需要高校的老师进行指导，更需要企业员工与领导这类"实践型"导师，即实行"双师制"。高校教师可以到企业任职，把心得、经验分享给学生；学校邀请企业"导师"定期到学校进行真实案例演讲或前沿问题分享，将企业的最新技术与学科竞赛结合起来。学科竞赛是一项具有很强探索性的比赛，不仅仅需要大量理论知识的支持与前沿知识的了解，还需要新技术的支持。而这些新技术与最新的知识在学校往往是接触不到的。学校只有与企业合作，拿到最新的方向与技术，才能让学生进行更好的创新。这样学生不仅仅可以接触到社会，还可以挑选自己感兴趣的方向进行研究创新。学校开放固定实验室，购买一些文献，使学生拥有软硬件的支持。学校与企业之间相互合作，将企业的真实方案与案例拿到学校作为项目让学生分工完成。学科竞赛内容作为课程设计的题目，班级分成小组，小组之间相互竞争。这样不仅仅可以接触实际问题，又可以进行创新。

学科竞赛的完善是一个长期的过程，高校的学科竞赛培养机制要形成管理检查、反馈到整顿的一个闭环系统，形成一个有效的机制。高校学科竞赛虽然取得了显著的成绩，但要发挥好高校教学机制的示范、带动与引导的作用。学科竞赛过程中出现的问题多种多样，不过学科竞赛是同质的，问题的本质是一致的。各个学科建设之间可以相互借鉴。建立一些学科竞赛总改机构，通过汇总学科竞赛出现的问题，来进行汇总—分析—实践—反馈—再修改这样一个循环的过程，直至找到最佳的调试方法。

五、结束语

本文通过对全国大学生节能减排大赛的简单介绍,肯定该大赛已经取得的巨大成绩,同时也认为存在很多不足之处。由于全国大学生节能减排大赛影响力大,规模大,所以它对其他学科竞赛具有很大的借鉴意义。通过全国大学生节能减排大赛和其他学科竞赛的分析,我们得出如下结论。

第一,各高校还是课堂理论知识教学体系,并没有将实践性的学习真正纳入到教学体系之中,重视程度不高,只当作扩展性的项目来培养学生,培养出的是理论人才,不符合当今时代对于人才的要求。

第二,实践性大赛的举办,以提高学生的综合素质为核心目的之一。学校制定的培养方案与采取的措施要以提高学生能力为准则。任何具有形式主义的过程要从简,能提高学生综合能力的环节要认真对待。

第三,高校要培养创新性、应用型的人才,只依靠高校自身的力量是不行的。一方面其他高校有成效的制度与案例要积极吸收,然后根据自身高校的特点因地制宜。另一方面,创新需要最前沿的技术与信息,高校要与社会企业建立长期有效的联系,利用企业的最新前沿问题与真实案例作为学生的科目设计,来进行课堂研讨。这样才能拥有第一手资料,才有创新的基础。

第四,高校学生的创新设计要以解决实际问题为核心。如果创新带来的技术解决的实际问题意义不大,创新的成效就下降很多。创新要关心社会热点问题与前沿问题。在创新的项目是需要解决问题的基础上,还要考虑创新技术所带来的经济效益,如果技术的投入资金大于它所带来的效益,那么采用技术之后企业生产是亏损的,企业无利可图,就没有采用该技术的积极性。所以学生不能为了创新的产生而进行创新,还要考虑它的投入与产出的经济效益。

第五,大部分高校与教育部只关注大赛本身的成果以及效益,并没有以大赛本身为媒介进行宣传。例如:借助于全国大学生节能减排大赛,可以多进行宣传,使人们看到国家对于节能减排的重视,从而使节能减排理念深入人心,逐渐改变人们的行为方式。

参考文献

[1] 苟林. 中国钢铁行业节能减排潜力分析 [J]. 生态经济, 2015, 31 (9): 241-242.

[2] 蓝荣聪, 陈永福. 大数据视角下大学生创新能力培养的思考 [J]. 思想教育研究, 2014 (11): 70-72.

[3] 汪克亮, 孟祥瑞, 程云鹤. 技术的异质性、节能减排与地区生态效率 [J]. 山西财经大学学报, 2015 (2): 60-63.

[4] 韩超, 胡浩然. 节能减排、环境规制与技术进步融合路径选择 [J]. 财经问题研究, 2015 (7): 241-242.

[5] 节能减排是门窗行业转型升级难得机遇 [N]. 中国建设报, 2015-07-28.

[6] 王兵, 刘光天. 节能减排与中国绿色经济增长——基于全要素生产率的视角 [J].

中国工业经济，2015（5）：50-52.

［7］田梦现，张震. 以学科竞赛引领独立学院应用型人才培养探讨［J］. 中国成人教育，2015（12）：241-242.

［8］章宗标，金林樵. 以应用能力培养为核心学科竞赛为导向，加强实验教学示范中心建设［J］. 实验室研究与探索，2014，33（12）：44-46.

［9］杨在华，原朝阳. 应用技术性本科院校学科竞赛"四化"建设的探索［J］. 工作研究，2015（13）：91-93.

［10］曾树洪，唐明星. 应用型地方本科院校创新实验室的建设与管理模式探索［J］. 实验技术与管理，2015，32（7）：21-22.

浅谈高校学科竞赛管理体系的构建[①]

贾 楠

摘要：学科竞赛与课堂理论知识密切相关，致力于高校学生综合素质提高，以及创新能力与实践能力培养，并且以竞赛的方式融入高校人才培养过程中，是落实高校质量建设要求、培养创新人才的重要渠道之一。同时，合理、科学的学科竞赛管理体系的构建，也是高校进行教育教学改革的重点。本文通过对高校学科竞赛的作用及意义的深入理解，并详细分析高校学科竞赛的发展现状，针对相关问题，提出构建科学、规范、有效的学科竞赛体系的相关策略，以促进学科竞赛更好、更持续的发展。

关键词：高校；学科竞赛；大学生；体系构建；创新型人才培养

随着高校教育改革的不断实践与发展，高校学科竞赛的门类也越来越多，既有国家级单位组织的，例如，全国大学生数学建模竞赛、全国大学生英语竞赛、挑战杯全国大学生创业计划竞赛、挑战杯全国大学生课外学术科技作品竞赛、"CCTV杯"全国英语演讲大赛、全国大学生营销大赛、全国大学生管理决策模拟大赛等，也有高校自己举办的，例如，模拟炒股大赛、模拟企业经营大赛、融资租赁知识竞赛等。参加学科竞赛既是培养高校学生实践能力、创新能力和自学能力的重要途径，也是培养学生组织能力和团队精神的途径之一。高校在学科竞赛中的成绩和排名会直接影响到学校的声誉，同时，高校学生在学科竞赛中获得的成绩和名次，也是学生能力的一种证明，在往后的求职或继续深造中，有着重要的作用。因此，各个高校都非常重视学科竞赛组织工作。

学科竞赛是在紧密结合课堂教学内容的基础上以竞赛的方式，激发学生的研究兴趣和实践潜能，通过竞赛的各个阶段，来培养学生发现问题、思考问题、解决问题以及学生将理论与实际联系起来的能力，并且通过不断实践，使得学生的学习能力以及独立处理工作的能力得到迅速提升，获得工作的自信心。同时，学科竞赛的内容是紧扣当前高校教学内容与教学环节的，注重理论联系实际，并体现基础教学知识与综合能力的结合、某一专业基本知识与多专业知识的结合；也特别注意新知识、新方法、新模型的应用。对高校教育思想和教育观念的转变，以及教育教学改革特别是实践教学改革起着积极的促进作用，同时也是高校教学过程中实现素质教育和创新人才培养目标的重要环节。

[①] 本文为天津商业大学教改课题"经济学科市级教学团队建设探索与实践"（60203-15JGXM14）的阶段性成果。

一、开展学科竞赛的作用与意义

随着社会的发展，社会需要具有创新能力和实践能力的高素质人才，作为为社会输送人才的高校来说，培养具有较强工作能力和创新思维能力的大学生是最主要的任务，而高校学科竞赛为其提供了条件，举办学科竞赛的初衷就是为提高学生的综合素质，培养学生将理论运用于实际的能力，以及创新思维的培养。从人才培养的角度来看，高校与学科竞赛是一致的，由于学科竞赛主要是通过竞赛的形式，考察学生的实际分析问题、解决问题的能力，强调创新意识与团结协作的能力，所以学科竞赛是高校培养高素质创新型人才的一条重要途径。

（一）学科竞赛是高校培养创新型人才的重要途径

学科竞赛作为大学生创新教育活动的平台，有效地将课内教学与课外实践相结合，通过竞赛的形式，使学生学会利用课堂上学到的知识去完成课程调研、论文书写、项目策划等工作，既考察了参赛者的实际分析与解决问题的能力，同时也开发了学生的创新思维，培养学生的创新能力，发扬团队协作精神，最终达到培养创新型人才的目的，同时，竞赛的题目都是与实际密切联系的，对知识的综合运用能力要求较强，也就是说题目本身对参赛者的创新能力做出了要求，学生需要利用自己的现有知识去分析问题、构建思路、选定方法以及验证方案，进而完成从掌握理论知识到切实解决问题的跨越，这一过程也是培养学生创新能力所采用的有效途径。因此，学科竞赛是高校培养创新型人才的重要途径。

（二）促进学生科研能力、实践能力的培养

学科竞赛活动，促使学生将课堂教学过程中学习的理论知识，有效地运用到解决现实问题当中，提高了学生的实际动手能力，也培养了学生对科学研究的基本认识与兴趣，并在竞赛的过程中养成科学严谨的态度和勇于探索的精神。学科竞赛使学生养成动眼、动手、动脑的习惯，促使学生在学习过程中能提高自己的动手能力、查阅资料能力、自学能力、分析问题与解决问题能力、综合设计与调试能力、论文写作能力，又能培养学生的创新精神、理论联系实际的作风和团结协作意识，从而进一步培养学生的基本科研能力与实践能力。

二、当前高校学科竞赛的现状分析

学科竞赛是将教学与实践相结合的载体，也是高校教育教学改革和高校教学质量提升的关键，同时也是培养具有较强动手能力、思维能力、创新能力以及与人团结协作能力的高素质人才的重要途径。近年来，在各个高校的共同努力下，学科竞赛工作取得很大的进展，但仍有以下一些问题需要改进。

（一）学科竞赛项目种类繁多，未能进行合理选择

国家级、省级、校级举办的各类学科竞赛种类繁多，专业性要求也不尽相同，高校在接到参赛通知时，往往未能充分考虑学校资源优势、学生时间精力以及实践收获等，

会出现学生精力不足、准备不够充分等，最终导致学生参加竞赛次数繁多，却未曾有好的收获与结果，高校也未曾得到想要的辉煌与荣耀，既造成了学生时间与精力的浪费，同时也造成了学校在学科竞赛资助上的资源浪费。因此如何选择符合学校实际和资源优势，又满足学生发展需求的学科竞赛科目，进行重点支持与资助，是各个高校在学科竞赛工作上急需解决的问题。

（二）对学科竞赛不重视，规章制度不健全

高校对学科竞赛的不重视，使得学科竞赛管理和组织上存在滞后现象，缺乏制度的管理，无法使学科竞赛顺利地推进。学科竞赛是高校的业余兴趣活动，不属于高校正常课程范围之内，因此对学生没有学分要求，对院系也没有工作任务要求，这就需要一项规章制度，合理地去维持学科竞赛的进行。如果没有规章制度，各院系就不会对学科竞赛进行长期准备，会出现竞赛即将到来，高校根本没有时间进行报备、组织，更别提对学生进行培训了，只能临时指派学生和教师去参加竞赛，致使教师和学生不能够充分利用学校的各种优势资源和得到各部门的支持和配合，最终使得学生无法提交十分优秀的作品参加竞赛，更别提取得好的名次了。

（三）没有形成一个良好的学科竞赛氛围

学科竞赛既可以提高学生的专业知识理论，又能促使学生去涉猎更广泛的知识，在实践能力水平提高的同时，创新思维与创新能力也得到相应的提高，对大学生综合素质的提升和培养全方位应用型人才具有极大的促进作用。然而很多高校及教师将学科竞赛视为学生的个人行为，在宣传和发动上力度不够，并且有些教师由于忙于自己的教学与科研，在辅导强化学生竞赛知识方面欠缺精力投入与参与积极性，所以导致竞赛团队整体能力不足，促使学生参与积极性也极度下降，没能在整个学校内形成一个良好的学科竞赛氛围，失去了学科竞赛本身的意义，同时也影响了学校在竞赛方面所取得的成绩和声誉。

（四）学科竞赛经费不足，缺乏激励机制

高校学科竞赛经费不足，以及激励机制的缺乏，使得高校教师与学生参赛积极性和主动性不足。开展学科竞赛是需要大量人力、物力、财力等各方面投入的，而长期地、可持续地开展学科竞赛对于经费来说是要求有较大投入的，然而一些高校由于自身或者其他的原因，在学科竞赛方面经费投入不足，常常使得竞赛无法正常开展。同时，由于高校对学生和辅导教师的奖励机制不明确或者没有，使得学生不愿意减少自身学习、休息的时间去投身于学科竞赛中，教师也不愿意在繁忙的工作中，减少科研时间，去为学生进行竞赛辅导。然而高校并未考虑到这些因素，没有建立科学的竞赛激励机制，使得参赛学生和教师在付出巨大努力之后，没有收到任何奖励或者补偿，严重打击了参赛人员的积极性和主动性。

（五）学科竞赛缺乏整体性、持续性和长远性

学科竞赛是一项持续的、长远的工作，需要用发展的眼光来看待，整体、均衡地去推进学科教育活动，同时，工作中需要去不断积累经验、总结经验，对学科竞赛的规律、特点及自身存在的不足进行认真总结和梳理，以备在日后的竞赛工作中不断反思进步。一些高校并没有注意到这一点，没有从长远的角度出发，没有把竞赛工作作为日常工作

来抓，只是在竞赛到来时，临阵磨枪，导致准备太过仓促，竞赛结果不理想，教师与学生的参赛热情不够高，使得竞赛工作的开展不够顺利，给学校带来了负面的影响，对拓宽学生的知识范围、培养学生的创新精神与创新意识、培养高素质人才造成影响。

三、构建科学、规范、有效的学科竞赛体系的策略

鉴于高校学科竞赛的现状，以及高校学科竞赛对于大学生的实践能力与创新能力培养的重要性，应该加强学科竞赛管理，探索学科竞赛的有效模式，建立一个规范、合理、科学的竞赛运行体系，规范学科竞赛管理的各个环节，促进学科竞赛的良好运行与健康发展，为参赛学生与教师提供一个良好的保障和支持平台。

（一）转变观念，强化学科竞赛意识

对于学科竞赛的观念我们需要转变，学科竞赛不是一项孤立的工作，是融合在专业建设与学生工作等教学体系中的一个环节；是培养学生创新思维与实践能力的一种手段，而不是单纯以竞赛为目的；是大多数感兴趣的学生都应该参加的一个竞赛，而不是只有几个人知道的一种竞赛。我们需要从根本上转变这种观念，需要对学科竞赛有一个新的认识，明白参加学科竞赛的新的含义。高校可以通过宣讲会等形式，增进学科竞赛的宣讲，以及发挥各班班干部的宣传带头作用，对本班同学们进行学科竞赛基本认知的宣传，转变学生们的观念，强化学科竞赛的意识。

（二）建立良好的学科竞赛组织管理机制

为组织好学科竞赛，协调好参加学科竞赛的全过程的各个部门的关系，学校应该建立良好的学科竞赛组织管理机制，以保障学科竞赛持久地发展。高校应该设立校、院二级管理机构，形成校院目标管理、过程管理机制。学校、学院各部门充分协调，各尽其职。同时，学校要出台与竞赛有关的文件和规定，例如，高校竞赛范围、竞赛组织程序、各级管理机构的具体职责、经费来源与管理、指导教师工作量标准、奖励办法等。同时，把学科竞赛作为高校强化学生实践能力和创新能力的重要手段之一，使得学科竞赛正常化、制度化。通过建立良好的学科竞赛组织制度，以及不断对其进行完善，使得学科竞赛工作更好地开展与进行。

（三）完善学科竞赛经费的投入、分配和使用

学科竞赛经费是学科竞赛工作得以顺利展开的重要保障，一方面，竞赛设施、竞赛场所是竞赛开展的硬性条件，需要竞赛经费的投入；另一方面，合理分配和使用经费，使得经费的使用足够充分、合理，也是竞赛工作亟待解决的一个问题。按照学科竞赛的性质和类别，设立不同的经费标准，尽可能使经费在各类竞赛中分配更合理。同时，学校每年对学科竞赛给予一定额度的费用进行建设，二级学院对所承办的学科竞赛也给予一定资助。一次竞赛结束后，若竞赛经费尚有结余，可滚入下一年度竞赛，继续由二级学院管理和使用。这样，二级学院可以根据实际情况合理分配和使用竞赛经费，做到用足用好竞赛专项经费。

（四）着眼长远，力争形成学科竞赛长效机制

学科竞赛是一项长远的工作，需要通过较长的时间去积累和总结经验，高校必须以

提高大学生实践能力与创新能力为目标，创造浓厚的学科竞赛的氛围，推动学科竞赛常规化、制度化，力争探索出一条培养全方位发展的高素质大学生的可持续发展道路。高校学科竞赛应该与教学改革相结合，将学科竞赛的部分内容列入教学大纲中，使教学理论与实际运用相结合，以竞赛的模式推动教学改革，在学习课程的同时，使得学生能够更好地掌握竞赛的理论知识，更好地为竞赛做准备，真正取得教学质量与竞赛成绩的双丰收。

（五）组建优秀指导教师团队

教师作为学科竞赛的参与者之一，对于高校参加学科竞赛，具有重要的意义。只有吸引优秀的教师参与到学科竞赛的教师指导团队中，才能更好地保证高校取得好成绩。对于学科竞赛指导教师的甄选，应该以教学、实践经验丰富、责任心强、科研能力强为标准，尽可能选取时间较多和精力充沛的中年教师，因为他们能够在不耽误工作的同时，将更多的时间和精力投入到学科竞赛中学生的辅导工作上，使得参赛学生能够有更充分的准备。学校和各二级学院应该充分重视学科竞赛的指导教师队伍的建设，选拔并培养一批科研能力强、专业素养高、责任心强的教师，组成学科竞赛指导小组，为学生参与学科竞赛提供强有力的知识、论文纂写、社会调研等方面的支持。

（六）设立学科竞赛激励保障机制

为激励学生与教师更多地参加竞赛，高校需要对参赛教师与学生建立学科竞赛激励机制。学校应该鼓励学生与教师参加各种学科竞赛，并对取得优秀成绩的教师与学生给予物质与精神奖励，以激励更多的教师与学生参加学科竞赛。学校以及各二级学院应该就激励机制制定具体的规划，对于参赛学生取得的相应的竞赛成绩，应该在给予荣誉的同时，还应有一些物质方面的奖励，并在学生评比中，将取得的竞赛名次，换算成相应的分数，为学生的评比增加一些优势。同时，对于在学科竞赛中取得成绩的教师，应该在教学管理评估中，将其作为申报各类教学评奖以及相关项目的重要参考，对于表现较好的给予优先考虑；教师的奖励也可以根据竞赛的效果给予相应的奖励，并在评职称等方面优先考虑学科竞赛取得成绩的教师。

（七）加强学科竞赛宣传工作

在高校学科竞赛工作中，为了提高教师和学生对各类、各级别学科竞赛的了解，调动其参加学科竞赛的积极性，高校应该加大对学科竞赛的宣传与推广工作，学校和各二级学院应该通过校园网以及各种网站、校园广播、校报、课堂宣讲以及在校园内挂横幅等多种形式，增强对学科竞赛的全方位宣传，这种宣传不仅仅是学科竞赛的基本内容以及获奖学生及教师的报道，更应该具体地就参加学科竞赛的选拔、培训、以及获奖后对参赛者自身的好处等进行宣传，这样才能使更多的学生了解各种学科竞赛，吸引学生参赛，促进学科竞赛更好更持久地发展。

四、结论

通过学科竞赛来实现创新型和实践型大学生的培养，这不是一个短期的工作，而是一个长期、持续的工作，需要在长期的工作中不断积累和总结经验，通过转变观念，强化学科竞赛意识；建立良好的学科竞赛组织管理机制；完善学科竞赛经费的投入、分配和使用；着眼长远，力争形成学科竞赛长效机制；组建优秀指导教师团队；设立学科竞赛激励保障机制；加强学科竞赛宣传工作等措施，构建科学、规范、有效的学科竞赛管理体系，以保证学科竞赛深入持久地开展。

总而言之，高校只有构建科学、规范、有效的学科竞赛管理体系，抓好学科竞赛工作，开展丰富多彩的竞赛活动，充分调动高校、各二级学院等部门的积极性，才能最大程度地激发大学生潜能，培养大学生的创新能力与实践能力，才能在竞争激烈的学科竞赛中取得好成绩，进而在求职时，提高自身实力，增强自身竞争力。学科竞赛在为社会培养拔尖特色人才的同时，也为高校赢得更良好的声誉。

参考文献

[1] 沈秀，眭荣方，曾德伟. 地方高校学科竞赛管理体系的构建 [J]. 实验室研究与探索，2014（11）：187-190，277.

[2] 张姿炎. 大学生学科竞赛与创新人才培养途径 [J]. 现代教育管理，2014（03）：61-65.

[3] 刘亮，孙利平，张海涛，龙英. 构建学科竞赛体系 着力培养创新型人才 [J]. 长沙大学学报，2014（02）：135-137.

[4] 师文庆，李永强. 基于学科竞赛活动的创新人才培养模式的研究 [J]. 实验科学与技术，2014（03）：137-138，145.

[5] 梁楠. 高校学科竞赛的管理与运行机制探讨——以天津商业大学为例 [J]. 教育教学论坛，2014（06）：23-25.

[6] 李国锋，张世英，李彬. 论基于学科竞赛的大学生创新能力培养模式 [J]. 实验技术与管理，2013（03）：24-26，34.

[7] 薛艳茹，刘敏，赵彤，尹秀玲，李琦. 依托学科竞赛提高地方院校大学生创新能力 [J]. 实验技术与管理，2013（06）：170-173.

[8] 裴九芳，王海. 以学科竞赛提高学生实践能力的研究 [J]. 中国电力教育，2013（14）：132-133.

[9] 王向阳. 高校学科竞赛与大学生创新能力培养 [J]. 煤炭高等教育，2012（05）：95-97.

[10] 董方旭，况晓慢. 高校学科竞赛运行体系的构建 [J]. 中国成人教育，2010（14）：32-33.

[11] 蒋柏焰. 浅议高校学科竞赛管理体系的构建 [J]. 湖州职业技术学院学报，2009（03）：72-74，78.

[12] 唐立国. 论以学科竞赛促进高校实践教学改革和创新人才培养 [J]. 教育与职业，2008（29）：166-167.

[13] 丁激文，张朝辉. 激励机制在高校学科竞赛中的作用浅析 [J]. 科技管理研究，2008（02）：116-117.

[14] 韦玮. 试析学科竞赛在高校学风建设中的作用 [J]. 宁波大学学报（教育科学版），2005（03）：86-88.

数学建模竞赛对经济类学生的影响[①]

郭贵芳

摘要：数学建模竞赛对大学数学教育改革以及对经济类专业的大学生能力的提高具有重要意义，本文主要探索了数学建模竞赛及其意义，并从培养学生的创造能力和创新意识、培养学生的自学能力、培养学生的组织协调能力和培养学生严谨的学习态度四个方面探讨数学建模竞赛对经济类学生的影响，并给出了在组织和参与数学建模竞赛时应注意的问题。

关键词：数学建模竞赛；综合能力；探索实践

一、数学建模竞赛及其意义

数学建模是基于一定的目的，根据特有的内在规律，针对现实生活中的某个特定问题，做出合理假设，然后运用数学工具，构建模型以解决现实问题。20世纪80年代初，数学建模开始进入部分大学。1990年，上海市举办了大学生数学建模竞赛，揭开了全国大学生数学竞赛的序幕。在最近的二十年来，数学建模竞赛已经成了众多高校中的规模最大的学科比赛。数学建模涉及的实际问题范围相当广泛，从工业、农业到医学和生物学，涉及的学科也有很多，包括社会、经济、管理、政治和军事等。建立数学模型之前需要对现实原型资料和数据进行搜集、对其性质、结构、变化规律进行分析并提出合理的理论假设，之后再利用数学表达式表达现实问题的本质，即建立数学模型。整个过程需要解决以下问题：一是此问题的主要方面和次要方面分别是什么，二是用何种数学语言来表示所探索问题的结构，三是要解决数学模型所提出的问题，四是要用模型得到的答案对现实问题进行解释和评价。作为一项突出实践属性的教学活动，数学建模更侧重从能力方面进行实用型人才培养，因此受到了广大师生的欢迎和重视，充分发挥了其重要意义。

（一）数学建模为数学和现实问题提供了通道，搭建了学科交叉的平台

数学作为一门具有悠久历史的学科，是自然科学、工程科学的基础，为社会科学的发展也做出了重要的贡献，是技术进步、经济建设和社会发展的重要工具。数学具有十

[①] 本文为天津商业大学教改课题"经济学科市级教学团队建设探索与实践"（60203-15JGXM14）的阶段性成果。

分广泛的应用领域，与现实世界有着密切的联系，但由于数学经常以抽象的形式出现，这对数学的实际应用造成了巨大的障碍，而数学建模为解决这些问题提供了方法。

现实问题可能来自工程建设、生物医学、地质气象、经济管理或者金融社会，要用数学方法解决这样的实际问题，需要构建一座连通这些实际问题和数学的桥梁。其中最重要的一步就是数学建模，即将实际问题经过假设转化为与之相应的数学问题。之后需要根据具体的数学问题运用数学知识对其进行计算，再将得到的解带回实际问题，检验能否解决该实际问题以及是否符合实际情况。若得到的结果与实际情况有较大差距，则需要修正第一步所建立的模型，直至得到较满意的结果。可见，数学建模在连接现实问题与数学科学中起到了重要的作用。

（二）数学建模为高等数学教育改革探索出路

数学教育的本质是带领学生领会数学的精神实质和思想方法，掌握数学学科的精髓，而不仅仅是教会学生数学概念、方法和结论。数学教育旨在培养学生两方面的能力，一方面是逻辑推导、证明和计算能力，另一方面是以数学作为工具，分析解决实际问题的能力。这两种能力的培养同等重要，但是长期以来，高等院校中数学教育往往倾向于前者、忽视后者。尤其是对于数学专业的学生，经常出现教师十分卖力地教给学生一种证明方法，学生却由于能力有限学得十分吃力，并且由于数学教师很少讲到数学知识的产生渊源以及实际应用，导致学生即使听懂了知识点，对于其实际应用也是一头雾水，做不到灵活地运用其去解决遇到的实际问题。

数学建模作为数学知识与应用能力共同提高的最佳结合点，可以解决许多与数学有密切联系的实际问题，当教学内容融入了实际案例时，有助于克服传统教学中数学知识与应用能力脱节的弊端，大大提高了学生应用数学的兴趣和能力。数学建模中教学模式多采用研讨班式，大大提高了学生的参与意识，且在研讨过程中，通过与教师、同学的讨论，可以使学生学习更为主动，调动学生综合运用各方面知识的积极性。在我国传统的数学教学内容中，连续型和确定性数学比较受重视，但离散数学和模糊性数学经常被忽视甚至完全忽略。在数学建模的过程中，会遇到各种不同的数学问题，对提高学生对数学的认识有重要作用。

（三）数学建模为提高大学生各项能力和素质提供了途径

数学建模作为大学生在大学期间的一次实练，不仅丰富了学生的课外生活、活跃了学生的思维，还为提高学生的各方面素质创造了条件，主要表现在以下几个方面：一是有利于提高学生运用所学数学知识将现实问题经分析、推理和简化化为数学模型的能力，尤其是将现实问题转化为数学模型，再将运用数学模型求出的结果转化为普通语言的能力将能得到大幅度提高；二是有利于提高学生综合运用计算机网络和数学软件求解数学模型的能力；三是有利于提高学生面对复杂的现实问题进行逻辑推理以及综合运用各方面知识进行研究以解决问题的能力；四是有利于提高学生搜集资料、查阅文献以进行自学的能力以及独立撰写论文的科研能力；五是培养了学生的团队合作意识、交流表达的能力，增强了学生作为一个团队参与竞争的意识以及不畏困苦、攻坚克难的顽强意志。

二、数学建模竞赛对经济类学生的影响

（一）培养学生的创造能力和创新意识

数学建模竞赛完全不同于传统的数学竞赛，数学建模竞赛的题目都是由实际问题经简化加工而成，并非纯数学的难题，且一般是从生产、管理、社会、经济等领域提出的原始问题，例如，"露天矿生产的车辆安排""高等教育学费标准探讨"和"2010年上海世博会影响力的定量评估"等，有些则是当时的社会热点问题，例如"乘公交、看奥运"和"SARS的传播"等。这就需要学生将这些未加工处理的看似与数学联系不大的实际问题通过假设简化转化为数学问题。

在假设转化这个过程中，需要分清哪些是问题的主要方面，哪些是次要方面，然后通过合理的假设，方能将问题简化。且在简化的过程中，由于假设的不同很有可能得到的结果相差巨大，这些模型看似结果不同，但可能都是正确的、合理的。如2007年的中国人口预测问题，当面临新的实际问题时，现成的模型不能很好地解决时，探索和创新成了唯一的出路，这就要求学生运用所学知识进行创新。还有一些竞赛题，例如，"电力市场的输电阻塞管理""出版社的资源配置"和"长江水质的评价和预测"等则具有很强的开放性和挑战性，需要学生综合运用各方面的知识积累用不同的方法进行指标的选取与分析，这不仅能提高学生将所学的数学知识转化为实际应用的创造能力，还为学生搭建了一个充分发挥聪明才智和创新意识的平台。尤其是与经济相关的题目，比如"资源配置"与"产业竞争力"等问题，可以使经济类学生在课堂中学到的经济知识找到与实际问题的结合点，对经济类学生更好地理解经济知识具有很大的帮助。

数学教育是为了培养一个人的数学思维，数学建模则是利用这种数学思维来解决实际问题，但是对于开放性比较高的题目，学生的创新意识和能力就显得尤为重要。应用层面的创新能力是以数学工具的创新应用为基础，以数学思维为核心的创新能力。实际上数学建模竞赛就是对学生应用知识能力的培养，培养学生解决实际问题的能力，参加数学建模竞赛培养的创新能力属于应用层面的创新能力。

（二）培养学生的自学能力

我国学生从小学开始基本都是在老师的引领下进行学习，一直被教育要听从老师安排、认真读书，以在考试时取得好的成绩排名为目标，且不少家长认为只有孩子学习成绩好，其他的都不重要。这种思想导致学生很少做学习以外的事情，自学能力与实践精神都比较差，再加上从小学到高中十多年的应试教育，导致学生接触知识面较窄，主动自学意识不强。

数学建模竞赛则需要较大容量的知识储备，比如与问题相关的专业知识、高等数学知识、运筹学知识、计算机语言与算法以及其他学科知识等。数学建模竞赛作为一个多学科知识和各种技能高度综合的竞赛项目，对学生的自学能力提出了极大的挑战，宽泛的学科领域和对综合技能的高度要求是学生在课堂上从未遇到过的，且没有过多的时间找专业老师进行指导，所以只能由小组内同学通过自学和讨论进一步掌握。教师作为综合指导，只是介绍一些与题目相关的数学知识和方法作为启发，但具体的方法和解决过

程需要学生自己结合实际问题广泛地查阅资料。在查阅资料的过程中，学生可以吸取自己需要的知识点，能够锻炼学生自觉使用资料的能力、提高学生自学的能力。在今后的学习和工作中这种自学能力为他们不断提高自己发挥了重要作用。

（三）培养学生的组织协调能力

现阶段的大学生中独生子女占多数，他们在家庭中多半时间没有同龄人共同相处，因此与他人的合作意识较差。大学生活中，大家大部分时间也是一个人读书、学习，几个人这样的小集体一起活动的机会较少，特别是和其他专业的同学一起谈论研究和解决问题的机会就更稀少了。在数学建模竞赛中，是由3人组成的小队进行参赛，三人可能来自不同的班级和专业，这无形中增加了学生与其他专业的学生交流和合作的机会。

三人合作的模式还有利于建立团队内部队员之间彼此的信任，培养队员之间的协作能力，这也是数学建模竞赛设置的初衷。数学建模竞赛一般要求参赛队在3天之内对给出的问题提交一份较完整的解决方案，在时间受限的情况下仅仅依靠个人的能力很难完成这项工作。这就要求三个队员共同努力、相互帮助、分工协作，充分发挥个人的潜力和专业特长，其中有较好数学基础的队员负责建模，即将题目中的实际问题转化为数学模型，计算机语言和算法较好的负责应用软件进行计算，另外一名队员负责将建模过程和结果写成论文的形式上交。只有队员之间集思广益、密切合作，将个人智慧与团队精神紧密结合起来，才能在规定时间完成竞赛题目。因此，数学建模竞赛对于培养学生的合作意识发挥了重要的作用，有效地提高了学生对工作中相互协调和取长补短重要性的认识，这对于即将毕业面临就业选择的学生是十分重要的。

（四）培养学生严谨的学习态度

数学建模竞赛虽然只是一次简单的科学研究的工作体验，但还是充分体现了严谨治学和追求真理的科研精神。数学建模竞赛要求文字内容表述清楚、证明过程妥帖，在比赛过程中，经常会发现自己苦心孤诣想出的算法或者模型存在欠缺，这时候我们必须想出修补的办法来完善或者只能从头开始。整个竞赛过程可能消耗大量的时间和心血，使学生对科研工作的艰辛有了直观的感受，对培养学生严谨的治学态度有重要的作用。

对于经济类的学生，不管是学习财政学、金融学还是国际贸易专业，参加过数学建模竞赛的学生其主动学习的能力和科研水平会有明显提高，当这些学生选择毕业后继续深造后很多被免试推荐读研究生，他们中的大部分致力于从事科学研究，严谨的治学态度对于他们至关重要。只有承受住好想法被扼杀的痛苦和为完善一个想法执着探索的艰辛，才能在科学研究中有所建树。对于毕业后选择就业的学生，通过在数学建模竞赛中的学习和训练，他们不仅受到了数学思维的熏陶，更增强了他们对实际问题进行分析、推理、概括的能力以及不断完善解决方案的毅力，使其在专业课学习、毕业设计以及今后在社会的发展中都表现出了良好的素质。因此，对于经济类的学生，数学建模竞赛对其以后工作学习的影响都是不言而喻的。

三、组织与参加数学建模竞赛应注意的问题

（一）避免为竞赛而竞赛的错误认识

数学建模开设的目的是为了帮助学生将学过的数学知识和方法运用到现实问题中，运用模型的方法将数学与现实世界联系起来，让学生了解数学有何用处，如何利用。数学建模竞赛的举办更是为了通过竞赛的方式，提高学生解决现实问题的能力和创新精神。竞赛本身不是目的，只是为了达到目的所采取的手段而已。故在实际组织中，应注意避免为了竞赛而竞赛的现象发生，即参赛的只有少数成绩优秀的学生，其他学生积极性不高。而应以竞赛的方式带动全部学生参与到数学建模中去，使全部学生通过这一教学实践活动培养自己的创新意识、锻炼自己解决问题的能力，提高自己的团队协作精神。

（二）题目注重经济含义，成绩测评注重实际意义

数学建模竞赛的目的是运用数学知识解决现实问题，在这个过程中提高学生解决问题的能力。对于经济类的学生而言，数学作为今后使用频率最高的工具，在整个本科的学习过程中占了很重要的地位，但在数学建模竞赛中，数学只是解决现实问题的途径，故不应过分追求高难度的数学模型和难理解的数学理论，而应从经济或其他现实理论出发，找到合适的模型对问题进行求解。经过分析、假设、推算和求解得到的答案也应符合实际情景，而不只是数学模型求解的结果。数学建模竞赛成绩评定时也应在考虑假设是否合理、所建模型是否具有创造性、结果是否正确、文字表述是否清晰等因素之后，对学生之间的论文进行横向的综合比较，而非以标准答案为依据。

（三）促进数学建模竞赛的发展时应防止过度化

虽然，数学建模竞赛对于提高学生的综合素质和探索高等数学教育改革具有重要的意义，但是还应避免高校为了获得名次使用各种形式促使更多学生参加竞赛而忽视日常教学工作的现象发生。若是学生为了参加数学建模竞赛忽视了专业基本课程，教师为了指导学生竞赛花费过多精力而影响了正常的上课，管理人员为了组织和维护竞赛秩序而忽略了正常的教学管理都是得不偿失的。举办数学建模竞赛的初衷是在夯实基础知识和培养基本能力的目标下，培养和提高学生的创新能力、团队协作能力，为了数学建模竞赛而影响了正常的教学活动违背了开展学科竞赛的初衷。

四、结束语

数学建模竞赛是我国高等教育改革的一次成功实践，通过参加数学建模竞赛，学生可以学到书本上没有的知识，对提高学生的文献搜集能力、计算机应用能力、论文撰写能力有很大的帮助，特别是提高了经济类学生运用数学工具解决现实问题的能力以及对经济现象的认识和理解。

数学建模竞赛作为一项由先进教育改革理念指导的全国性的教改实践探索，对高等教育应当培养什么样的学生、如何培养等问题做出了重要探索，为全面提高高等学校学生的各项素质搭建了平台，适应了我国教育改革的需要，符合时代发展的潮流，因此得

到了迅速的发展。全国大学生建模竞赛提供了一种学习与实践相结合的人才素质培养模式，是高等教育改革的成功典范。

参考文献

［1］张双德，杨灿荣．大学生数学建模竞赛与高等数学教育改革［J］．数学教育学报，1999（03）：64-68．

［2］魏连秋，张义红，李倩．数学建模竞赛对大学生综合素质的影响［J］．河北师范大学学报（教育科学版），2009（08）：77-80．

［3］姜启源，谢金星．一项成功的高等教育改革实践——数学建模教学与竞赛活动的探索与实践［J］．中国高教研究，2011（12）：79-83．

［4］张清华，杨春德，沈世云．以数学建模竞赛为契机，加强对学生创新能力的培养［J］．重庆邮电大学学报（自然科学版），2008（S1）：121-123．

［5］孙健伟．学科竞赛对研究生创新能力的影响研究——以数学建模竞赛为例［D］．南昌大学，2012．

构建大学生学科竞赛平台，培养高素质创新人才[①]

张赛赛

摘要：随着社会的发展，对于高素质创新人才的需求与日俱增。构建大学生学科竞赛平台显得尤为重要。本文阐释了学科竞赛对培养学生综合素质的作用，从而彰显其构建的必要性，并在此基础上提出了对于大学生学科竞赛平台构建的几点建议。

关键词：学科竞赛；创新人才；综合素质；实践教学；管理体制

一、构建学科竞赛平台的必要性

学科竞赛是在紧密结合课堂教学或新技术应用的基础上，以竞赛的方法培养学生的综合能力，引导学生通过完成竞赛任务来发现问题、解决问题，增强学生学习及研究的主动性，培养学生的团队协作意识和创新精神的系列化活动。它对学生某学科基本理论知识和解决实际问题能力进行考察和培养，面向所有的大学生，是激发大学生的兴趣和潜能，培养团队精神和创新精神的重要途径，是学校人才培养质量的标志之一，对学生的就业也有着直接影响。

创新人才是一个国家核心竞争力的重要指标，是社会发展的不竭动力，随着社会的进步以及科技的发展，高素质创新人才的需求日益上涨。学科竞赛正是培养高素质创新型人才的一个有效的途径。因此，构建大学生学科竞赛平台显得极为必要。

二、学科竞赛对培养学生综合素质的作用

学科竞赛的开展，有利于增强学习氛围，促进良好学风的形成，促进学生综合素质的提高。

（一）培养科研能力

学科竞赛往往有着很强的专业性，而大学生在学校里学习的课本知识一般较为基础，较为泛泛。因此学科竞赛的开展有利于培养学生的科研能力。通过学科竞赛活动，培养了学生对科学研究的基本认识与兴趣，并在竞赛的开展过程中养成科学严谨的态度和勇

[①] 本文为天津商业大学教改课题"经济学科市级教学团队建设探索与实践"（60203-15JGXM14）的阶段性成果。

于探索的精神,使学生养成动眼、动手、动脑的习惯,促使学生在学习过程中不断分析问题、推断推理、领悟知识,进一步培养学生的基本科研能力。在科研能力上,学科竞赛可以在实验操作技能、实验洞察能力以及实验设计能力三个方面有所提高。就拿金融学专业来说,模拟炒股比赛是该专业的学科竞赛之一。模拟炒股比赛可以让学生对股票买卖的实际操作流程有所熟悉,可以敏感地感觉到股票的价格变化,通过 K 线图以及大盘即时信息进一步对股市进行综合性分析,预测股票的价格走势,从而决定自己的股票买入或卖出。股票模拟比赛中,对于所持股票品种及持有量的选择,实质上是一种产品设计,体现着大学生的实验设计能力。

(二) 启发创新精神

通过学科竞赛活动,增强了学生对创新、创造的认识和理解,使学生能运用习得的分析方法和掌握的知识去发现、分析和解决生活、学习和工作中出现的各种问题,并针对问题提出相应的解决方法和改进建议,从而培养学生的创新思维和创新意识。

学科竞赛通过自主选题的方式,引导学生通过观察来发现、构思、选定设计项目,在过程中引导学生进行求异思维,有所创新。在作品设计、制作、调试环节中,涉及多学科的专业知识,如果没有勇于冒险,敢于挑战的精神是不可能克服如此多的困难的。在竞赛过程中,学生们对调研过程孜孜不倦;设计过程一丝不苟;制作过程精益求精;调试过程耐心细致,不仅仅需要付出心血、智慧和汗水,对献身科学的意志品质也是一种锻炼。

(三) 提升实践能力

大学生在校园里很少接触到社会工作,因此实践能力普遍表现得较为低下,而通过学科竞赛这样一个平台,学生参与到竞赛中,是其中的一分子,其动手能力无疑会在参与过程中得到提升。这种实践能力包括组织决策能力以及行动力。就模拟炒股比赛而言,学生不再是跟着老师的脚步去学习课本知识,而是通过亲自动手操作,自己做决定去选择股票的种类及数量,将自己所学的课本知识运用到实际问题上,提高了学生的实际动手能力。

(四) 加强竞争意识和团队精神

学科竞赛具有培养学生团队精神和竞争意识的功能。从学科竞赛的组织形式来看,不仅有以个人形式进行的比赛,还有以团队的形式进行的比赛。前者主要是培养学生的竞争意识,而后者在竞赛过程中,要求一组参赛队员共同去解决一个整体任务,这就要求进行系统的分工和密切的合作才能完成竞赛过程,因此,除了竞争意识的培养,团队合作精神的培养就显得尤为重要。可见,通过参加竞赛,可以加强学生的竞争意识和团队合作精神。

(五) 提高学生的心理素质

人的心理素质最重要的就是人的心理定位。在学科知识竞赛中,辅导老师不断地引入相应学科的未知领域(对学生而言),内容由浅入深,从学生在学习过程中找到答案一直发展到找不到答案,甚至是该学科领域还未解决的难题。这种知识导入的方法对学生的主观感觉产生强烈的冲击效果,可以激起学生极大的好奇心,产生旺盛的求知欲。使学生由被动填鸭式的学习变为积极主动式的学习。虽然竞赛占用了很多业余休息时间,但学生是快乐的、心甘情愿的，这是一种正确的心理定位。这种心理定位日后对他们在学习和工作上大有益处，为他们未来的发展和攀登科学高峰奠定了良好的心理基础。

学科竞赛的开展，一方面使得学生学习理论知识的积极性、趣味性、挑战性均大大提高，另一方面也培养了学生追求科学发现、探索未知的、百折不挠的心理品质，积极主动的创新意识与创新精神，以及不怕困难、努力攻关的顽强意志。

（六）提高学生的自主学习能力

大学生科学素质的提高与学习能力是分不开的。一个人的学习能力并不是通过学校的学习成绩来衡量的，而是通过一种自主学习的能力来衡量。这种能力在考试中有一定程度的反映，但并不是全部。具有较强学习能力的学生，考试成绩一定是优秀的，但成绩优秀的学生自主学习能力不一定强。学习能力的提高是学生发挥创新思维的源泉。一个具有良好素质的人，普遍的感觉是：掌握的知识越多，发现不懂的问题也越多。知识的积累与问题的发现具有正相关性，这种关系是科学家探索未知世界的能力。

学科知识竞赛对于提高学生的自主学习能力具有巨大的推动作用。拿数学建模大赛而言，数学建模是联系数学模型与经济学的一个纽带，参与数学建模的学生大部分是经济系或者数学系的学生，他们有各自的知识储备，但是又有很多未涉及的知识面需要掌握。这在无形中要求参赛学生自主学习那些未知的领域，或是通过阅读大量的书籍，或是学习一种新的软件技术。

（七）提升就业竞争力

目前，在我国高等教育进入大众化的今天，大学生就业面临着前所未有的竞争和挑战。如何提升高校学生的就业竞争力，使他们能适应社会需求是现在许多高校面临的主要难题。而学科竞赛的开展，有利于学生养成发现问题以及解决问题的好习惯，大大提高了学生的就业竞争力。

三、构建大学生学科竞赛平台

（一）构建学科竞赛体系

作为一种培养学生实践能力和创新精神的重要形式，学科竞赛应形成以传统赛事为基础，构建多层次、全方位，尽可能覆盖各院系各专业的学科竞赛体系，形成国家级竞赛、省部级竞赛、校级竞赛和院级竞赛并举，技术基础和专业各学科相结合的学科竞赛体系。围绕"国家级竞赛——提高水平，争荣誉；校院级竞赛——扩大受益面，强能力"的思路展开工作。

目前，学科竞赛主要分3个层次：第一层次为国家级赛事。主要有全国大学生数学建模竞赛、全国大学生电子设计竞赛、全国大学生机械创新设计大赛、国际企业管理挑战赛等大型全国性赛事，为让学生走出去，有些学校参加了在美国举办的大学生数学建模竞赛和研究生数学建模竞赛等更高层次的赛事；第二层次为校级竞赛，每项国家级竞赛赛前都要举办相应的校级竞赛选拔优秀参赛队员，各年级学生可自由组队参加，此外，校级竞赛还包括ERP沙盘模拟对抗赛、英语词汇和口语大赛及计算机程序设计大赛等多项赛事；第三层次为各二级学院举办的竞赛活动，多为本院系学生参加，规模较小。许多高校对学科竞赛的总体思路体现为：重点扶持国家级竞赛，多拿奖项；增加校级、院级赛事，扩大学生受益面，培养学生的综合能力。

在设立管理机构方面，为了有利于学科竞赛的顺利开展，学校应设立校、院两级管理机构，形成校级目标管理、活动过程管理的二级管理机制。校级管理机构可以设在教务处或学生工作处，并指定专人管理，主要是负责宏观层面的组织和协调工作；学院管理机构由学院学科竞赛负责人与竞赛项目负责人组成，竞赛项目负责人是具体赛事的执行者和竞赛的指导者，学生在项目负责人的组织与指导下进行学科竞赛的准备和活动。合理的管理机构，可以保证各学科竞赛组织起来有条不紊，使各环节各因素能有效配合，竞赛工作可以高效进行并取得较高的质量。

在制定完善的规章制度上，规章制度的建立与健全是学科竞赛管理走向规范化、制度化的重要一环，是做好学科竞赛的前提之一。制定明确的规章制度，主要是明确学科竞赛的程序，明确各级管理机构的具体职责，明确经费来源与管理，制定奖励办法等，从而把学科竞赛作为学校教学工作中强化实践能力和创新能力训练和培养的重要部分，使之正常化、制度化。规章制度应体现分工明确、各司其职，既有宏观规划、又有微观操作。

（二）组建大学生科研团队

大学生科研团队是学生科研素质培养的重要载体，也是团队协作精神和能力培养的重要载体。高校普遍积极引导学生根据兴趣组建相应的社团组织，成立了数学建模、计算机、科学管理、制冷、英语、绿色环保等社团组织。社团成员通过大学生创新实践基地为其实施的第二课堂培训，协助教师从事科研开发等工作，学生的创新能力和综合素质得到全面提高，形成了基础雄厚的大学生科研团队，为学科竞赛奠定了坚实的基础。实施大学生创新性实验计划项目为优秀大学生科研团队的孕育和发展提供了项目资金支持，也为重大学科竞赛提供了技术和人才储备。

（三）将学科竞赛纳入到培养方案

学校应以培养创新型人才目标为导向，搭建一个全方位立体式的网络竞赛体系，使得学科竞赛成为教学环节中必不可少的一部分，贯穿于整个实践教学阶段。

首先，在覆盖面上，学科竞赛涵盖公共基础课、专业基础课、课程设计、人文素养等几个方面。公共基础课平台方面的学科竞赛包括经济学基础知识竞赛、大学英语竞赛、数学竞赛等，此类竞赛主要针对低年级学生，从新生入学开始就进行广泛的宣传，目的是为了使学生对课堂教学产生兴趣，培养扎实的知识基础，营造浓郁的学习气氛。专业基础平台方面的学科竞赛包括模拟炒股竞赛、ERP沙盘模拟实验竞赛、理财规划竞赛等，此类竞赛主要针对大二、大三的学生，多采用实践动手形式进行比赛，目的是为了提高学生的专业水平和综合素质。课程设计类竞赛主要包括数学建模竞赛等，目的是提高学生的综合能力，主要包括查阅文献、设计竞赛方案、实施竞赛及设计报告及准备答辩等环节。此类竞赛作为专业性较强的环节，一般针对高年级学生，需要他们具有丰富的专业知识，通过查阅大量的文献知识，小组讨论，设计实践环节，提交设计报告，进行答辩及专利申报、论文撰写等形式进行结题。此外，学校还举办提高人文素养方面的各类学科竞赛，包括音乐、摄影、书法、绘画及艺术设计等几类竞赛，主要是为有兴趣的学生提供一个平台,来提高学生的艺术人文气息。

其次,在层次上,学科竞赛涵盖国际级、国家级、省级、校级及院级五个层次。学科竞赛作为促进高校学风建设及创新型人才培养的重要措施,应该针对水平各异的学生提供不同的平台,使得学科竞赛不仅仅成为个别学生获得荣誉的领地,更是广大学生充分展现自己才能提高自己能力的舞台,这样针对不同层次的学生开展学科竞赛就显得尤为重要。因此学校不仅可以搭建针对所有学生都开展的校级及院级学科竞赛平台,还可以有以此为提升的省级、国家级及国际级更高层次的学科竞赛,为拔尖人才的培养提供一块试验田。

最后,在时间安排上,学科竞赛的开展可以平均分布于每个学年学期,做到月月有竞赛,周周有宣传。为使学科竞赛的影响更加深入和持久,教务处将学校学科竞赛进行统一规划和安排,并根据具体的学科竞赛的特点和性质,统筹安排竞赛时间,做到月月有竞赛,周周有宣传,使得学科竞赛激励全校的师生,培养出浓郁的学习气氛。

(四)形成长效激励机制

学科竞赛激励机制应包括参赛学生、指导教师和承办学院三个部分,只有建立起良好的学科竞赛激励机制,才能充分调动各方面参与学科竞赛的积极性,激发他们的潜能,使得学科竞赛健康有序地发展。

为了激发师生参加学科竞赛的积极性,使他们能够在竞赛过程中努力钻研与探索、克服困难、团结协助、最终取得好成绩,还必须采取有力措施,建立合理的激励机制,给予一定的物质奖励和精神鼓励。

为了调动师生参加学科竞赛的热情,学校可以在管理办法中规定:(1)对学生的奖励:给予物质奖励,给予获奖学生相应的创新实践学分,而且所获得的创新学分可以代替任选课的学分;如获国家特等奖和影响较大的国际奖项,学校给予特别奖励。(2)对指导教师的奖励:对于指导参赛学生的教师可获得一定教学工作量,计入年终考核的工作量中,所指导的学生获奖还给予一定的物质奖励。(3)学校每年还召开学科竞赛表彰大会,对获奖学生、优秀指导教师和先进集体进行表彰,完善了学科竞赛的激励机制。

(五)完善科学竞赛的方法

完善科学竞赛的方法,如加强区域学科竞赛体系的构建,形成完善的学科竞赛群,资源共享,互利互惠。以区域内各兄弟院校的师资队伍和实践教学的物质条件(如竞赛的基地、设备、元器件、指导教师等)为基础,逐步实现人力、物力和信息等方面的融通和共享。利用各学校不同的优势资源建立各自的竞赛基地,开展不同程度、不同途径的共享合作;与企事业单位合作设计学科竞赛项目,直接为生产建设服务,一方面可以增强学生理论联系实际的应用能力并且加深对企事业单位的了解,并对其所学专业在社会中的定位有个全面的把握,另一方面也增强了企事业单位对参赛学生的了解,为下一步的生产实习安排和解决就业工作均创造了有利的条件;完善学科竞赛的成果,可以通过教改立项对竞赛中出现的问题进行深入的研究和分析,并通过撰写论文和专利申报、教学内容改革等将学科竞赛中涌现的新方法进行成果转化,使其更好地为今后的教学工作服务;打造学科竞赛品牌,提升高校知名度。

四、结束语

大学生学科竞赛的开展，对培养高素质创新人才起到了积极的作用。通过开展学科竞赛，增强了学生的动手能力和实践训练，提高了学生的创新能力和解决实际问题的能力。构建一个具有激励机制作用的有效学科竞赛管理体系，是培养高素质创新人才的一条有效途径。

参考文献

[1] 徐辉，王冬晓. 大学生学科竞赛的实践 [J]. 实验室研究与探索，2012，31（10）：141-149.

[2] 尹仕，肖看. 构建大学生多学科竞赛平台，培养新型拔尖人才 [J]. 实验技术与管理，2009，26（05）：121-124.

[3] 孙爱良，王紫婷. 构建大学生学科竞赛平台，培养高素质创新人才 [J]. 实验室研究与探索，2012，31（6）：96-98.

[4] 宋光海. 学科竞赛对大学生综合素质培养的积极作用 [J]. 文教资料，2012（9）：132-133.

[5] 蒋西明，邓明，徐云. 构建学科竞赛体系，提高学生综合素质 [J]. 实验技术与管理，2008，25（02）：130-132.

[6] 李娟，刘洁. 高校学科竞赛管理和运行模式的探讨 [J]. 教法研究，2012（05）：149-151.

[7] 董方旭，况晓慢. 高校学科竞赛运行体系的构建 [J]. 管理探索，2010（14）：32-33.

[8] 陈树莲，赵勤勇. 关于提高高校学生学科竞赛水平的探讨 [J]. 广西大学学报，2005，27（06）：116-117.

[9] 李忠刚，王兴芬，彭书华，丁娟. 基于应用型人才培养的学科竞赛管理机制改革初探 [J]. 实验技术与管理，2013，30（12）：34-36.

[10] 柏连阳，蒋建初，盛正发. 基于学科竞赛的新建本科院校技术创新人才培养探析 [J]. 中国高教研究，2010（08）：65-67.

应用型本科院校国际贸易专业技能竞赛的探讨[①]

侯亚鸽

摘要：为响应"大众创业、万众创新"的号召，我国各大应用类本科院校开展创新等教育实践活动。当前各大应用类本科院校过于注重理论知识的传授，忽略实践教学。国际贸易学是一门实践性很强的学科，因此，开展国际贸易学科竞赛将理论知识与实践结合起来，能够很好体现新常态下对于国际贸易学科教育的改革。国际贸易专业技能竞赛是以培养学生的专业综合技能为主要目的，超出课本范围的一种特殊的考试。本文首先指出国际贸易专业技能培养存在的问题，其次针对当前存在的问题探讨基于竞赛平台培养国际贸易专业技能，最后对于举办国际贸易专业技能竞赛的意义进行探讨。

关键词：国际贸易；专业综合技能；竞赛

后金融时代，全球经济发展速度趋于平缓，全球的国际贸易量也严重萎缩，我国的对外贸易也深受影响，这直接导致国内外贸企业对人才的需求急剧减少，国际贸易专业的学生就业问题突出，除受外贸低迷现状影响外，该专业毕业生就业对口率还与人才培养质量达不到外贸企业要求有关，目前我国各大应用类本科院校培养出来的国际贸易人员存在专业综合素养有待提高，实践操作技能不达标，不能为企业解决国际贸易的实际问题。需要企业进行再培养等问题，这一现状与应用类本科院校培养技能型、应用型人才的任务和教学宗旨相违背，培养外贸业务的实际操作能力和综合业务能力，对于应用类本科院校的国际贸易专业的学生来说非常重要。

一、国际贸易专业技能培养存在的问题

我国同发达国家的科技经济实力差距主要体现在创新能力上。提高创新能力，增强专业技能才是我国各产业转型升级最紧迫的任务。大学生是我国提高创新能力的关键，因此我国各个应用型高等院校应该加强对学生专业技能的培养，通过搭建与专业相关的竞赛平台，让学生在竞赛中能够得到锻炼，从而提高学生的创新能力和专业技能。

国际贸易专业涉及国际贸易实务、国际商法、外贸函电、国际贸易单证、国际贸易、国际金融、国际经济学等课程知识。国际贸易是一门实践性很强的学科。地方性应用类

[①] 本文为天津商业大学教改课题"经济学科市级教学团队建设探索与实践"（60203-15JGXM14）的阶段性成果。

本科院校,通常在国际贸易专业技能培养方面经验不足,教师过于注重理论教学,缺乏实践经验,实验室教学效果较差,而且校企合作较少,导致了实习单位较少。随着全球化的发展,我国与各国的贸易量在不断扩大,这也必然对国际贸易专业的学生在专业技能方面提出了更多的要求。因此,我国各大应用类本科院校应该对国际贸易专业的教学方式进行改革,探讨一种能够将理论与实践相结合的平台。

二、基于竞赛平台的国际贸易专业技能的探讨

地方应用类本科院校,通常以培养具有较强实践能力和创新能力的应用型人才为主,其中国际贸易专业是以培养具有国际贸易业务技能的人才为主,毕业生应该具备用人单位要求的国际贸易的专业知识和技能,并能主动发现问题,解决问题。目前,虽然应用类本科院校普遍已经建立了国际贸易、国际商务实验室等相关硬件设施,但是实践课的教学基本都是根据国际贸易的理论课程进行设置,而且教师对实验课程不够重视,较为形式化,不能够很好地促进学生国际贸易专业技能的提高。为了提高学生的专业技能和创新能力,让学生们将理论知识与实践能力更好地结合起来,举行国际贸易专业技能竞赛是必要的。

以国际贸易专业技能竞赛折射出的新的人才培养模式为契机,许多应用型本科院校联合本地区其他高等院校合作举办国际贸易专业技能竞赛,模拟国际贸易展会。针对当前国际贸易专业技能培养存在的问题,探讨在院校开展国际贸易专业技能竞赛,从而达到学校输送人才和企业用人之间的一个衔接。各参赛院校将搭建一个层次更高、规模更大的教产对接、校企合作和实践教学的平台,让学生在竞赛中提高实践能力和拓展创新思维。国际贸易专业技能竞赛分别设知识竞赛和技能竞赛两个竞赛环节。

(一)国际贸易专业知识竞赛

各应用型本科院校会组织学生们参加国际贸易专业的知识竞赛,主要考核国际贸易专业的相关知识在从事国际贸易时如何应对风险问题的处理等,范围面向全校学生。以个人名义报名自愿参加,采取闭卷考试形式,由各高等院校联合出题。通常要求必须通过了国际贸易专业知识竞赛的考核才能参加国际贸易专业技能竞赛的考核。

(二)国际贸易专业技能竞赛

国际贸易专业技能竞赛采用团队形式,通过知识竞赛的参赛队员自行结团,寻找参展商,参展商提供本公司的产品。国际贸易专业技能竞赛分为四个部分,国际贸易参展商业计划书、国际贸易产品英文发布会、国际贸易模拟商品展、商务英语谈判。国际贸易专业技能竞赛主要考核展览营销、展台设计(9平方米标准展位)、商品陈列和展场商务谈判磋商(需要以全英文进行接待服务,包括产品介绍、交易条件说明及报价等)。评委为各院校有实践经验的老师。

国际贸易参展商业计划书包括参展宗旨与目标设定、产业与产品调查与分析、营销策略规划、财务规划、人员组织与培训规划、参展进度规划、总体评价。该考核主要是学生对于参展的整体规划,以及对于参展的整体设计等,涉及各个方面,锻炼学生们的综合素养,这对于以后毕业走向工作岗位都做了一个良好的铺垫。

国际贸易产品英文发布会主要是通过 PPT 的方式向评委们用英语展示参展的商品，考查学生的英语表达能力和熟练程度、展示方式与技巧、产品卖点的挖掘和团队合作精神。这主要是将国际营销学的相关知识应用到实践中去，去展示推广参展的商品。

国际贸易模拟商品展展场商务沟通主要是将国际贸易的理论知识应用到实践中去，考查学生的英语表达能力和熟练程度、商务礼仪、商品推介、报价议价、合作磋商与签署的能力和团队合作精神等。本环节非常重要，考查的方面很广，是综合素质最好的体现。

国际贸易模拟商品展位设计与商品陈列主要考查三个方面：展位设计（含海报设计）、商品陈列、展位总体效果。本环节需要学生应用创新思维去设计展位，吸引评委老师的眼球。

三、举办国际贸易专业技能竞赛的意义

加入世界贸易组织以来，为适应时代的需要，我国通过各种平台开展了与国际贸易相关的大型展会，但是对于地方本科院校的学生们来说，参加这类展会的机会少之又少，因此通过举办国际贸易专业技能竞赛，可以让学生们将理论知识运用到实践中去，培养学生的国际贸易专业技能，同时提高学生的创新和实践能力，从而培养出"基础知识扎实、素质高、技能强"的复合型国际经贸人才。

（一）有利于加速国际贸易专业技能人才培养模式的启动

国际贸易专业技能竞赛的开展体现了对于国际贸易专业的教学改革，反映出当前对于大学生综合素质培养的重视，不再仅仅局限于课本的理论知识，而是重视理论与实践结合的能力；反映出该技能竞赛结合当前国际贸易的形势，为国际贸易领域输送更多的人才；并且该竞赛对接企业，以就业为导向，为学生的利益着想，让学生能够在未来的就业中做好充分的准备，在大学期间强化国际贸易专业技能。国际贸易技能竞赛对应用型本科院校原有的国际贸易人才培养方案提出了严峻的挑战，原有的国际贸易人才培养方案重视理论，轻视理论应用于实践的能力，实践操作的技能并没有写入国际贸易专业学生的培养方案当中去，这就导致了毕业生就业之后就业竞争优势小，与当前国际贸易企业用人需求严重不符，因此，举办国际贸易技能竞赛的意义重大。

（二）对于国际贸易专业教学的考核

国际贸易专业技能竞赛是由教师与学生共同参与的实践活动，不但考核学生的竞技水平、学生的学习质量，也考核教师队伍的综合素质。国际贸易专业技能竞赛有利于促进院校的理论类教师和实践类教师的发展。

国际贸易专业技能竞赛从知识竞赛到技能竞赛全面考查了学生国际贸易专业的理论知识和国际贸易的实践操作技能，考查院校的教学是否重视综合素质的培养，是否把握了国际贸易新的发展走向，是否将互联网时代下企业的新技能、新知识、新方法和新思想等通过课程内容传授给学生们。

（三）为学生在未来就业时增加砝码

国际贸易专业技能竞赛能够有助于学生们增强对于国际贸易专业知识的学习兴趣，

同时能够在竞赛中锻炼学生的团队合作精神,为未来就业做很好的铺垫。国际贸易专业技能竞赛能够激发学生的学习积极性,树立正确的竞争观念,培养团队合作精神,培养创新能力,增强实践能力和动手能力,树立正确的拼搏精神和培养良好的心态观,增强集体荣誉感,激发无限潜能,增强自信心,提升自身价值,有利于成绩的提升和共同进步。这些有利的促进因素都会为学生在未来就业时增加砝码。

（四）促进以就业为导向的课程体系的构建

综合素质过硬,专业技能强是各级各类大赛体现出的考核参赛选手的两个抓手,体现了行业企业对国际贸易人才的共性要求。随着"互联网+"时代的发展,各个行业领域都在逐渐适应时代的发展,因此,国际贸易专业也应该与时俱进,对国际贸易专业的课程体系的构建进行改革,不再是像以前过于注重对于国际贸易理论知识的传授,而是应该在传授理论知识的同时注重国际贸易专业技能的培养,促进以就业为导向的课程体系的构建。学校联合其他高等院校开展国际贸易专业技能大赛,体现了对于培养学生综合素质能力的重视,以及对于国际贸易专业课程体系改革的重视。

（五）国际贸易专业技能竞赛有利于教学改革

国际贸易专业技能竞赛有利于培养综合素质过硬的应用类人才,对各大应用类本科院校的教学实践改革也起着重要的促进作用,通过国际贸易专业技能竞赛的开展,教学方式实现了全方位与多元化的改革,不再仅仅是理论知识的传授。国际贸易专业技能竞赛涉及面较广,涉及课程较多,并且涉及互联网相关的新技术的使用,这是对学生实践和创新能力的检验,同时也是对教师教学成果的检验。国际贸易专业技能竞赛实践性较强,都是模拟真实的贸易流程,比枯燥的课堂理论学习更具有意义,学生的学习兴趣会更多地被激发出来,从竞赛中学生和教师能够学习更多的实践技能。

（六）国际贸易专业技能竞赛是对国际贸易教学方法的改革

传统的国际贸易等课程过于强调理论知识的传授,学生对于这种枯燥的理论并没有什么兴趣,学生无法真正深入其中而获得切身的体会。而国际贸易专业技能竞赛是对国际贸易展会的模拟,是对企业贸易环境真实的模拟,与纯粹的国际贸易理论知识传授完全不同,有助于学生对国际贸易整个流程进行真实的体验与理解,能够提高学生国际贸易的专业技能,增强学生的团队合作意识,增强动手操作的能力。将当前的人才培养模式从以老师教为中心转向以学生学为中心,让学生成为教学活动的主体,教师主要以指导、考核学生的学习活动为主,这有利于激发学生的学习兴趣,培养自主创新的能力,提高教学效率,增强团队的合作意识,有利于培养更多综合素质过硬的国际贸易技能人才。

（七）国际贸易专业技能竞赛有利于深化校企合作

教师与学生共同参加竞赛能够切身体会到学校与企业合作的重要性,学生能够体会到去校外实习的重要性。学生在与企业合作和交流的过程中会发现很多问题,要站在企业的角度,而不是学生的角度,角色要转变,这对于学生来说就是一次"实战"。另外,技能竞赛对于提高国际贸易专业教师的实践教学水平和学生对于未来的职业规划都有一定促进作用。应用类本科院校应该尽可能地利用技能竞赛的平台,从专业知识的角度,去考查学生的综合技能素质,通过多种形式和途径去与外贸企业对接,比如将外企的人才专门引进学校对学生和老师进行培训,建立良好的校企合作关系,让国际贸易专业技能竞赛成为"校企合作,理论与实践结合"的人才培养模式的助推器。

四、总结

通过对国际贸易专业技能竞赛的探讨,对当前国际贸易专业教学存在的问题进行剖析以及举办国际贸易专业竞赛的意义进行探讨,国际贸易专业技能竞赛将对国际贸易教学产生很大影响,国际贸易专业技能竞赛不仅是各大应用类本科院校学生展示本专业专业技能的平台,也是实现应用类本科院校与行业企业对接的一个很好的纽带,是推动国际贸易教学实践和深化教学改革的动力。各应用类本科院校应该多举办这样的专业竞赛活动,不断深化和完善国际贸易教学改革,为外贸行业培养更多的综合素质过硬的专业技能人才。

参考文献

[1] 肖春. 面向卓越工程师培养的学科竞赛体系探索 [J]. 浙江工业大学学报(社会科学版), 2011 (02).

[2] 张清祥. 搭建学科竞赛平台,提高学科竞赛水平 [J]. 南阳师范学院学报, 2011 (08).

[3] 张宇萌, 雷文武. 大学生学科竞赛水平提升模式探析 [J]. 宁波大学学报(教育科学版). 2011 (05).

[4] 洪宝仙, 龚冰冰, 鲍思伟. 地方高校学科竞赛的现状与思考 [J]. 台州学院学报, 2011 (04).

[5] 李娟, 刘洁. 高校学科竞赛管理和运作模式的探讨 [J]. 教育与职业, 2012 (05).

[6] 陈强, 徐盛林. 独立学院学科竞赛的组织与管理——以华中科技大学武昌分校为例 [J]. 新课程研究(中旬刊), 2012 (06).

[7] 张奇峰, 郑薇薇. 学科竞赛与大学生自我学习管理研究 [J]. 传承, 2012 (08).

[8] 周卫江, 杜群羊. 独立学院学科竞赛探索与科学发展 [J]. 现代企业教育, 2008 (04).

[9] 杨碧瑜, 左军. 关于构建高校学科竞赛体系的几点思考 [J]. 文教资料, 2011 (01).

[10] 李桥. 学科竞赛中存在的问题及对策思考 [J]. 现代企业教育, 2011 (23).

第三部分　人才培养

关于国际经济与贸易专业"知能结合"型学生培养方式的思考①

赵静涵　王玉婧

摘要：随着经济一体化的快速覆盖，近几年来，我国外贸总体保持平稳增长，国际市场份额进一步提高，贸易大国地位更加巩固。社会各界对于高校国际贸易专业毕业生工作能力的反馈却不容乐观。高校应在关注学生基础知识学习的同时，在知识课堂、实验课堂、专业技能比赛三个环节相互作用、相辅相成、共同推进的情况下，提高学生国际贸易专业实战操作的能力，培养学生突破自我的意识，引导学生掌握如何高效地与他人交流和合作，养成独立工作的习惯，树立在团队合作中保持创新的精神。

关键词：国际贸易；教学改革；创新教学

自我国加入世界贸易组织以来，我国的对外贸易量呈现迅猛上升的趋势。国内经济与国外经济接轨的速度越来越快。我国经济已经超预期地融入经济全球化的进程之中。除了外资企业，越来越多的国有企业、民营企业也获得了外贸进出口权，让自己的产品走出国门，推向海外。根据商务部数据统计，在全球贸易总体下滑的背景下，我国2015年第一季度的出口仍展现增长态势，进口降幅较大。这一点也充分展现了我国在世界贸易经济中贸易大国的地位是实至名归的。对外经济的高昂势头，以及国内外贸易方法和手段的不断革新和变化，均展现出了对于国际贸易专业"知能结合"型学生的需求。

然而，从国内大多数高等院校国际贸易专业课程设置中可以发现，学校教务本身对于国贸专业学生培养方案的定位就是研究型和管理型方向。但是，没有扎实的理论基础和实际操作能力的研究和管理好比空中楼阁。对于国贸专业学生的基础知识扎实度和实践操作能力，来自社会企业的声音大多是消极的。这不得不引起学校、教师以及学生自身的反思。学以致用的古训，社会企业的反馈，都反应出对于国际贸易专业学生"知能结合"能力的迫切要求。

---

① 本文为天津商业大学教改课题"国际贸易实务系列实验课程网络教学模式探索和考核评估方法综合改革实践"（15JGXM46）的阶段性成果。

一、培养方式与培养目标

高校在国际贸易专业的学生培养问题上,应根据自身特点与实际,以课堂知识与课外实践为支撑,以"基础知识牢,综合能力高"为宗旨,结合知识课堂、实践课堂和国贸专业技能比赛实现三位一体。教师大量供给有关国贸专业的实时资讯以提高学生信息敏感度,架起书本知识转化为实践能力的桥梁。帮助学生在实践过程中构建知识体系,巩固知识细节。通过参加国贸专业技能比赛,引导学生学习如何掌握信息,怎样解决问题,以及高效沟通,最终找出自身的不足与劣势,促使学生建立起独立工作与团队合作状态切换的意识与实力,致力于培养适应国际复杂商务环境的"知能结合"型人才。

二、知识课堂——非"填鸭式"教学,创新授课模式

目前,我国高校研究生教学方面已经基本实现互动式课堂的授课模式,但是绝大多数本科课堂还是"填鸭式"教学,只重视课本知识的填灌。知识填灌型教学,使得学生失去了课前预习的动力和课后复习的目标。即使是少量互动,学生也未能完全领会知识点的深层含义。蜻蜓点水般的学习也造成了学完就忘的后果。而以小组为单位,扮演贸易流程中涉及的角色,进行课堂讨论,得出贸易理论重点,不仅加深学生对于理论知识的掌握和贸易流程的理解,更加对学生自身探索学习方法,增强学习热情,发现实践能力不足等方面具有强有力的推动力和显著效果。

关于贸易理论部分,教学以深刻理解记忆为目标,以课前自学为依托,以课上讨论为推进力,以教师引导教学为重要工具,以深入思考为途径,将理论中涉及的角色分派于各小组,实现学生有效课前预习,课上讨论。教师以深入浅出、通俗易懂的语言针对性地引导学生思考理论的来龙去脉,深刻把握理论要点。关于各个理论之间的对比参照问题,在课堂上展现出各个理论时期的经济背景,引出新理论较于旧理论的变换与新意以及各个理论的适用范围、区别之处和内在联系。

关于贸易实务部分,教师教学以熟练掌握贸易流程为目标,以课前练习为基础,以课上分角色扮演为主要授课方式,以教师指导为核心,以学生小组共同完成相关业务为途径,促使学生形成深刻的印象和完整的思维框架,提高学生合作共赢意识,引发学生在团队中重视自我贡献的精神。此外,根据贸易流程可穿插经济、金融、法律等相关方面的知识点,高密合度衔接贸易理论的相关知识,培养学生对国贸专业衍生知识点的灵敏度。

三、实验课堂——"滚动式"角色扮演,模拟知识输出方式

国际贸易专业是一门应用型专业,国际贸易理论教学注重国际贸易理论系统性和前沿性,侧重贸易发生的原因和机遇,而实践教学则侧重于贸易发生的过程以及学生是否有能力在贸易中盈利这一实质性的结果,是国际贸易知识课堂的重要补充。其中"实验

工作室"作为近几年来国际贸易专业的新课题和着眼点，被各大高校广泛引进并投入使用。然而，单纯的上机训练并不能高效调动学生对于国贸实验的操作积极性与提高对于实务流程和惯例的熟练掌握度。

将国贸实验课堂带入到实验室中，配以学生"滚动式"角色扮演，反复交叉角色模拟交易，让学生真切感受到完整的贸易流程；引发学生知识输出意识，对于学生的整个学习思考的旅程具有里程碑的意义；培养学生贸易知识输出的意识和逻辑思考习惯，思考应用于实践，实践反作用于再度思考；突破以往教学习惯的限制，基于类似单证制作的简易操作环节的基础上，跨越学生对具体业务理解的片面性，契合社会对国际贸易专业学生的应用型人才要求。

在实验室实现"滚动式"角色扮演的主要道具为模拟贸易软件，模拟贸易软件很好地模拟外贸场景，提供外贸所需单据。而绝大多数学生过分依赖帮助程序，甚至一些学生不参照帮助流程根本无法独立完成任何一笔业务。通常，类似的模拟贸易实验，并不能得到实质性的提高，学生大多下课便忘。以帮助程序为核心，以学生具有超强记忆力为前提的模拟实验课堂是存在缺陷的。高效的实验课堂需要学生课前对于整个贸易流程准备大量资料，这一部分在知识课堂前的小组准备以及知识课堂的小组讨论中已经有过多次反复记忆。实验课堂前，学生只需再次回忆之前的记忆，在脑海中模拟实验流程。课堂中，以帮助程序为辅助，以学生大脑中现存知识输出为前提，帮助学生形成框架，促使学生了解自身不足，填补学生的知识空白点，更新更正学生在前期准备中的陈旧错误的记忆。通过实验课堂的学习，学生不仅了解掌握国际贸易的流程、惯例和操作方式，而且对国际贸易理论的认知记忆层面将达到一个新的高度，最终达到思考与实践，理论知识与实验能力，相互依托，相互作用，相互促进的学习效果。

四、专业技能比赛——真实竞争环境，引发"非奖项"收获思维

目前，国内已经存在全国性关于国贸专业技能的比赛，例如：POCIB（Practice for Operational Competence in International Business）和全国商科院校技能大赛国际贸易专营竞赛，学生参加这种竞赛项目对于其自身国际贸易专业技能的提升会有显著效果。学生在经过了前两项课堂反复记忆操作演习的过程后，对于贸易流程和基本项目惯例已有所了解，在比赛中，将所学知识投以运用，通过立体直观展现的贸易流程，促进学生国际贸易专业思维框架的进一步形成和完善，再辅以前两项课堂上的知识储备，使得学生更熟练地掌握国际贸易技能，提升国际贸易意识，为实践反刺激于理论思考提供坚实基础。通过在高压下对贸易流程的切实操作，提高学生国际贸易专业技能与合作交流的能力。国际贸易技能比赛的氛围要远远紧张于实验室实验贸易流程氛围，学生在比赛中更能全身心地投入，活跃兴奋的大脑更有利于记忆。通过在比赛中切实体验贸易流程，使得学生身临国际贸易交易之境，实践实战，亲力亲为，教师在此引导学生思维回归于国际贸易课程相关理论，促使有效完成实践反作用于理论的质的跨越，促成这一教学要点的实践工作。

关于大学生参加竞赛动机与态度问题，各大高校在口头重视的同时，必须付出实质

性的引导与纠正行动。近年来，由于社会各界对于大学生证书数量的看重，误使学生将绝大多数目标放在奖项名次上。学生初始目标设定错误，精力分散，那些隐含的"非奖项"收获得不到重视，比赛的意义大打折扣。

关于如何引导学生以正确的动机和态度参加全国性国贸专业技能比赛。一方面，学校院系在教学大纲中加入参加全国性类似比赛为学生总体素质的评分标准，同平时成绩一起计入期末成绩，并归入毕业成绩考核之中。另一方面，教师或教导员积极举办类似讲座，以及教师在课堂传递比赛相关信息时，突出"非奖项"收获的重要性，激发学生学习动力，排除趋利而往的心态，树立良好的比赛道德风向标，真正展现"重在参与"的深刻内涵，帮助学生深刻认识到在比赛过程中提高理论知识，收获实战经验，构架国际贸易知识框架，培养国际贸易思维，提升自身务实创新技能的同时倾向于与人交流合作的能力等"非奖项"收获，帮助学生重新树立赛中学习意识，重过程轻结果心态。

五、三环相扣，实现国贸专业"知能结合型"学生的培养目标

知识课堂、实验课堂、专业技能比赛，环环相扣，将之前倡导的改革引向深入。美国心理学家霍华德·加德纳（Howard Gardner）提出的多元智能理论认为每个人都拥有 8 种智能，它们相互独立，在解决问题时相互支持，人与人的差异主要在于人所具有的智能的组合不同，倡导差异教学。本文提到的关于培养国贸学生知能结合能力的三个环节，分别从不同的侧面切入教学，相互独立又相辅相成，突破学生不同学习爱好和学习特点的瓶颈，增加学生的学习动力，提供多种深入学习方式的选择。三个环节教学模式，帮助学生克服仅根据自我喜好单途径学习的局限性，倡导学生多途径学习，激发学生"啃硬骨头"的精神，推动学生自控力的培养；训练学生自我突破的意识，为学生提供不拘泥于平面书本的立体学习模式，带领学生以不同的视角看待同样的问题，重点引导学生抓住其在新模式学习下迸发出的有关国贸学习思路的认识，引发培养适应于自身的学习方法的思维。知识课堂、实验课堂、专业技能比赛相辅相成、相互促进，为国际贸易专业"知能结合型"学生的培养问题上提供了新的思路。

参考文献

[1] 刘春梅. 国际贸易专业实践教学改革探索 [J]. 黑龙江对外经贸，2010（9）：45-46.

[2] 彭寒飞. 基于学生创新能力培养的国际贸易课堂教学改革研究 [J]. 才智，2015（27）：76-78.

[3] 曾臻.《国际贸易实训》实验室建设及教学探索 [J]. 产业与科技论坛，2009（8）：119-202.

[4] 李洁. 浅析专业技能竞赛对国际贸易教学的影响 [J]. 中小企业管理与科技，2014（4）：222.

[5] 张丽霞. 提高国贸专业技能综合实训水平的探索和研究 [J]. 科技创业月刊，2013（10）：127-129.

[6] 王继毅. 产品工作室背景下的国际贸易专业网络外贸实践能力培养方式研究[J]. 济南职业学院学报，2011（6）：73-74.

[7] 李健. 高校国际贸易实务模拟实验教学探索与实践[J]. 科学咨询，2010（13）.

[8] 中华人民共和国商务部综合司国际贸易经济合作研究院. 中国对外贸易形势报告（2015春季）[R]. 商务部综合司，2015.

天津商业大学国际经济与贸易专业学生毕业实习问题探究[①]

赵常华

摘要：毕业实习是我校国际经济与贸易专业学生的必修课程，是学生理论联系实践的重要途径。本文针对我校国际经济贸易专业学生毕业实习中存在的各种问题，提出由教育主管部门、学校和企业三方通力合作、多渠道进行调整，以期完善毕业实习、提高毕业实习质量的有效途径。

关键词：天津商业大学；国际经济与贸易；毕业实习

高等学校本科学生的毕业实习是高校人才培养方案和教学计划的重要内容，是实践教学的重要环节。毕业实习可以促进学生将课堂学习到的理论知识与工作中的实践能力相互结合，培养学生利用所学知识解决实际问题的能力，从而增加学生的就业竞争力。

我校国际经济与贸易专业的培养方向就是适应市场经济发展和现代化建设需要，具有较高思想修养、文化素养、商学素养和专业素质，具有系统的经济理论基础和扎实的国际贸易专业知识，具备从事国际贸易实务操作能力，能够在相关机构从事实际操作、管理、调研工作的复合型、创业型应用人才。该专业注重理论与实践能力相结合、教学与实践相结合，加强动手能力的培养，鼓励学生参与各项社会实践。因此，毕业实习对于我校国际经济与贸易专业的学生来讲尤为重要，也是学生培养的重要环节。

一、国际经济与贸易专业学生毕业实习状况

（一）学校对学生毕业实习的要求

我校对学生毕业实习的时间安排是从第7学期第10周起至第8学期的第4周结束（即每年的11月18日起至明年3月23日结束），合计14周的时间。毕业实习等同于必修课程，学生不得以任何理由不参加实习或者压缩实习时间、实习内容。学生本人必须与实习单位签订有效协议，并于离校前将协议书交指导教师，学生实习必须在指导教师的指导下进行，实习学生需经常与指导教师保持联系，汇报实习的情况和体会。学生实习结束返校后需提交如下实习资料：三份实习月度总结、一份实习全程大总结、一份实习全程调研报告和实习单位的鉴定意见表。实习指导老师根据学生提供的实习资料和出勤情

[①] 本文为天津商业大学教改课题"经济学科市级教学团队建设探索与实践"（60203-15JGXM14）的阶段性成果。

况，给出学生的实习成绩。

（二）国际经济与贸易专业学生毕业实习安排

由于学校的实习实训基地有限，所以毕业实习单位一般由学生自行联系，大多数学生会选择回到自己的家乡或未来的就业城市，在亲属的帮助下寻找实习单位，也有的学生通过应聘等途径找到实习单位。

学生的毕业实习指导老师一般是学生的学年论文指导老师，该教师也是未来学生的毕业论文指导老师，这样便于全程的管理和指导。鉴于国际经济与贸易专业的师生比，一般每位教师指导8~10名学生的毕业实习。

学生完成毕业实习返校后，向指导教师提交实习材料。指导教师根据学生的实习材料给出成绩。

这样学生的毕业实习就全部结束，开始进入毕业论文的撰写阶段。

二、国际经济与贸易专业学生毕业实习中存在的问题

通过对近年来国际经济与贸易专业学生毕业实习的细致研究，发现学生在毕业实习过程中存在着各种各样的问题，总结如下。

（一）毕业实习弄虚作假情况严重

学校规定：毕业实习等同于必修课程，必须如实完成实习内容。但是现在却由于各种原因存在着很多弄虚作假的情况，学生并没有真正参加毕业实习而是伪造实习单位的协议书和实习鉴定，编造最后提交的实习资料，从而使毕业实习失去其应该有的意义和作用。

学生弄虚作假、伪造实习资料的原因很多。

1. 学生对毕业实习重视程度不够

毕业实习是学生将课堂知识和工作实践相结合的理想机会，可以极大地提高学生的就业竞争力。但是很多学生没有充分认识到毕业实习的重要性，甚至以为离开学校没人管理了，就敷衍了事，甚至不参加毕业实习而是伪造实习资料。

2. 学生因为考研复习等事情而编造实习资料

很多学生为了参加考研备战等选择伪造实习资料。他们认为考研必须充分准备，而毕业实习可有可无、对付一下就可以过关。

3. 学生寻找实习单位困难

现在毕业实习时，一般是学生自行联系实习单位、签订实习协议。鉴于当前严峻的就业形势，很多单位并没有用工需求。而有的单位虽然有用工需求，也是愿意招收有工作经验的员工，而不愿意为新手提供机会。还有的单位出于业务保密的需要，不愿意招收新人。也有的单位不愿意为毕业生提供短期实习培训，认为浪费了自身的资源。所有这些都给学生寻找毕业实习单位造成困难，以至于有些学生无法找到实习单位而选择弄虚作假。

4. 企业不负责任、出具虚假证明

很多企业出于人情关系，不负责任地开出虚假的毕业实习协议和实习鉴定意见。学

生轻易就可以获得这些证明，于是就敷衍了事，直接弄虚作假伪造实习资料提交给学校。

5. 实习指导流于形式、实习管理存在真空

学校对学生毕业实习的要求是：每名学生都配有专门的实习指导老师，学生在实习过程中要与老师保持密切联系，接受老师的指导。鉴于目前的师生比，现在一般每位老师指导 8~10 名学生。

但实际操作中，学生一旦进入毕业实习阶段就基本与学校和老师失去联系，直到学生结束毕业实习返校时才向指导老师提交实习资料。整个实习过程中，学生基本上是自行其是，毕业指导完全流于形式。同时学校和指导老师也没有与实习单位保持密切联系，无法了解学生实习的真实情况。毕业实习管理完全是处于真空状态。所有这些都给学生弄虚作假提供了机会。

（二）毕业实习效果差强人意

毕业实习是学生理论联系实际的重要途径，但是很多学生即使真实地参加了毕业实习，由于各种原因导致实习效果差强人意，没有达到预期的目的。

1. 实习单位与专业不对口

国际经济与贸易专业的学生，毕业实习最好找到与本专业相关的实习单位。比如外贸公司、货代公司、船代公司、海关、堆场等单位，这样可以将课堂上的知识与工作实践相互结合，提高自己未来应对实际工作岗位的能力。但是由于就业市场的压力，或者由于学生对毕业实习重视不够或者未来就业目标不清晰，一些学生随便找个实习单位敷衍了事，跟自己的专业毫无关系，这样的毕业实习效果会大打折扣。

2. 频繁更换实习单位

还有的学生在仅仅四个多月的实习期内频繁更换实习单位，导致实习体验缺乏延续性。频繁更换实习单位与频繁更换工作一样，在各处都是浅尝辄止，难以深入积累工作经验。而且这也表明学生对自己没有长远的规划，缺乏稳定性。

3. 实习岗位不对口

还有的学生虽然找到实习单位，但是其毕业实习岗位只是一些登记、接待等专业知识含量比较低的事务性岗位，学习效果微乎其微。

4. 实习材料质量低劣

另外，学校要求学生实习结束要提交相应的实习资料，包括三份月度实习小结，一份实习全程大总结和一份实习全程调研报告。很多学生提交的实习资料水平低，没有体现出 4 个月实习该有的效果，尤其是自身的成长，有的甚至东拼西凑、文不对题。更有甚者，有些学生分不清实习报告和调研报告的基本内容和区别。所有这一切都使得学生的毕业实习效果差强人意。

（三）实习评价考核不够科学和规范

学校规定毕业实习视同必修课，毕业实习的考核以学生提交的实习材料为依据。学生实习出勤情况、三份月度小结（每份不少于 2000 字）、一份实习全程大总结（不少于 3000 字）、一份实习全程调研报告（不少于 3000 字）、实习单位的鉴定意见各占 20%。指导教师根据学生提交的实习材料给各项打分，然后汇总出总分来并按照实习成绩归类。优：90 分以上；良：80—90 分；中：70—80 分；及格：60—70 分，不及格：60 分以下。

但是该考核体系还不够规范，并不能充分体现学生的实际实习情况。

首先，实习单位可能处于人情或者不负责任的态度，出具虚假实习鉴定。

其次，学生出具的实习报告存在编造、抄袭等情况，也不够真实。

最后，学生的实习成绩完全是由指导教师根据学生提交的书面资料打分，指导教师难以辨别真伪，或者指导教师出于同情心，导致打分会出现随意性。

所有这些都使得实习评价难以真实反映学生的毕业实习状况。

三、完善国际经济与贸易专业学生毕业实习的对策

鉴于学生在毕业实习阶段存在各种各样的问题，积极采取措施趋利避害完善国际经济与贸易专业学生的毕业实习势在必行。而要想提高高校学生毕业实习效果，需要各方通力合作。

（一）学校方面的工作

1. 大力建设学生毕业实习基地

现在学生毕业实习单位主要是由学生自行联系，或者老师、亲属找熟人联系，渠道有限；而企业出于各种意愿并不愿意接纳实习学生，所以这样寻找到的实习单位很难实现实习单位与学生专业对口，实习岗位与实习目标对口。因此，学校应该花大力气寻找有社会责任感的企业、充分利用校友资源，尽量多地建立学生毕业实习基地。这样就可以有效减少学生寻找毕业实习单位的困难。学生在与专业对口的实习单位和实习岗位上才能更好地实现毕业实习的目的。同时，建立学生毕业实习基地也便于学校与实习单位保持及时、密切联系，有利于加强对学生毕业实习过程的监督和管理工作。

2. 完善学生毕业实习的管理工作

由于学生毕业实习管理存在很大疏漏，实习指导、出勤考核等环节甚至存在真空。因此进一步完善毕业实习管理工作势在必行。

（1）安排学生实习前的指导和帮助工作

学生在进行毕业实习前，学校应给与充分指导。不仅由学生部门负责开会传达学生毕业实习安排和实习要求，宣讲毕业实习的重要性，最好还要有专业教师指导学生如实撰写实习材料，还要要求学生按期向实习指导老师汇报实习进展情况。

（2）加强实习期间的追踪和监控

毕业实习期间，学生应与学工办和指导教师保持密切联系，应该规定出学生联系指导教师的时间和次数。另外，学校也应该由专门的教师与实习单位保持及时畅通的联系，这样可以及时追踪到学生的实习状况，便于对学生的毕业实习进行有效的监督和管理。

3. 优化毕业实习的考核体系

目前学生毕业实习成绩是由实习指导教师根据学生提供的毕业实习纸面资料来打分的，但是实习指导老师并不能完全了解学生毕业实习的全部真实过程，所以建议学工部加强与实习单位的直接联系，了解监督学生的实习过程。这样实习单位、学工部的打分，与指导教师的打分按照合理权重分配，最终给出学生的毕业实习成绩。

4. 加大宣传力度、推进校企合作

我校国际经济与贸易专业的学生，是一本线招生，学生基本素质良好。我们注重外语和动手能力的培养，学生就业能力良好。学校通过各个渠道加大宣传力度，使得企业了解并认可我们专业的学生，积极推进校企合作。学校按照企业的需求调整教学方案，学生毕业实习阶段可以直接进入未来的就业单位和就业岗位，这种订单式的培养方案可以省略掉学生寻找实习单位的困难，实习目标明确，专业与岗位对口。

（二）教育主管部门

1. 合理安排高校毕业实习经费

学生寻找实习单位过程得过且过、实习单位不愿意接收学生毕业实习，这些问题可以通过市场化的方式解决。教育主管部门应该合理安排毕业实习经费，并在学生和企业间合理分配，充分调动学生和企业的积极性，从而提高学生毕业实习效果。

2. 为校企合作牵线搭桥

校企合作可以很好地将学生供给和就业需求直接联系起来，减少了不必要的中间环节，信息畅通、效率提高。教育主管部门应该从宏观上加强指导，创造畅通的信息沟通渠道，为学校和企业牵线搭桥，做好服务工作。

（三）企业方面

1. 企业根据用工需求直接联系学校

天津是个港口城市，因为天津港的存在，天津在国际贸易、国际物流等方面会有很多用工需求。学校可以多方寻找企业，企业也可以直接联系学校，这样还可以从学生中择优选择学生进行毕业实习，以后留在企业工作，这也为企业节约了寻找成本。

2. 树立社会责任感、保证实习学生待遇

为社会培养人才是企业的社会责任，每个有社会责任感的企业都应该尽力为学生参与毕业实习创造条件。同时还要保证学生在企业毕业实习阶段的安全和福利待遇，企业还应该参与学生的毕业实习管理，协助学校做好监督管理工作，杜绝弄虚作假的行为。

总之，通过以上多方共同努力，我们期待学生毕业实习工作会更完善，实习质量和实习效果都得到提高，毕业实习真正成为提高学生就业竞争力的有效途径。

参考文献

[1] 杨丹丹. 浅析当前我国高校毕业实习工作现状 [J]. 中国科教创新导刊，2012（26）.

[2] 陈凯，陈媛媛. 高校毕业实习的新探索 [J]. 高等财经教育研究，2010（S1）.

WEB 2.0环境中，互联网技术在高校学生党建中的应用与思考[①]

王欣欣

摘要：在现代信息革命的推动下，互联网通信技术已经在现代生活中得到了最为广泛的应用，特别是在大学生群体中，互联网媒介已经成为大学生学习生活之中必不可少的组成部分。本文探讨了高校思想政治老师应该如何在现代的WEB 2.0社会，综合运用各种互联网技术手段，加强与学生的双向反馈机制的建立，推动大学生党建的发展。

关键词：WEB 2.0；党建；反馈机制；交互式

一、导言

在当代高校大学生政治思想工作中，强化大学生党建管理与教育，提升大学生思想觉悟始终是保证大学生思想的纯洁性和保证党的科学思想占领高校思想政治主阵地的工作重点，它也成为高校大学生思想政治教育的重要研究领域。

在传统的大学生党建管理工作之中，从大学生的入党指导，发展对象的确定、考察、转正，一系列的发展党员程序都依赖于思想政治管理老师、基层党组织以及发展培养人对于培养对象亲身实地的、面对面的、深入的交流与沟通，以保证在发展学生党员之前，基层党组织与思想政治管理老师能够尽可能地掌握足够多的发展对象的个人信息，特别是思想觉悟方面的认识，从而确保能够把真正优秀的大学生群体纳入党的组织。

然而，伴随着互联网通信技术在大学生群体中的广泛普及，特别是微信、微博、QQ等新型移动通信技术在大学生中的广泛流行，我们已经进入了传统意义上所说的WEB 2.0社会。各种新型的互联网技术不仅极大地改变了现代人的生活，对于高校大学生党员发展的流程也产生了极大的影响，给现代大学生党建工作带来了很多积极的变化，现代高校不仅不应消极抵制这种现代技术的伟大变革，更应该积极在大学生党建工作中利用这些现代互联网技术，提升大学生党建的效率，通过在教育手段与管理方式上强化对于WEB 2.0技术的应用，构建适合于现代科学技术发展趋势的新时期的党建管理工作制度。

[①] 基金项目：天津商业大学基层党建研究创新项目"按大类分专业机制下，高校学生党员发展与管理制度创新"。

二、WEB 1.0 环境下大学生党建的发展

在信息技术革命兴起之前的传统的党员发展机制下，整个学生党员的发展过程，往往建立在一次次的面对面的交流、会议讨论、活动组织、集体考察等活动之上。然而，由于在当前的高校党建管理工作中，大学生基层党支部往往跨专业、年级、班级组成，成员通常由不同班级的学生群体构成，他们彼此的课程设置不同，不同学生的时间安排也会有很大的差异，因此经常会导致很多时候，高校学生支部召开党员会议、群众评议会、党员发展大会等发展学生党员必要程序性会议时，党支部成员都必须花费较多的精力用于会议时间的规划与协调之中，尽量把群体性的会议安排在绝大多数学生群体的空闲时间，以保证发展程序上对于参会人员出席人数的基本要求，这也极大地影响了高校学生党建的整体效率，甚至有时会由于党小组会议、群众评议会议的出席率达不到规定要求，而不得不按党员发展流程和制度，重新召开相关会议，重新确定会议时间和参会人员，极大地拖长了党员发展的时间限制，影响了党建工作的整体效率。

伴随着 20 世纪末 21 世纪初，互联网信息技术革命第一次浪潮的到来，现代信息技术设备开始广泛进入大学校园，手机通信与计算机网络在大学生群体中已经得到了极大的普及，各高校纷纷将这些现代互联网技术应用于大学生管理中，通过网络通知、电子邮件、手机通信等手段，实现对于学生的网络状的紧密联络。

这些早期的互联网技术尽管极大地便捷了大学生日常管理和党建发展，但是这些技术更多依赖于早期的互联网革命，通过网络信息载体，把信息的传导媒介，从传统的人与人之间的面对面的直接联系，转向更为便捷化、更为网络化的互联网媒介，信息固然可以突破拥有的面对面的直接信息传导的数量限制，可以实现单对多的辐射状信息扩散。比如在传统机制下，党建工作的信息更多地依赖于口口相传的单对单信息传播手段，在这一时期，主导大学生党建工作的思想政治老师则可以通过 BBS 等互联网网页媒介，发布公开消息，公开向所有网络成员发布信息，从而保证更多的群体通过阅读，知晓相关的公开信息，这自然就通过网络状的信息传导机制极大地提升了信息传播的效率。然而，在通过网络实现信息共享与获得的过程中，各种互联网信息的传导往往是单向式的，而缺乏足够的反馈与沟通，这事实上就是通常所说的 WEB 1.0。

在 WEB 1.0 环境中，用户往往更多地强调利用 WEB 网页技术，实现信息的公开发布和信息网络的建设，技术的应用往往依赖于通过专业训练与培训的专业人士，尽管作为新技术的爱好者，广大大学生群体能够在很大程度上掌握这些 WEB 1.0 技术，然而，这些过于阳春白雪的技术门槛，仍然极大地限制了专业思想政治教师在学生管理与党建发展过程中，对于互联网技术的应用。

在 WEB 1.0 信息网络中，高校教师固然可以通过发布网络信息通知和网络信息分享的方式，向目标学生群体发布相关信息，如在学生党建过程中，可以发布党建的日程安排，相关培训资料的分享与学习，入党考察人的信息公开与考察等，但是这些信息分享往往都只能实现信息从发布人到阅读者的单向流动，对于信息接受者的信息接收与否及程度则缺乏有效的信息反馈与支撑，更难以实现信息接受者对于信息发布人的逆向的反

馈机制，反而极大地限制了信息在互联网媒介之间传播的效率。

这种单向式的信息流动导致 WEB 1.0 技术固然可以便捷大学生党建管理，但是由于缺乏足够的信息反馈与监控，其党建管理的效率并没有办法有效保证。

三、从 WEB 1.0 到 WEB 2.0 的互联网技术变革

21 世纪初，伴随着第一次互联网经济泡沫的破灭，传统的单向灌输式的互联网信息网络的发展也陷入严峻的危机之中，实现信息的交互流动，提升网络成员的自主化参与程度，降低互联网技术的应用门槛，推动互联网技术在更为广阔群体中的广泛应用，已经成为一种无法抵挡的社会潮流，互联网社会也由此从 WEB 1.0 时代跨步进入 WEB 2.0 时代。

在 WEB 2.0 信息系统中，信息已经不再单纯地拘泥于结构简单的互联网网页媒介的信息发布方式，现代大学生所热衷的 QQ、微博、微信都成为信息交流的重要载体，信息传导的媒介更加多样化，信息内容也摆脱了 WEB 1.0 时代以文字与少量图画为主的单调结构，利用文字、图片、网页、音频、视频，从而实现立体式，多重化的信息媒介。

在 WEB 2.0 时代，信息传播的信息量规模实现了几何等级的跨越。在海量的信息浪潮中，发布人的有用信息很容易被规模更为庞大的垃圾信息或无用信息所淹没，从而使得信息的有效传播和筛选，保证有效信息的高效传达，从海量的大数据网络信息源中，通过最为有效的筛选机制和技术手段，高效区分不同信息的价值，从中筛选出最具价值的有用信息，则成为 WEB 2.0 信息系统的重要内容。

更为重要的是，相比于 WEB 1.0 时代由信息发布人，诸如党建过程中的思想政治教师向学生单向信息发布，WEB 2.0 提供了更为便捷化的信息链中的信息交互，信息接受者与发布人之间可以通过交互式的信息交流，实现彼此之间的沟通与适时的反馈，提升整个信息链中不同行为人之间的紧密联系程度。

四、WEB 2.0 环境对于大学生党建的新变化

单从党建工作来看，通过在党建工作中引入互联网通信工具，比如建立党员 QQ 群、微信群，适时交流党建信息，实现入党积极分子和发展对象的思想及时汇报，党建负责人建立党建微博宣传正能量思维，组织积极分子和发展对象对于热点事件的讨论和热议大学生思想政治活动，实现大学生思想随时掌握，及时干预，适时管理，这就解决了传统的大学生党建日常党组织活动过多地受时间、地点限制，而难以高频度举行的弊端。

即使是按照党建流程必须召开现场会议的活动，如党员发展大会、党员评价会议等，也可以利用互联网通信手段，提前安排相关人员了解相关会议内容，提前做好准备，提高进行会议安排的合理性和会议效率，党员发展对象信息公示等工作在进行日常纸质公示的同时，也可以利用微信、微博实现一定范围的网络公示，从而明显地提升信息的公开性。

很多高校通过在党建工作中引入官方微博，或者微信公众号实现对于党建工作人员，

特别是发展对象的信息交互和信息发布,其实就是对于 WEB 2.0 技术的有效利用。然而,在信息爆炸的信息社会之中,即使是通过微博、微信、QQ 群等社交媒体所建立起来的信息传播渠道,也很容易淹没在海量的信息流中,特别是对于一些信息发布量偏少,利用效率不高的党建社交媒体来说,由于活跃程度不够,即使偶尔发布的信息,也容易被信息接受者社交媒体中其他活跃的信息源的信息与数据所淹没,最终导致其信息发布与传播的效率大打折扣,这在很大程度上,警示各高校党建管理老师,必须安排专人从事党建官方媒介的维护、管理与信息发布,保证其活跃度和信息发布的规模,通过广泛发布学生党员与发展对象所乐于关注与接受,乐于转发与传播,乐于参与共享与互动的党建信息源,提升信息的传播效率,实现互联网信息的高效扩散,提升党建工作的信息化水平。

与 WEB 1.0 时期相比,WEB 2.0 环境最大的进步表现在信息链两端对象之间的交互性的强化。WEB 1.0 时代,在学生党建工作中,即使应用一些互联网技术,比如建设高校党建网站、党建信息平台、网络发布新闻信息、群发党建信息电子邮件等手段,实现信息的单对多的发散性扩散与传播。但是在这些 WEB 1.0 信息系统中,信息流更多仅能够保持从发布方到接受方的单向流动,信息发布者无法监控接受者对于信息的掌握与理解,更无法接受信息接受者的信息反馈数据,从而建立起更为通畅的信息正负反馈机制,保障党建信息传播的有效性。

在 WEB 2.0 时代,信息链两端的不同的行为主体被紧密地纳入同一信息系统,比如通过加入共同的微信群、QQ 群、微博关注,不同的行为主体可以轻松实现与其他主体之间的信息交流与沟通。在 WEB 2.0 大学生党建系统平台建设中,只需要集成上述互联网技术工具,就可以极大地推动信息在党建行为人,比如思想政治教师、学生党员支部委员会、发展对象、积极分子、群众等不同行为人之间的信息交流,只需要授予不同行为人在信息交流中,不同的任务,或者职权,在这样的 WEB 2.0 党建平台中,每一个人对于信息交流的参与度和认真程度都可以被其他系统成员明显地察觉,或者评价。

比如在党建工作中,我们不仅要求学生按即定时间完成纸质的思想汇报,还明确要求积极分子,特别是发展对象必须在一定时间内,针对与大学生思想政治工作相关的热点事件发布短评,并根据发布人评价的思想的进步性、原创性以及认真程度,进行排序、打分,实现对于发展对象的量化考核。在这样公开、公平、公正的考核下,思想进步的大学生群体自然就会积极学习党的最新思想,并将其应用于自己对于热点事件的理解、评价之中,提升大学生的思想进步性,保证主流政治思想对于大学生思想政治工作主阵地的占领。

正是通过 WEB 2.0 技术所提供的信息交互系统,高校思想政治教师可以更为有效地提升学生积极分子对于思想政治教育的参与度和积极性,通过双向反馈机制,实现师生之间的信息互动和交流,更好的地升高校党建思想政治教育的整体质量。

五、结论

WEB 2.0 只是计算机网络技术在现代社会发展中的重要变革,然而,作为站在现代科学技术与最新思想进步最前线的高校教师，在进行日常的大学生党建工作之时，也必须敏锐地关注到这种技术上的巨大变革，并积极把它应用到大学生管理，特别是对于大学生思想政治教育最为核心的大学生党建工作中。

由于 WEB 2.0 在技术的适用性上，已经极大地降低了技术门槛，这也使得高校思想政治教师可以摆脱对于互联网技术的敬畏心理，通过更为成熟的 WEB 2.0 互联网工作，提升大学生对于思想政治教育与党建工作的参与度，推动大学生党建高效、优质地进行。

通过 WEB 2.0 互联网工作，可以在高校思想政治老师、学生党员、发展对象、积极分子、群众之间建立起更为广泛的、立体的网络信息平台，通过文字、图片、音频、视频等多种形式的交流媒介，实现网络成员之间的紧密联系和深入交流，同时，通过网络的公开、公平、公正的媒介作用，提升学生在 WEB 2.0 党建平台中的参与度和积极性，创造出更为便捷化、高效运行的党建系统，推动高校的大学生党建工作的顺利进行。

参考文献

［1］秦在东，方爱清．思想政治教育本质特征刍议［J］．学校党建与思想教育，2011（5）：7-9．

［2］马福运，新时期思想政治工作的经验探析［J］．学校党建与思想教育，2011（3）：77．

国贸类课程情境教学法创新应用及教学效果可拓评价研究[①]

张 炜

摘要：本文介绍了情境教学法在国贸类课程中的创新应用，并通过可拓评价对教学效果进行分析。分析结果显示，情境教学法应用到国际经济与贸易课程中确实能够有效提高教学质量与教学效果。可拓评价法也为今后国贸专业教学效果评估提供了新的方向与渠道。

关键词：情境教学法；国际贸易实务；可拓评价；教学效果

一、引言

美国著名教育学家杜威首次在教育中引入"情境"这一概念，他认为"有意识的教育，就是特别选择的环境，这种选择所依据的材料和方法都特别能朝着令人满意的方向来促进生长""环境就是那些同个人的需求、愿望、目的和能力发生交互作用，以创造经验的种种情况"。杜威首次从概念的角度阐述了情境对教学的重要意义。其后，在牛津执教的科翰将情境教学法运用到讲授过程中取得了巨大的成功，此后科翰创立了世界最知名的体验培训中心 Outward Bound。我国的情境教学法起步较晚，最早将情境教学法引入课堂的是著名特级教师李吉林，她认为"情境教学是充分利用形象，创设典型场景，激起学生的学习情绪，把认知活动与情感活动结合起来的一种教学模式"，自此拉开了情境教学研究在我国快速发展的序幕。

情境教学法在不同的学科、领域，各学者根据自己经验与体会赋予其不同的含义，特别是随着现今教育内容与教育方式的不断深化，情境教育有了新的内含。笔者在前人研究的基础上结合自身情境教学的实践认为：情境教学是指授教者人为地且有目的地引入与教学内容相关的真实或虚拟的有效场景，诱发学生感性认识，提高从缄默知识到内在明确知识的转化效率，并激发学生潜在主动性心理机能的教学方法，而其中有效场景专指对学生认知感官产生刺激的鲜明的直接形象与间接形象。

有效情境教学法有几个特点：（1）形象思维与抽象思维的结合。人的大脑右半球主要进行直觉、创造和想象的思维，即形象思维；左半球主要进行逻辑、理性和分析的思

[①] 本文为天津商业大学教改课题"经济学科市级教学团队建设探索与实践"（60203-15JGXM14）的阶段性成果。

维，即抽象思维。传统教学法主要是大脑左半球的活动，极易使学生在学习过程中大脑左半球处于疲劳状态，而大脑右半球却处于抑制兴奋状态，很难达到有效的教学效果。而情境教学法既包括抽象思维的调动也包括形象思维的刺激，使大脑两半球交替兴奋、协同工作，极大开发大脑的潜在学习能力，教学效果也得到极大提升。（2）有意识认知与无意识认知的交错。意识是客观存在在人脑中的反映，这种反映可以是人脑对抽象事物的加工再理解，也可以是无需人脑特意加工的本能反应。情境教学法有助于将抽象的知识通过直观表达，形成具体化、形象化的感性认识。感性认识是一种有意识与无意识认知的交错过程，这种过程不但可以使学习者达到理性的顿悟，还可以进一步激发学习者的学习情绪与学习兴趣，使学习活动成为主动自觉的行为。（3）智力因素与非智力因素的统一。智力因素的学习通常是包括记忆、观察、思维、注意与想象的认知过程，而非智力因素的学习则是心理因素决定的认知过程。情境教学法是通过教师与学生、学生与学生之间互动，使情感信息交流回路与知识信息交流回路相互作用。愉悦、积极的学习情绪带动记忆力、观察力、注意力、想象力与思维能力等认知能力的提升，认知能力与认知效率的提升又进一步刺激学习情绪。在智力因素与非智力因素的统一与交互作用下达到教学效果的提升。

二、国际经济与贸易专业对情境教学法的需求

在全球化步伐不断加快的今天国际经济与国际环境瞬息万变，国际经济与贸易在应用经济学中更是表现出随着国际情境变化不断更新的特点。这就要求国贸类课程设置强调实践性的同时更加注重不断注入新的专业知识和教学方法。长期以来国贸专业的教学将重点设置在基础知识讲授和理论知识研究上，缺乏实践性训练，很少设立真实模拟场景或者仿真情境，让学生扮演角色完成整个交易过程。然而，国际贸易在真实的经济环境下，是一种风险性、操作性与实践性都很强的经济活动，交易的双方在贸易的整个过程中都遵循着各自的准则和严格的标准，每一个交易环节都存在着欺诈性风险，而这些是以往抽象式教学所无法让学生真实体会的。为了使学生在未来走向工作岗位后能够很好地适应真实贸易工作，以扎实的专业知识和专业技能面对激烈的国际竞争，引入情境教学法，让学生体验并模拟国际贸易中的各个环节有着重要的意义。这也对教师有效并创新地运用情境教学法提出了更高的要求。将情境教学法应用于本专业中不仅仅是把教材中案例讲述的事情或场景再现于课堂，而是对专业内容进行遴选、提炼、推陈出新，对环境、规则、角色三方面更加强调其真实性，宗旨是要培养复合现代企业需求的新世纪人才。在国际经济与贸易专业中创新、高效地实施情境教学法并不是很容易就能做到的。其一，创新有效情境教学法的实施对高校教学硬件设备提出了要求，不同专业课程的教学模拟场景千差万别，所需的教学设备品目繁多，如此就提高了高校教育设施的投入和管理成本。其二，创新应用情境教学法也对教师的专业素质提出了要求，教师在情境教学法中既是编剧与导演也是潜在资源的提供者。教师既要为学生"量体裁衣"选择合适的模拟场景，又要在情境设计与模拟的过程中安全有序地指导整个过程。

创新应用情境教学理论，教师应做到：（1）教师要为学生提供与专业知识相关事件

发展的真实或虚拟的情境、环境和过程，特别是在重点知识的学习环节更要让学生在接近现实情况下扮演某种角色或进入某种心理状态，以便使学生体验或模拟理论的应用与实践，也为专业知识的理解和过往经验的融合与互动创造机会。整个情境模拟实验下来，是一个庞大、繁琐、时间较长的过程，需要教师很强的组织、协调和掌控能力。（2）教师要在专业知识学习结束后注重培养学生对学习成果的巩固、加深与反思。创新且有效的情境教学应该更加注重对学习成果的反思并从中汲取经验，激发学生的情感，促进相关知识的吸收，提高从缄默知识到明确知识的转化效率。（3）教师要尽量为学生提供与专家和学者交流和学习的平台，使学生有机会对其工作和科研的过程进行观察和模拟。此种情境教学法有助于学生加深感受、深化认知，更有助于学生开发潜在的心理机能，达到自我学习教学内容的目的，并在短时间内提高学生学习素质与能力。

三、情境教学法在国贸专业中的创新应用——以国际贸易实务课为例

国贸类课程创新运用情境教学法的根本目的是将学生的理论知识转化为应用技能，在此过程中激发学生学习的兴趣并且培养学生主动学习的能力。本部分以国际贸易实务课程为例，具体阐述情景教学法在国际经济与贸易专业中的创新应用。根据国际贸易的真实交易顺序将整个情境教学过程分为两个模块：第一个模块为角色类模块，分配学生扮演产品研发部、市场部、交易磋商部和财务部的职员，通过角色扮演模拟国际贸易前的整个过程。第二个模块为仿真模拟模块，学生分别扮演出口商、进口商、进出口地银行、运输公司、保险公司和海关，通过 SimTrade 外贸业务实习软件让学生操作完成一项国际贸易。

（一）角色扮演情境教学法模块

情境教学法中的角色扮演分为合同签订前的准备和谈判磋商两个部分。在这两个部分中首先成立两个贸易公司，分别为出口商 A 公司与进口商 B 公司，两个公司中的学生根据自己的兴趣与特长完成不同的角色扮演，包括：产品研发部门的职员负责设计自制产品样品；市场部职员负责国际市场调研和本公司基本信息确立；交易磋商部门的职员负责与对方公司业务人员建立联系并进行后期谈判磋商；财务部门的职员负责经济效益核算和与交易相关资料的准备，包括函电、合同、报价表等材料。

1. 准备阶段

（1）公司基本信息确立：学生需要查阅有关资料和网站，明确自己产品的基本信息。（2）国际市场调研：学生搜集产品、行业、市场、贸易政策以及交易对象情况等相关信息，为企业制订有效的国际市场营销计划。（3）建立业务联系：由学生扮演业务人员来 B 公司展开面谈，详细介绍自己公司的基本情况与产品相关内容。（4）经济效益核算：学生对产品生产成本及营销费用进行核算，做好自身报价表为谈判提供依据。（5）国际贸易业务函电草拟：学生草拟函电用以联络和沟通过程中传递贸易信息、处理相关事宜。（6）谈判相关内容准备：教师为学生提供模拟谈判场所，并布置成小型商品交易会的形

式。为达到逼真性，学生可以自制产品样品辅助谈判，并下载正式范本的合同。

2．谈判磋商

（1）交易条件磋商：学生都着正装面对面就合同条款进行纵向谈判，谈判内容包括商品的品名、品质、数量、包装、商品价格、运输方式、保险内容、支付条件等。（2）签订交易合同：进出口合同是双方交易顺利履行的保证，是解决贸易纠纷的书面依据，在实际贸易业务中十分重要。谈判达成一致意向后，学生根据谈判结果把双方的权利、义务和利益分配情况用文字表述出来，自行草拟前期准备好的外销合同，双方盖章签字合同生效。通过实际模拟合同签订过程，学生自己学习合同所需的形式、内容与要求。最终签订的合同要满足条款完备、文字严密、前后连贯、表达清晰明确，与真实交易中的合同保持一致。

在谈判的过程中，学生们展开了针锋相对的辩论，时而幽默、时而严肃、时而激烈、时而和谐，大家都以获取自身最大利益为出发点，并且争取建立长期合作伙伴关系。辩论结束后，学生们都感觉好像真正经历了一场交易谈判，忘记了自己是在扮演角色。角色扮演情境教学模块的效果十分显著，学生不但体验了国际贸易业务的前期准备过程，还掌握了如何制订国际营销计划、了解一个国际公司应该从哪些方面入手、如何介绍自己的公司与产品并和对方公司建立业务联系、如何对自己生产成本与营销成本进行财务核算、如何草拟一份正式的贸易函电与贸易合同、如何进行贸易谈判等。学生都表示在踊跃地参与和准备中都有了很深的感触，增强了自己未来从事国际贸易业务的信心和积极性。

（二）仿真模拟情境教学法模块

情境教学法中的仿真模块主要是利用 SimTrade 外贸实习平台软件，使学生模拟国际货物买卖的具体操作。学生根据自己的兴趣分别扮演出口商、进口商、进出口地银行、运输公司、保险公司和海关的角色，再将不同角色扮演的单项实验串联成一项综合实验。其中，单项实验包括信用证的审核与修改、出口货物报关和运输、保险合同签订等。单项实验的职能部门设在实验室的不同区域，包括进出口企业区、进出口银行区、船运公司区、保险公司区、海关区，在这些区域内不同部门履行不同的职责。最后，将这些单项实验整合在一起完成一笔系统的国际交易模拟业务。

1．信用证审核及修改

信用证是国际贸易中最主要而且最常用的一种支付方式，通过情境教学法有助于学生更加深刻地掌握信用证的运用。进口商、出口商和进出口地银行的学生扮演者共同模拟信用证的整个流转过程，此教学法使学生了解信用证的内容、格式与分类，并能顺利完成信用证的审核和修改。

2．出口货物报关

货物报关是当事人向海关申报出口货物内容、办理货物出境手续、缴纳关税申请海关放行的行为，是所有国际贸易中货物出境的必经环节。进口商、出口商和海关的学生扮演者共同模拟货物报关的整个过程。在此项模拟过程中，学生深入了解报关程序和所需相关单证，特别是对报关单的内容、格式、要求、填写方法和注意事项的了解。

3. 国际货物运输

国际贸易中货物运输是交易顺利履行的重要环节，主要是指承运人将货物从起运地点运输到约定地点，托运人或者收货人支付票款或者运输费用的过程。进口商、出口商和运输公司的学生扮演者共同模拟办理货物运输手续的整个过程，其中包括运输合同的签订、提单的制作等环节。通过此项模拟实验使学生掌握如何划分进出口商与船公司之间的权利与义务，如何制作海运提单，海运提单的内容、分类、条款及如何计算运费等。

4. 国际货物运输保险

进出口商与运输公司的货物运输保险是对流通中商品提供的一种货物风险保障，也是进出口商规避资产风险的有效工具。国际贸易中基本每一笔业务都会对货物投保险，学生熟练掌握保险的业务流程十分必要。该项情境模拟涉及进口商、出口商和保险公司的学生扮演者，大家共同设定保险内容与具体事宜，了解保单的种类、内容与格式以及保险费用的计算，并且了解海损的类型和后期处理索赔的过程。

单项实验按照国际贸易流程的顺序逐一情境模拟下来，学生可以充分了解并掌握一项业务履行的相关理论和实际操作过程。此项国际贸易情境教学过程依赖于教师良好的驾驭和统筹能力，教师也可以在这一过程中搜集大量的国际市场信息，例如：国际商品市场价格信息，国际航运路线与运输价格变化信息，不同国家特殊的法律、法规、惯例、习俗等，并且通过在网站发布新闻调整商品成本与价格、调整汇率及各项费率等方式，对国际贸易环境进行宏观调控，使学生在变动参数下完成整项交易。鉴于国际贸易中大量的欺诈行为，教师还可以在情境设定中加入一些贸易陷阱，加深学生理解，使学生透过纷繁的市场现象挖掘出合适的市场机遇、货运条件、国际信息，并有效规避各种贸易欺诈行为。同时，教师还可以实际参与到学生的模拟交易中来，教师可以扮演贸易过程中的任意角色，可以和学生形成协作关系也可以和学生形成竞争关系。教师的参与可以进一步带动情境教学法中学生的积极性，学生为了和教师有业务中的往来都会精心准备，认真完成每个交易环节的操作，从而深化情境教学法的教学效果与成果。

国际贸易实务课程通过设立情境模拟相关业务，使学生掌握从与客户建立业务联系，到签订合同，再到合同履行的各个环节。由于整个过程涉及的环节较多，专业知识较繁琐，操作性技能要求较高，学生要在熟练掌握这些知识的基础上顺利完成一笔业务操作需要经过反复训练，特别是学生要将所有角色都扮演好，业务做熟练，至少要通过几笔业务才能实现。对于掌握较快的学生，整个业务有效操作下来，一般需要 8～10 个课时左右，而对于掌握相对较慢的学生则需要 14 个课时以上。想要所有的学生都能在国贸情境课的实践中熟练掌握专业知识和操作技能需要一个较长的训练、参与过程。如果此项教学过程安排每周进行一至两次，则教学效果明显下降。这主要是由于中间的间断时间过长会使学生短时记忆很难转化为长时记忆和永久记忆。因此，这就要求教师在国贸情境教学时间安排上面尽量做到集中完成。比如，可以安排学生在 2～3 周内集中完成。情境教学结束后，教师可以邀请业内有经验的人士前来为学生开展理论与实践讲座，使学生有机会和专家、学者进行交流，包括自己在情境教学实验过程中存在的问题与困难、如何成为适应国际公司需求的专业贸易人才、国际贸易未来的走向等方面。同时，教师也可以带领学生去知名国际贸易公司进行参观，甚至安排学生在贸易公司实习，使学生真正参与到实际国际贸易业务中来,从而进一步深化情境教学法的教学效果。

四、国贸专业情境教学法教学效果的可拓性评价

国际贸易实务课程情境教学法的教学效果可以通过可拓性理论进行评价。可拓理论是由蔡文研究员为首的中国学者创立,以形式化的模型研究事物拓展的规律与方法。可拓综合评价方法是一种建立在可拓学理论基础上的多元数量化决策的方法。利用该方法可以建立评价情境教学法的多项性能指标参数,这种多指标性能参数的物元决策模型,能较好地反映情境教学法质量综合水平。应用可拓理论评价情境教学法的效果可以很好地解决定性指标量化的问题。可拓评价法的主要步骤包括确定经典域、节域和待评价物元矩阵,确定待评指标关于各等级的关联度函数,确定关联度和评定等级等。

设事物的名称为 N,关于特征 C 的量值为 v,则这个三元有序组称为事物的基本元,简称物元,用 R 表示。N、C、v 则是物元 R 的三要素。$R=(N, C, v)$ 如果事物 N 有 n 个特征,则记作 C_1、C_2、$\cdots$、C_n,相应量记作 v_1、v_2、$\cdots$、v_n,物元记作:

$$R=(N, C, v)=\begin{bmatrix} N & C_1 & v_1 \\ & C_2 & v_2 \\ & \vdots & \vdots \\ & C_n & v_n \end{bmatrix}=\begin{bmatrix} R_1 \\ R_2 \\ \vdots \\ R_n \end{bmatrix}$$

$$R_j=(N_j, C_i, x_{ji})=\begin{bmatrix} N_j & C_1 & x_{j1} \\ & C_2 & x_{j2} \\ & \vdots & \vdots \\ & C_n & x_{jn} \end{bmatrix}=\begin{bmatrix} N_j & C_1 & <a_{j1}, b_{j1}> \\ & C_2 & <a_{j2}, b_{j2}> \\ & \vdots & \vdots \\ & C_n & <a_{jn}, b_{jn}> \end{bmatrix}$$

其中,N_j 表示所划分的 j 个效果等级($j=1, 2, \cdots, m$);C_i 表示效果等级 N_j 的特征($i=1, 2, \cdots, n$);x_{ji} 为效果等级 N_j 关于对应特征 C_i 的取值范围,R_j 确定了事物的经典域。

$$R_p=(P, C_i, x_{pi})=\begin{bmatrix} P & C_1 & x_{P1} \\ & C_2 & x_{P2} \\ & \vdots & \vdots \\ & C_n & x_{Pn} \end{bmatrix}=\begin{bmatrix} N_j & C_1 & <a_{P1}, b_{P1}> \\ & C_2 & <a_{P2}, b_{P2}> \\ & \vdots & \vdots \\ & C_n & <a_{Pn}, b_{Pn}> \end{bmatrix}$$

其中,P 表示效果等级的全体;x_{pi} 表示 P 关于 C_i 的取值范围,R_p 确定了事物的节域。

$$R_0=(P_0, C_i, x_i)=\begin{bmatrix} P_0 & C_1 & x_1 \\ & C_2 & x_2 \\ & \vdots & \vdots \\ & C_n & x_n \end{bmatrix}$$

其中，P_0 表示待评价标的物；x_i 表示待评价标的物 P_0 关于对应特征 C_i 的测量值，R_0 为确定待评价物元矩阵。将所获得的数据或分析结果用物元表示就生成待评价物元。接下来，需要确定关联度函数。

$$K_j(x_i) = \begin{cases} \rho(x_i, x_{ji}) / [\rho(x_i, x_{pi}) - \rho(x_i, x_{ji})], & x_i \in x_{ji} \\ -\rho(x_i, x_{ji}) | x_{ji}|, & x_i \notin x_{ji} \end{cases}$$

$$\rho(x_i, x_{ji}) = \left| x_i - \frac{a_{ji} + b_{ji}}{2} \right| - \frac{1}{2}(b_{ji} - a_{ji})$$

$$\rho(x_i, x_{pi}) = \left| x_i - \frac{a_{pi} + b_{pi}}{2} \right| - \frac{1}{2}(b_{pi} - a_{pi})$$

第 i 个指标数值域属于第 j 个等级的初等关联度函数，而待评标的物 P_0 关于等级 i 的关联度 $K_j(P_0)$ 为：$K_j(P_0) = \sum_{i=1}^{n} \omega_{ij} K_j(x_i)$，$\omega_{ij}$ 表示各对应特征关联度函数 $K_j(x_i)$ 等级 j 关联度 $K_j(P_0)$ 的权重。待评定标的物等级 K_j 为：$K_j = \max K_j(P_0)$，$(j=1, 2, \cdots, m)$

国际贸易实务课程应用情境教学法教学效果评价是一种多指标量化问题，将可拓理论应用到此项评价体系中来，有助于较合理地将评价效果量化。情境教学法教学效果评价问题可用物元方法进行表示，即待评定物元为：$R=(N, C, v)$。其中，N 表示情境教学法的教学效果，C 为相应的评价指标，C_1 为知识的掌握效率，C_2 为学习的兴趣与主动性，C_3 为解决问题的实践能力，C_4 为观察与思维能力，C_5 为团队合作能力，C_6 为优胜劣汰竞争意识，v 表示各评价指标对应的测量值。

国际贸易实务课程情境教学法教学效果由学生对各个细化评价指标进行百分制打分。本次评价指标打分通过问卷的形式。国际贸易专业情境教学法结束后请参与学生对教学效果进行评价。本次问卷共发放 210 份，收回 210 份，收回率 100%。学生根据参与情境教学法后的实际感触对教学效果进行数值打分，将情境教学法与以往常规教学法相比较：100～85 为"该方面有极大提高"；85～75 为"该方面有部分提高"；75～60 为"基本没有任何提高"；60～0 为"对该方面有负面效应"。评价指标具体内涵及相应打分情况见表 1。

表 1 国际贸易实务课程情境教学法教学效果评价指标

指标	权重	具体内涵	得分
知识的掌握效率（C_1）	0.2	（1）加快从缄默知识到明确知识的转化效率。（2）提高对知识吸收与消化的能力。	89
学习的兴趣与主动性（C_2）	0.25	（1）有较强的参与意向，学生自身能动地获取新知识，确定学习目标并规划学习进度。（2）有较多的情感投入，学习知识兴奋度高并获得积极的情感体验。	93

续表

指标	权重	具体内涵	得分
解决问题的实践能力（C_3）	0.2	（1）自我调整能力，认知活动中及时调整自身行为以适应新情景的变化。（2）操作技能，学生通过内外反馈和监控，提供符合要求的运动程序。（3）理论知识应用与转化能力，学生自身将理论与实践有效结合的能力。	91
观察与思维能力（C_4）	0.15	（1）提高对外界环境的认知能力。（2）有效领悟被观察客体的意义。	86
团队合作能力（C_5）	0.1	（1）沟通能力，清晰表达自我意图、倾听成员意图并完成形象、动作与环境的设计的能力。（2）协调能力，组织或配合团队成员完成任务的能力。	91
优胜劣汰竞争意识（C_6）	0.1	（1）面对竞争的心理素质，遇到艰辛、挫折和竞争压力时心理能力的提升。（2）努力与进取意识，为达到预期目标而持续进取和奋斗的意识。	85

基于此，得出情境教学法的经典域为：

$$R_{\text{极大提高}} = \begin{bmatrix} \text{极大提高} & C_1 & <85, 100> \\ & C_2 & <85, 100> \\ & \vdots & \vdots \\ & C_6 & <85, 100> \end{bmatrix} \quad R_{\text{部分提高}} = \begin{bmatrix} \text{部分提高} & C_1 & <75, 85> \\ & C_2 & <75, 85> \\ & \vdots & \vdots \\ & C_6 & <75, 85> \end{bmatrix}$$

$$R_{\text{无提高}} = \begin{bmatrix} \text{无提高} & C_1 & <60, 75> \\ & C_2 & <60, 75> \\ & \vdots & \vdots \\ & C_6 & <60, 75> \end{bmatrix} \quad R_{\text{负面效应}} = \begin{bmatrix} \text{负面效应} & C_1 & <0, 60> \\ & C_2 & <0, 60> \\ & \vdots & \vdots \\ & C_6 & <0, 60> \end{bmatrix}$$

情境教学法教学效果的待评矩阵为：

$$R_0 = (P_0, C_i, x_i) = \begin{bmatrix} P_0 & C_1 & 89 \\ & C_2 & 93 \\ & \vdots & \vdots \\ & C_n & 85 \end{bmatrix}$$

计算情境教学法教学效果各等级关联度，计算结果如表2所示。

表 2 情境教学法教学效果评价各指标关联度

指标	极大提高 $K_1(x_i)$	部分提高 $K_2(x_i)$	无提高 $K_3(x_i)$	负面效应 $K_4(x_i)$
知识的掌握效率（C_1）	-0.279	-0.364	0.579	-0.642
学习的兴趣与主动性（C_2）	-0.342	0.763	-0.641	-0.731
解决问题的实践能力（C_3）	0.431	-0.482	-0.713	-0.647
观察与思维能力（C_4）	-0.323	-0.468	-0.398	0.532
团队合作意识（C_5）	-0.412	-0.584	0.791	-0.321
优胜劣汰竞争意识（C_6）	0.532	0.391	-0.431	-0.233
$K_j(P_0)$	-0.074	-0.106	-0.287	-0.396

根据计算结果可知 $K_j(P_0)$ 的最大值为-0.074，即教学效果最接近有极大提高，据此可以判断情境教学法在国际贸易实务课中有着切实、高效的教学效果。

五、结语

国贸类课程涉及国际资本与货物的流动，不仅要求学生掌握相关的国际贸易基础知识和国际惯例，更要求学生具有很强的处理各环节实际业务的能力。创新地将情境教学法应用到国贸类课程教学环节中来，通过具体实例展示情境设计与情境应用，极大激发学生的学习兴趣的同时深化了教学效果，针对教学效果的评估，本文提出了更加科学的可拓评价方法。

以往情境教学法教学效果评价更多地侧重于以定性指标对其进行评价，定性评价方法在反映情境教学法教学效果具体方面存在不足。科学评价国际贸易实务等课程情境教学法的教学效果，对促进高校国际经济与贸易专业教学管理、教学质量的提升有着重要意义。基于此，本文根据物元分析理论和可拓集合理论提出了国贸课程情境教学效果可拓评价方法，并通过具体实例对其进行验证。此方法既可以通过关联函数的量化值直观反映出情境教学法不同层面的教学效果，也可以将情境教学效果评价的量化结果转化为定性的不同等级，使得评价结果能够更加全面、深入地反映教学效果。评价结果显示，情境教学法应用到国际经济与贸易课程中确实能够有效提高教学质量与教学效果。可拓评价法也为今后国贸专业教学方法与评估提出了新的方向与渠道。

运用可拓评价方法对情境教学在国际经济与贸易专业的教学效果评价是一个复杂而庞大的体系，在未来还需要进一步深化和拓展研究。例如，可以加入不同评价主体对教学效果的评价环节，可以引入教学督导对教学效果的评价、教师同行对教学方法的评价、实验室人员对软件操作的评价、学生家长对学生综合素质提高的评价，甚至可以对参与国贸情境教学法毕业的学生进行追踪评价，包括单位领导的评价、客户的反馈、学生的自评等。诸如此类评价指标都可以在未来逐步引入到情境教学法教学效果可拓评价中来，建立多维度、多级别可拓评价模型，这将是下一阶段重点研究的方向。

参考文献

[1] 王磊, 李翠霞, 张永强. 高校管理类专业实验课程教学质量可拓评价研究[J]. 实验室研究与探索, 2014 (3).

[2] 张娟. 国际贸易综合仿真实验教学平台的构建研究[J]. 黑龙江科技信息, 2014 (32).

[3] 赵红娟, 张英. 基于创新型人才培养的国际经济与贸易专业实验教学模式的构建[J]. 湖北经济学院学报, 2015 (6).

[4] 梁樑, 李勇, 陆蔚群. 经济管理类实验教学管理与评价体系探讨[J]. 实验技术与管理, 2011 (8).

[5] 石锦生. 基于情境认知理论的情景模拟教学法探析[J]. 现代企业教育, 2013 (18).

[6] 王志红. 论模拟情境教学法的理论依据[J]. 教育与职业, 2012 (32).

[7] 张晓辉, 陈勇. "国际贸易实务"课程全程情境教学法的适用性与效果[J]. 高等工程教育研究, 2010 (增刊).

基于网络学习环境的教学实践探索[①]

郭贵芳

摘要：近年来，基于网络学习环境的教学问题已经受到了教育领域的广泛关注。网络学习作为新型教育方式的一种，在各个高校受到了普遍重视，探索基于网络学习环境的教学实践的途径与策略成了教育工作者的重要任务。根据网络学习环境丰富性、多样性及可共享性等特点，本文探索了"基于网络学习环境的教学"的设计与实施方案，并从保障网络学习资源和学习平台、完善网络学习环境下的教学过程、保证网络学习环境下的监控体系、建立网络学习环境下的教学评价制度四个方面论述了如何在网络学习环境下保证教学质量。

关键词：网络学习环境；教学实践；学习资源；监管；教学评价

一、引言

20世纪80年代Henry Holec提出了"学习者自主"的概念之后，自主学习引起国内外学术界的普遍关注，如何将传统的教师的"教"转向学生的"学"已经成为学者们研究的重点。随着现代信息技术的进步与互联网技术的迅速发展，网络已经成为大学生获取知识的最有效途径，作为对现行教育体系的重要补充，网络在一定程度上摆脱了时间和地点的限制，使大学教育向个性化和自主学习的方向迈进了一步。在知识经济时代，人们对知识的获取不可仅停留在学校教师的课程上，而必须进入到自主学习的层面。

网络学习（Web-based Learning）是指通过计算机网络进行的一种学习活动。相对传统的学习活动而言，网络学习有三个特征：一是共享丰富的网络化学习资源；二是以个体的自主学习和协作学习为主要形式；三是突破了传统学习的时空限制。目前关于网络环境的学习主要强调学生在自主学习中的自动性、自主决策性等，包括确定学习目标、制定学习计划、决定学习内容及选择合适的学习方法等，但是对于基于网络学习环境的教学探索尚不足。基于网络学习环境的教学是指教师充分利用网络教学资源及教学平台进行的一种引导学生"自主计划、自我导向、自我激励"的教学方式。由于网络学习环境下的教学相比传统的教学方式有众多的不同，本文试图探索网络学习环境下的教学，

[①] 本文为天津商业大学教改课题"经济学科市级教学团队建设探索与实践"（60203-15JGXM14）的阶段性成果。

以期对提高高校教学质量有所帮助。

二、基于网络学习环境的教学特点

网络学习环境中教育信息相比传统的课堂环境，具有丰富性、多样性、可共享性等优势。由于网络学习环境中的知识内容可以通过声音、图形、动画、影像等多种方式综合表现出来，明显不同于传统的文字及图表，学生在网络学习环境中更容易激发兴趣。网络学习环境使学习者相互交流更加畅通，学生与学生之间、学生与老师之间可以通过电话或者视频会议、电子邮件等实时或非实时的工具对遇到的问题进行探讨。网络环境中世界的各种教育信息资源组成了一个丰富的信息海洋，这些资源通过网络与网站的服务器相连接实现教育资源的共享，这使得在网络学习环境下不再是个人学习模式，而是协作学习，通过同伴、教师的协作学习，使自己学到的知识得到深化。

与传统的学习环境相比，网络学习环境中学生自主性更强。在传统的学习环境的教学中，教师占主导地位，师生之间的关系是不平等的，教师是知识的占有者和传授者，教师拥有绝对的"话语权"，学生参与感较弱，师生之间交流不多。而在网络学习中，学生可以通过网络获取所需要的知识，在获取知识的途径上师生是平等的，学生也拥有了知识的"话语权"，学生可以自由地发表自己的观点，对教师的观点提出异议甚至批驳。"基于网络学习环境的教学"中，教师和学生的地位与传统教学相比发生了很大改变，教学不再是单纯的知识传授与灌输，教师的角色主要是教学信息资源的设计者、网络学习过程的组织者、学生学习的促进者和学习者的学习同伴，教师从前台走到了后台，教师的地位受到了挑战。网络学习的教学中，教师和学生面对的是同样的学习环境，教师不再比学生拥有更多的学习资源，而且网络的隔离性免除了面对面带来的压力。

在网络学习环境中，尽管学生是学习的主体，但教师的作用仍然很重要，教师是基于网络环境下整个教学过程的组织者和管理者，需要具备充足的专业知识外，还须有以"学"为中心的教学思想和教学理念。在网络学习环境的教学的整个过程中，学生和教师的角色都发生了相应的变化，学生不再仅仅是传统的知识的接受者，更加是教学资源的传递者甚至是生产者；教师的角色由"教"转变为"导"，即引导学生进行网络学习，例如制定学习计划，选择学习内容和学习方法，解答学生以各种方式提出的问题，为学生在知识的汪洋大海航行保驾护航。

三、网络学习环境下的教学实施

（一）保障网络学习资源和学习平台

网络学习资源包括信息、人员、资料、设备和技术等，学习资源既是学生自主学习过程中的重要组成部分，又是支撑教师教学的物质条件。传统的学习资源一般是指教材、教辅资料或者练习题等纸质学习资源，网络学习资源包括互联网资源与局域网资源。互联网作为一个用之不尽的资源库，为广大的学生和教师提供了大量的文化背景知识、教学材料和自主学习资源。网络的广泛应用为学生学习、教师教学提供了新途径、新天地。

学生可以获得海量学习信息，还可以利用 QQ、微信、电子邮件、BBS、论坛等网络平台与教师或者其他学习者进行实时的交流。但在互联网的学习教学中，教师必须为学生确定明确的学习任务，引导学生自觉地运用信息技术去探究学习中的问题，帮助学生掌握运用互联网学习其他学科和进行自我学习的方法，避免学生在网络中迷失自我。

校园网作为大学生进行学习交流的重要平台，是交互功能强大的局域网，其内容由于经过教师的严格筛选与分类编制，对学生进行自主学习有较大帮助。搭建校园学习资源库，建立课件素材库与软件资源库，充分实现学校教学资源的共享。除在软硬件支撑的教学平台上及时提供辅导、答疑、讨论和作业屏蔽等动态教学资源及信息外，还要提供远程学习咨询，以及由导航、内容浏览、查询、实时和非实时交互教学等构成的完善的学习支持服务系统，以保障学生与教师之间能顺利交流，使网络学习环境下的教学得以正常进行。

总之，网络学习环境与平台的建设，是网络学习环境下教学的基础。要高效地完成网络教学，就必须提供相应的资源与平台，无论是专题的网站，还是网络课程都应保证学生能获取足够的信息，实现资源共享，例如，提供专题讨论的BBS、FTP系统。教学资源要保证形式多样、有一定的广度和深度、具有层次性、可以满足不同程度学生的需要。

（二）完善网络学习环境下的教学过程

结合网络的特点及教学实践，完善基于网络学习环境下的教学模式，其主要流程如下：

第一，明确学习目标与教学目的。在整个网络学习环境下的教学过程中，明确目标是教学进行的前提条件。教师需根据每个学生的年龄、能力、性格、知识掌握程度等多方面因素确定其学习目标，学习的任务需要是真实的、可完成的，即要求学生解决某个真实性的问题，并且在一定的课时内、学生现有的知识体系下经过学习可以给出答案，任务还应能体现知识的丰富性与灵活性。

第二，准备信息资源与环境。在网络学习环境下的教学过程中，信息资源与网络环境是教师教学与学生学习的必要准备。现代网络技术的发展为开放教育提供了强大的教学信息支持，创造了崭新的教育资源环境。时间、空间和地域不再是网络教学的限制，计算机网络使得世界的任一角落可以畅通地交流，网络学习环境的教学应充分利用这一资源环境。

第三，制订并完成教学计划。在明确了教学目标之后，制订教学计划有利于教学目标的顺利完成。在网络学习环境下的教学中，教师应根据每个学生的特点制订不同的学习计划与完成任务的时间，在网络环境下教学的初期，教师需帮助学生制订计划，向学生呈现任务，并做出必要的说明。在计划制订之后，学生根据每个人的学习特点去实践，教师此时应进行进度监督，按时了解学生的学习进度与作业完成情况。在网络学习环境下的教学过程中，应加强学生与学生之间，学生与教师之间的相互交流讨论，帮助学生找到自我差距，提高对问题的认识，同时，对重点问题、疑难问题可进行小组讨论，并及时调整计划以保证按时保质地完成计划。

第四，检查教学成果，进行总结与评价。在网络学习环境下的教学过程的最后，需要学生将学习的成果展示出来，教师要根据学生完成的情况进行总结与评价。学生的学习成果可以以学习报告、课件网页、论文的样式呈现，学习成果需通过网络公开发布，并接受教师及其他学生的评价。对学生学习成果的评价对今后网络学习环境下的教学的组织和开展有重要的意义，因此评价须是概括性和归纳性的总结。评价不应是简单地提供标准答案，而是帮助学生解决在学习中未解决的问题，提高学生对知识的理解与运用能力，且需注意提供更多积极的、肯定性的评价，以利于网络学习环境下教学的进一步开展。

（三）保证网络学习环境下的监控体系

网络学习环境的教学监控应体现"以人为本"的精神，遵循积极平等、尊重宽容、有效适度、实时长效的原则，实现监控主体的多元性、目标的明确性与策略的有效性，从而提高网络学习环境下教学监控的实效。

教师作为学生学习动机的激发者、目标的引导者、活动的策划者、过程的管理者、气氛的营造者、困难的咨询者、资源的提供者、效果的监控者与评价者，应创造一种民主和谐的学习氛围，激发学生的学习兴趣，提升学习效能，帮助学生形成正确的学习倾向，在学习监控中采取协商、激励等民主而平等的态度，加强与学生的沟通交流（积极平等）。学生在学习过程中面对困难容易产生畏难情绪，甚至在网络环境下的学习中面对海量的信息会出现一种焦躁、无所适从的状态，此时，教师的理解与宽容、合理疏导与积极鼓励会帮助学生缓解焦躁的情绪。

教师的监控内涵丰富，主要包括对学生学习目标与计划的监控、学习内容的监控、学习时间的监控、学习过程的监控、学习结果的评价与反思。

教师作为学生需求的分析者对学生学习目标与计划进行监控是非常重要的。大学生的学习目标设计通常是分阶段的，教师可以根据每个学生的实际情况设定短期、中期、长期学习目标。每个小目标的实现可以增强学生的自信心，尤其对于学习基础薄弱、成绩较差的学生而言，客观地制订学习计划可以激发学生的学习动机，通过努力实现一个又一个的小目标，最终实现质的变化。

教师对学习目标的监控首先要培养学生的自主学习意识，只有当学生意识到自我学习的重要性，并把学习当作乐趣时，学生才会主动设计学习目标，制订学习计划，并积极地采取有效的学习策略，在学习过程中进行自我管理、自我调节、自我评价，最终实现学习目标。学习作为一个主动的过程，取得良好的学习效果的最有效方式就是激发学生对所学内容的兴趣，因此，教师必须提供各种满足学生个性化需求的自主学习内容，并对学习内容进行搜集、分类、评估，并根据知识更新的需要不断补充、完善，形成合理的自主学习的知识体系。时间是学习的保障性条件，如果没有时间的保障，那么学习与教学均无法实现。高效率的教学必须有严格的时间安排。对学习时间的监控是将自主学习计划落实到位，逐步实现自主学习计划、完成学习任务，促进自主学习成功的重要保障。

对学习过程的监控包括三个环节：学习前的监控、学习中的监控及学习后的监控。学习前的监控指学生对自身学习活动的计划与准备，学习中的监控主要指对学习的态度与对计划的执行能力，学习后的监控指对学习的反馈、补救和总结。

基于网络学习环境下的监控不是孤立进行的，需要学生、教师、教务管理部门、教学督导及网络技术监控的共同参与，因此，建立一种多元的、立体化的监控体系非常必要。

（四）建立网络学习环境下的教学评价制度

教学评价作为教学环节中必不可少的一环，是指根据教育目标的要求，按某种规则对教学效果做出描述和确定，其目的是检查和促进教与学。而基于网络学习环境的教学评价是指对学生的习得成果和教师的引导绩效进行评价，引导绩效是指学生在老师的引导下取得的学习成效；这种评价应该能及时反馈学生在学习过程中的种种问题，提高学生自主学习能力，激发学生参与积极性，使网络学习环境下的教学达到更好的效果。

网络学习环境中教学评价与传统教学评价有很大的区别。传统的教学评价对象主要为教师，且评价注重教学结果，即学生的考试成绩，它主要集中在书面知识的掌握、技能的熟练程度；而基于网络学习环境下的教学评价主要对象是学生，其主要目的是尽可能使学生获得最大的进步，指导学生将着力点定位于争取不断进步与提高上。这种评价方式具有积极的导向功能和展示激励功能，能使学生将前一阶段的评价作为下一阶段学习的起点、向导与动力；并及时调控学生的学习方法与内容，使每个学生都获得激励，不断进步，促进学生的全面发展。因此，评价的重点设定在学生在网络学习的整个过程中的参与程度、交流程度和与教师及其他学习者的互动上，以及学生在信息搜集、整理、实践、创新等方面的能力提高。

网络学习环境下的教学评价机制要考虑评价目标自由。传统教学评价采用统一和标准化的方式来进行评价，并不重视学生认知体系的个体差异，因而过分强调学生学习和思维方式的统一性。传统的学习评价往往通过同一教学目标来要求学生，教学评价仅仅局限于考试分数，偏见性严重。网络学习环境下的教学是开放的教学，强调学生自主学习，在知识背景不尽相同、信息选择存在差异的情况下，学生对知识的获取也不同，对学生的学习成果不能用同一测试标准，因此，要构建目标多样化评价标准。

进行总结性评价时，应当把自我评价、同学评价和教师评价有机结合在一起。网络教学评价下的教学要采用学生自评、同学互评和教师评价结合的方式，从多个方面、多个角度对网络学习环境下的教学活动进行全面、客观、科学的评价，要使学生由评价对象成为评价主体，创造积极的学习气氛，给学生不断进步的情感体验，增强学生主动参与网络学习的信心。

四、结束语

基于网络学习环境下的教学绝不意味着学生可以在不受任何约束的条件下自由学习，而是在教师、学习同伴和教务管理部门等外部力量介入下的"自我导向、自我设计、自我激励、自我监控"的学习。在网络环境下的学习过程中，教师可以做必要的点拨，给予学生适当的学习咨询与建议，以引导学生深入探索问题，协助学生创造性地解决问题并提供建议。

网络学习环境下的教学摆脱了时空的限制，与传统学校面授为主的教育有很大不同。首先，教师与学生在时间与空间上是相对分离的，学生在教师指导下借助于网络的教学资源进行学习，对学校提供的教学资源、学习过程的指导和服务提出了更高的要求，对学生运用媒体资源的能力和自主学习的能力有一定的要求。其次，由于网络学习环境下的教学以学生自主学习为主，学生要树立自主学习和协作学习的观念，提高自学能力和适应网络学习的方法和习惯，发挥自身个性化的学习特点。最后，网络学习环境下的教学缺少学生与教师面对面的交流，建立学生与学生、学生与教师之间的交流平台变得至关重要，利用实时或非实时的交流平台解决学习中的问题，可以开阔视野，增进与社会的联系。

参考文献

[1] 孟晋. 利用网络教学环境实现学生自主学习 [J]. 中国教育信息化，2015（11）：11-13.

[2] 张燕，巩湘红. 多媒体网络环境下大学生英语自主学习能力培养实证研究[J]. 兰州教育学院学报，2015（1）.

[3] 范文霈，崔晓慧. 网络学习环境下批判性思维能力培养的研究 [J]. 电化教育研究，2008（5）.

[4] 管建平. 基于课程标准教学的实践与探索 [J]. 教育发展研究，2011（12）.

[5] 何明霞. 基于网络环境的大学英语自主学习监控理论与实践研究 [D]. 上海外国语大学，2012.

[6] 刘萍. 基于网络环境下协作学习的教学研究 [D]. 江西师范大学，2004.

建立国际商务专业硕士就业跟踪反馈机制的探索[①]

张赛赛

摘要： 国际商务专业硕士是国家新设的19个职业型学位之一，也是唯一一个面向国际化的商业性硕士学位。国际商务专业硕士对学生的实践能力要求极高，为了更好地制定对于该专业的人才培养计划以及更详细了解该专业就业情况，建立该专业硕士就业跟踪反馈机制显得尤为重要。本文在分析了国际商务专业硕士就业及其就业跟踪反馈现状，阐释了建立国际商务专业硕士就业跟踪反馈机制意义的基础上，对如何建立国际商务专业硕士就业跟踪反馈机制进行了探索。

关键词： 国际商务专业硕士；就业；毕业生就业质量；就业跟踪反馈机制

2013年，教育部、国家发展改革委、财政部联合召开了全国研究生教育工作会议，启动了研究生教育综合改革，明确了未来研究生教育发展思路和改革重点，标志着我国研究生教育发展进入一个新的阶段。

《关于深化研究生教育改革的意见》明确指出，统筹质量保障体系是深化研究生教育改革的两个重要着力点之一。走内涵式发展道路，服务需求，提高质量是今后学位与研究生教育改革发展的主题。在新的历史时期，如何有效构建符合我国国情和研究生教育发展规律的质量保证与监督体系，是保证研究生教育健康发展，不断提高质量的迫切需求。从发达国家研究生教育实践经验看，建立长效质量保障体系，是促进研究生教育质量提高的有效途径，也是世界各国研究生教育发展和质量保障的共同经验，无论是美国、日本、英国、法国等世界发达国家，还是印度、马来西亚等发展中国家，都建立了各具特色的质量保障体系，对保证本国研究生教育质量发挥了积极作用。目前，我国正处于由研究生教育大国向研究生教育强国迈进的关键阶段，急需构建一个与研究生教育强国建设相适应、充满活力的质量保障体系，促进我国研究生教育质量持续提升，主动服务国家、区域经济社会发展。

由此可见，无论是出于对提高教学质量的提升还是出于对深化研究生教育改革这一政策的贯彻，对于国际商务专业硕士而言，建立一个国际商务专业硕士就业跟踪反馈机制都显得尤为迫切。

[①] 本文为天津商业大学教改课题"经济学科市级教学团队建设探索与实践"（60203-15JGXM14）的阶段性成果。

一、国际商务专业硕士就业跟踪反馈机制的现状

就现在而言，我国的高等教育注重对于学生的吸纳、培养以及毕业，通常是将就业率作为提高学校质量的保障，却忽视了在学生踏入社会后，外界对于学生的反馈信息才是对学校教学质量最大的认可。特别是对于像国际商务专业的硕士生来说，其毕业后的就业跟踪反馈实行度几乎为零。很多学生一毕业，就相当于和所在学校脱离了关系，学校在统计了初次就业率以后，根本就不管学生在社会工作中表现如何，是否存在着再就业问题。

（一）部分高校对就业跟踪反馈工作不重视，就业统计方法存在片面性

教育部在2003年首次公布了直属高校毕业生的就业率,此举在当时受到社会各界的普遍好评。这一次毕业生就业率的公布，也让高等学校深深地感受到来自政府以及社会的压力，增强了学校办学的危机感，这对鞭策毕业生就业，发挥了良好的效用。不过，这也使得很多高校仅仅关注就业率这一指标的高低，殊不知，就业率的高低，仅仅是对高校人才培养质量和毕业生就业工作成绩的一个方面，它是片面的。高等学校要想实现可持续发展，就必须在保证毕业生就业数量的同时，保证就业质量，对就业率和就业质量统筹兼顾，双管齐下。

就目前而言，学校对于毕业学生的就业统计工作主要依据就业协议和劳动合同的签订情况来上报9月的初次就业率与12月年终就业率。学校在上报了两次就业率之后就认为已经交差了，工作任务已经完成了，并没有对学生就业跟踪反馈工作进行重视。与此同时，这种纯粹的两次就业率存在着极度的片面性。一方面，这种统计就业率仅仅是对毕业生就业数量的统计，并不能反映毕业生的就业质量问题，这种统计对于学生就业满意度、工作相关度、工作地点等得不到实际客观的反映；另一方面，这种统计存在着种种纰漏，比如很多学校为提高就业指标，以不签工作就拿不到学位证书为要挟，迫使很多学生利用各种社会关系造假仅仅为了能够正常毕业，这违背了学校"以学生为根本"的办学原则以及传统的办学理念。

（二）毕业生就业跟踪调查方法与手段单一且有效性低

我国关于毕业生就业跟踪调查方法与手段较为单一，主要就是利用传统的纸质调查问卷，调查的对象有限，调查周期长，问卷回收率低，问卷有效性低。问卷内容相对简单，大部分院校的调查问卷流于形式，内容很少涉及能完全体现出毕业生的情况和用人单位的情况，建立模型分析更需要很大的人力和时间完成。

（三）就业跟踪调查结果得不到有效应用

很多高校的就业跟踪调查仅仅为了应付就业率。一方面是将教育部提出的就业率、就业去向统计了之后就不再继续对学生就业问题进行跟踪调查；另一方面，即使实施了就业跟踪调查，也只是将调查结果当作一种摆设，不再进一步将调查结果进行分析与应用，依然是照着原来的教学路子来教学，沿用之前的人才培养计划，完全忽视调查结果显示的市场需求。

二、建立国际商务专业硕士就业跟踪反馈机制的意义

就业跟踪反馈工作是高校就业的重要组成部分，是检验高校人才培养工作水平的重要途径，是高校人才培养模式改革的重要依据。作为一个应用性的专业，国际商务专业应该重视学生就业情况，建立一个联系学校、学生与用人单位的较为完善的就业跟踪反馈机制。建立这样一个就业反馈机制，必然会加强校企合作以及学校与外界社会的沟通交流。对学校、学生、用人单位以及政府部门多方都有着非常重要的意义。

就学校而言，建立国际商务专业硕士跟踪反馈机制，能够了解毕业生就业市场的需求动态，掌握用人单位对毕业生的需求变化，改革教学内容和人才培养模式，优化学科专业结构，从而最终实现学校自身的健康、和谐、可持续发展。跟踪反馈机制的建立，必然会进一步加强校企合作。现在的研究生教育依然普遍延续着传统的教学方法，重理论知识的传授而轻学生实践技能的培养。教学内容多年不变，脱离企业实践，教育以学术性为主，缺乏企业工作技能和经验，学校实践设备不足，学生实际动手能力较差。特别是对国际商务这样一个应用型学科来说，校企合作能够将理论实践一体化，将合作单位的资源引进到教学上来，提高教学质量，有效解决学校设备更新慢以及学生实训难的问题，实现教学与就业的零距离接轨。

就国际商务专业硕士学生而言，建立这样一种就业跟踪反馈机制，可以使学生更好地适应社会需求，增强自身的动手能力，更快地与社会接轨，让学生在研究生阶段不仅提高自身的知识水平，也提升了综合素质，提升实践能力、就业能力以及创新能力。

就用人单位而言，建立国际商务专业硕士就业跟踪反馈机制有利于用较低的成本来获取最佳的人力资源，吸纳更多的优秀人才，进而推动用人单位更好地发展。在以人才为关键的今天，一个单位拥有了优秀的人才作为支撑，就为单位自身长远的发展提供了大大的保障。

就政府部门而言，建立国际商务专业硕士就业跟踪反馈机制有利于政府在掌握就业信息的基础上，利用"看得见的手"对人力资源市场进行干预，将人力资源进行有效分配，减少由于结构性需求带来的就业缺口。

三、建立国际商务专业硕士就业跟踪反馈机制的方法与措施

（一）提高就业重视程度，做好就业指导工作

大学生就业指导从形式上讲，它是高校人才培养活动的一个最终环节，但从内容上看又是一个与高校其他活动相连续的、环环相扣的连锁循环中的一环：一是高校的就业指导不能脱离学校的人才培养规格和专业方向，二是由于就业指导活动的过程，体现为一个信息反馈的过程，它所反馈的信息又是高校确定和调整人才培养规格和专业方向的重要依据。

因此，学校应该对学生的就业问题足够重视，做好就业指导工作，既要保证就业率，也要保证就业质量。所谓就业质量，就是毕业生在接受全面就业指导的前提下，对自己

进行准确的评价和定位，自觉适应国家需要，找到能充分发挥自己才能有利于自身健康发展的工作岗位。坚持就业率与就业质量并重，高校要注意防止两种倾向：一种是片面追求就业率，即一些学校为了所谓的高就业率，给毕业生施加压力，不考虑学生的就业质量，甚至为提高就业率不择手段、弄虚作假，对上虚报就业率。另一种是盲目追求就业质量，即一些毕业生就业期望值居高不下，不能根据社会需求的变化调整自己的职业定位。由于盲目追求在中心城市、沿海城市、国有企事业单位就业而失去就业机会，导致就业率降低。

学校可以通过实施就业心理、就职技巧训练，提高学生的就业率。大学生就业心理和就职技巧或许在一般人看来只是一个浅层面的技术性问题，但在西方高校的大学生就业指导中，它们却被认为是学生求职取得成功的重要条件。为提高大学毕业生初次就业率，各国高校的就业指导部门特别注意从心理、气质、形象、口头表达、人际关系、个人目标以及老练、工作责任心等多个角度去训练学生，按照用人单位的选人标准塑造学生，以保证他们在与雇主初次见面或初次进入社会各部门时给人留下良好印象，为他们的受聘创造更多的机会。

高校培养与社会需求的脱节。专业设置与社会需求脱节，专业结构性失业的程度，在中国已成为较为严重的学科专业结构问题；忽视对学生的职业素养和工作习惯的教育，社会需要的能力和知识教学不够等，造成毕业生的收入水平低、就业后离职率高、就业的专业相关度低。

高等教育与人才培养质量评价体制的片面。目前高校评估体系多关注于培养过程指标来评价高校教育质量，更多评价的是学校的教育服务过程和管理过程，"教育服务的执行者"是评价中心，相反"以学生为中心"的评价指标体系缺乏，因此过程指标可以称为"质量保障系统指标"而非质量评估指标，以结果指标为导向改进评价体系才是对高校教育质量更为有效和直接的评价。高等教育专业培养与社会需求脱节的重要原因是培养结果不能及时反馈给教学部门，无法形成教学内容、教学方式的动态改进。高校对用人单位的需求不了解或不能及时了解，用人单位和已就业多年的校友不能参与高校教育的教学培养。而高校自己通过经验无法准确地、全面地认识到学生的就业状况和培养问题，也无法制定具有可操作性的、能够长期监测到改进效果的教学改革方案。

（二）开展第三方就业跟踪调查，多层次全方面地了解毕业生实际就业情况

开展第三方毕业生调查具有较强的公信力，对建立研究生质量保障体系，提升研究生教育质量等具有重要作用。就现阶段而言，学校多用学生所上交的就业证明情况来统计学生的就业情况。一方面，这种调查方式包含许多掺假成分，很多毕业生为了拿到学位证就找关系随便在就业证明上盖了章将学校硬性的就业规定糊弄过去。另一方面，这种就业率的统计是静态的不全面的，不能够动态地反映毕业生的就业变动，也不能反映学生实际的能力是否与所在职位的需求相适应。因此开展第三方就业跟踪调查是有必要的，可以更加客观准确地统计学生的就业率以及就业质量。开展第三方就业跟踪调查，这个第三方应当包括用人单位、研究生导师与同校校友等，对毕业生进行多层次的客观评价，从而对比出教学培养计划与实际的差距，进而做出教学改革，培养出与社会需求接轨的复合型人才。与此同时，学校应该加设关于就业的统计指标，如除了就业率之外，

还可以加设毕业生就业满意度、工作城市、专业相关度、工作变动率、单位对毕业生的工作评价以及综合素质评价等指标，对学生的就业问题进行多层次全方位的反映，并以此为依据，进行教学改革。

（三）充分利用计算机网络系统建立信息跟踪反馈机制

互联网的发展，为人们的生活带来了极大的便利。在大数据时代，应该充分利用计算机网络系统带来的好处，将计算机技术应用在毕业生就业跟踪反馈机制上。

1. 建立以校企合作企业为主要板块的网络系统

各校的招生就业部门与校企合作单位共同建立网络平台，可以随时为企业服务，快速发布企业的用人需求信息，也可以让毕业生进行网上应聘。企业直接在网上进行招聘，省时省力，不失为一个很好的策略。通过数据库建立信息发布的统计数据、网上应聘人数统计等，直接可以利用这些数据进行当年毕业生就业需求分析，如哪些专业需求量大，哪些专业则较为冷门。

2. 建立以学校毕业生就业情况为主体内容的网络系统

学校应该设立专门的毕业生管理系统，在其中必不可少的就业栏下设置一个子系统，上面包括毕业生就业系统的查询与修改。这样可以随时了解毕业生就业去向以及动态变动的就业情况。学校可以将就业追踪延长至好多年之后，而不再仅仅是用9月与12月的两次就业率一下判生死。从而让学校回归到"以学生为中心"的教学原则，不再因迫于就业率的上报而失去办学原则。

3. 建立师生网络信息交流平台

建立网络信息交流平台，如建立QQ群、微信群等学生喜闻乐见的方式对学生就业进行跟踪调查；也可借助此平台，促进与学生的沟通，让学生不是一毕业就与学校断绝关系；以此平台为纽带，加深学生对学校的感情，让学生时刻感受到母校的变化，也让学校了解到学生的近况。

（四）构建联系政府、用人单位与学校的就业一体化机制

国际商务硕士专业的就业跟踪反馈，本身具有很强的社会性，需要政府、用人单位以及学校各部门的多方参与。

学校与用人单位合作，即加强校企合作。一方面，学校可以根据用人单位的需要，制订相应的人才培养计划以培养出与之需求相适应的毕业生，从而向用人单位推荐优秀的毕业生，增加学校毕业生就业率；另一方面，用人单位将所用的毕业生工作表现、工作去留以及综合素质评价等实际情况反馈给学校，让学校进一步了解学生毕业之后的情况，不再仅仅是依据初次就业率来判定学校教学的质量，而是将学生就业之后所表现的综合素质联系起来，发现人才培养计划与实际的差距，从而不断修改人才培养计划以及教学方式来提高学生的就业质量，最终实现学校自身教学质量的提高，让学校健康和谐可持续地发展。

学校与政府交流。学校应该及时将毕业生就业情况反馈给国家政府部门，政府部门通过了解初次就业率以及就业变动率、就业质量信息反馈等指标以及信息，进一步做出宏观调控，用政府这只"有形的手"来调节人才市场的均衡。

用人单位与政府交流。用人单位应该将自己的人才需求及时反馈给国家政府部门。

政府部门通过对不同单位的信息进行汇总，了解大体的结构分布，从而做出是否应该积极运用宏观政策，如鼓励创业以及到基层就业来促进毕业生就业。

学校应该充分利用社会资源，可以聘请就业人力资源部的领导、负责毕业生就业工作的政府官员、在基层做出成就的校友及社会上专业的职业辅导机构的专家，成立"学校大学生就业指导顾问委员会"。每年定期召开顾问委员座谈会和开设专题讲座，通过分析就业形势、探讨创业心得、交流面试技巧、提供用人信息，使学校的就业指导更加贴近社会、贴近实际。向西方高校学习，重视就业指导部门与用人部门的沟通。他们开展的沟通渠道趋于多元化，沟通的形式灵活多样。一是就业指导主体多样化，大学、企业和社会都是就业指导的主体，政府只是进行宏观就业政策方面的管理；二是就业指导机构比较完备，大学的就职部、企业的人事部及一些社会性机构相互补充、相互作用。

这样，将用人单位与学校联系起来，可以更好地解决人才市场的资源配置问题以及提升学校的教学质量，培养出更多的对国家有用的综合素质能力强的优秀人才。

四、结束语

毕业生就业是个社会问题。在这个不断发展的大数据时代，应该充分利用计算机网络技术，建立起一个联系学校、用人单位、政府部门多方的就业反馈机制，从而以此为依据，深化教学改革，促进新型复合型人才培养，提高教学质量，促进市场转型。

参考文献

[1] 刘畅，余超. 大学毕业生就业跟踪调查工作长效机制构建 [J]. 校长论坛，2015 (02)：70-71.

[2] 邹维忠. 大学生就业指导体系研究 [D]. 中国石油大学，2007.

[3] 臧其林. 大数据时代毕业生就业跟踪反馈机制构建 [J]. 教育管理，2015 (08).

[4] 教育部. 构建质量保障体系，提高研究生教育质量 [EB/OL]. 教育部网站：www.gov.cn，2014-03-17.

[5] 吕强. 校企合作共建实训基地人才培养模式的探索与实践 [J]. 中国科技创新导刊，2012 (20)：225-226.

[6] 焦磊. 大学教育保障质量与提升 [D]. 华东师范大学，2010.

[7] 魏燕. 高校毕业生就业跟踪调查系统的研究 [D]. 浙江工业大学，2012.

[8] 段昌龙. 高校毕业生信息反馈机制研究 [D]. 华中师范大学，2011.

[9] 周海燕. 高职院校大学生就业服务体系建设研究 [D]. 宁波大学，2013.

[10] A. L. Brown and Sally Clarke. Employ ability of environmental science graduates in Australia [J]. The Environmentalist，1997，17 (1)：45-55.

[11] Lucas，Robert. E. Jr. On the Mechanics of Economic Development [J]. Journal of Monetary Economics，1988，22 (5)：3-22.

"互联网+"时代应用型本科院校培养合格国际经贸人才的探讨[①]

侯亚鸽

摘要: 随着信息时代的加速发展,大数据、云计算、互联网等新信息技术更快融入传统产业,形成了诸如互联网金融、互联网教育、互联网医疗、互联网国际贸易等新生态。在国际贸易等领域,我们可以看到阿里巴巴等 B2B 网站的较快发展。这对我们应用类本科院校培养合格国际经贸人才提出了更高的要求,不能再仅仅局限于传统国际贸易的教学方式,而应该根据当今"互联网+国际贸易"对国际经贸人才的新要求,大胆创新课堂的教学方式,对国际贸易相关课程进行改革。对于当今国际贸易教学存在的问题,以及新形势对国际经贸人才的新要求进行了分析,最后针对目前"互联网+"时代国际贸易教学存在的问题,提出了相应的教学改革措施。

关键词: "互联网+";阿里巴巴;B2B 网站;国际贸易;教学改革

进入 21 世纪以来,信息化时代加速发展,互联网等新信息技术与传统的产业紧密结合,形成了诸如互联网金融、互联网教育、互联网医疗、互联网国际贸易等新生态。互联网与国际贸易的结合形成了阿里巴巴国际站等 B2B 网站。"互联网+"时代,国际经济与贸易的学习,涉及国际金融、国际结算、国际商法、国际贸易实务、外贸英语、外贸函电,同时也涉及阿里巴巴国际站等 B2B 网站的外贸实务平台操作。当今时代已经不再是传统的国际贸易模式,国与国之间的贸易是通过像阿里巴巴国际站这样的网站获取更多的客户信息,交易的平台已从线下交易变为线上交易,互联网与国际贸易的结合是对传统国际贸易行业的升级换代,这对于国际经贸人才提出了更高的要求,因此要对国际贸易的相关课程进行教学改革,这样才能让学生们紧跟时代的潮流,才能够更得心应手地在阿里巴巴平台进行外贸实务的操作,成为一名合格的国际经贸人才。

一、"互联网+"时代国际贸易教学存在的问题

随着阿里巴巴等 B2B 网站的较快发展,国际经贸人才面临着巨大的挑战,外企对人

[①] 本文为天津商业大学教改课题"经济学科市级教学团队建设探索与实践"(60203-15JGXM14)的阶段性成果。

才的要求越来越高，要求学生们熟悉如何通过阿里巴巴国际站的操作平台或者各国企业目录去开发客户，掌握组织货源、签订合同、制单跟单、办理货运、报关、报检等外贸行业实务操作技能。然而我国应用类本科院校的学生由于还仅仅停留在传统的国际贸易模式中，对于像阿里巴巴国际站线上平台的操作根本不知如何下手，这就导致了用人单位不愿意招聘应届毕业生，国际经贸专业的就业率就越来越低，甚至有许多学生们都感觉大学什么都没有学会，选择转行。下面就当今国际贸易教学存在的问题进行分析。

（一）国际贸易教学局限于传统贸易教学模式

国际贸易的授课方式往往是封闭式教学，国际贸易实务的教学是从课堂到课堂，或者说是从课堂到模拟实验室，仅仅局限于传统贸易教学模式，没有吸取任何的新型国际贸易模式教学方法，根本没有把"互联网+"时代下阿里巴巴等 B2B 网站的线上操作技能引入实践课堂，这显然不符合当今培养国际经贸人才的培养模式，我们知道国际贸易是一门实践性很强的学科，要及时让学生去校外企业实习，学习"互联网+"下阿里巴巴国际站的平台操作的新技能，并且与校外企业沟通进行交互式培养，甚至与国际性的跨国公司进行交互式培养。

国际贸易实务已经进入"互联网+"时代，然而国际贸易实务课程的教学仍然仅仅停留在传统贸易的教学模式中，国际经贸专业的学生认为信息时代下传统的教学模式枯燥无味，而且较难理解，不符合"互联网+"时代的教学模式，对于国际贸易的学习失去兴趣。

（二）国际贸易课程设置不合理

国际贸易是一门实践性很强的学科。"互联网+"时代，各国之间的贸易不再是从前的线下交易而是线上交易。但是我国的各应用类本科院校还是停留在传统的国际贸易模式里，过于注重理论课程的教学，而忽视了实践课程的教学，因此国际经贸专业的毕业生对于阿里巴巴等 B2B 网站的线上交易经验几乎为零，导致我国国际贸易专业的就业率也越来越低，因此我们的国际贸易教学模式改革迫在眉睫。

（三）国际贸易考核仅仅局限于贸易理论测试

国际贸易过于注重理论知识的考核，都是在临近期末，老师给学生们强调一些知识点或者试题，学生们对于课程的学习并没有什么压力，临近期末单纯地死记硬背便能应付过考试，这种低效率的教学方法实在是令人担忧，而且忽略了对学生商务谈判能力、与外国客户进行交往、产品营销、阿里巴巴国际站相关外贸实务的操作检验。国际贸易相关课程期末考核中实践的考核所占比重较小，这就导致了学生们不仅理论知识没有牢固地掌握，而且对于当前"互联网+"时代阿里巴巴等线上交易的操作技能也较为缺乏，国际经贸人才面临毕业后就业难的困境，并且这也违背了应用类本科院校对于国际经贸人才培养宗旨。

（四）国际贸易实践教学流于形式

进入21世纪以来各大应用类本科院校也都购买了国际贸易模拟实训软件，由于老师们对于这种实践课程的经验较为缺乏，往往忽略对学生们实践的指导。而且软件没有及时更新，较为陈旧，学生们在实验课程中往往是草率地在网上搜索实验结果，对于实务操作的技能并没有学会。在期末考试考核时由于实验的考核分数较低，导致学生对实务操作极不重视，而且大多院校并没有将阿里巴巴国际站相关的实务操作技能引入课堂，让学生们进行实训，这就让学生们失去了将理论运用于实践的机会。

当今，我们处于"互联网+"时代、大数据时代、信息时代，老师不能仅仅局限于传统贸易的教学方式——老师一味地灌输知识的教学方式，而要转变教学模式，将理论教学与实践教学结合起来，将阿里巴巴国际站的操作技能引入到课堂中来。我们知道国际贸易是一门实践性很强的学科，对实践教学重视起来，应该让学生们学以致用。

二、"互联网+"时代对国际经贸人才的能力要求

加入世界贸易组织以来，我国与其他国家的经济贸易合作程度和水平不断加深，外企对国际经贸人才的要求不再是简单业务的操作，而是更加高级的综合型业务操作。"互联网+"时代下国际经贸人才应该是开放型、创新型、应用型的人才。下面就国际经贸人才提出了一些新的要求，并进行分析。

（一）基础理论分析的能力

互联网和国际贸易的结合，它不是将传统国际贸易行业颠覆掉，而是对传统行业的升级换代。当今经济形势不管是国内还是国际都较为复杂，一名合格的国际经贸人才应具备对国际贸易理论的认知分析能力，从而制定有效准确的经济决策。"互联网+"时代下，我们不应忽视国际贸易基础理论的学习，而是应该掌握经济学的相关研究方法、国际贸易的相关理论以及当今国际贸易的政策、国际贸易的相关术语、国际结算、国际金融等理论知识，为将来从事贸易实务工作打下坚实的理论基础。

（二）互联网时代线上的商务谈判

与国内贸易不同，从事国际贸易，国际经贸人才应该具备与外国客户通过互联网进行商务谈判的能力，首先就是语言表达能力，鼓励学生在学习好英语的同时应该多学习一些小语种，我们知道在当今互联网时代，面对的客户来自不同的国家、不同的阶层，有一些只会说俄罗斯语、西班牙语、法语等，因此我们如果掌握基本的小语种就会在与客户沟通时带来巨大的方便；其次，作为一名合格的国际经贸人才，也应该了解外国的文化习俗、法律观念、贸易政策等，比如在接待客户时要注意客户是否是穆斯林等。最后，应该知道如何与客户通过互联网交流，不能仅仅是和客户进行生硬的商务谈判，平时也可以和客户进行文化方面的交流，把客户当作朋友来对待。通过 WHATSAPP，FACEBOOK，VIBER，SKYPE，WECHAT，ALIBABA 等手机聊天软件去与客户进行及时的沟通，通过时区界定指导什么时间和客户交流。

（三）阿里巴巴国际站等 B2B 网站线上交易操作能力

一名合格的国际经贸人才，首先应该懂得像阿里巴巴国际站这种 B2B 网站的具体操作流程，首先发布自己的产品在各 B2B 网站上，或者参加相关的国际展会推广自己，其次通过发盘、询盘、还盘、接受等环节，最后达成交易，签订合同，制定 PI，加工，备货，向商检局报检，租船订舱，制定相关单据，报关出口，海关检验放行，货物装船后取得订单，同时向买方发出已装船通知，收集相关单据办理出口退税及收汇报销。这一系列的操作都是通过互联网进行操作，因此国际贸易的教学不能仅仅停留在老师一个人

在讲台上教授国际贸易的相关课程，应该让各应用类本科院校通过开展模拟实验室，通过阿里巴巴国际站或者其他 B2B 网站进行系统化模拟实训，学生一人一台电脑，让学生参与到课堂中来，分组分角色，模拟实习，老师在实验室及时指导，重视课后的模拟培训，让学生们加深对阿里巴巴国际站等 B2B 网站的认识，开阔视野，为未来就业打下了坚实的基础。

（四）较强的决策能力

当今国际贸易公司越来越多，无论是在价格策略还是在品牌策略上各公司都竞争激烈。新时代的大学生与过去高中毕业或者技校毕业的学生不同，新时代的国际经贸人才应该具备能够协商决策的能力，为企业创造效益。同时，国际贸易的从业人员需要和外国客户进行商务谈判，在进行贸易中会经常遇到风险决策，要为公司的谈判提出合理的决策方案，因此必须具有较强的风险决策能力。国际贸易人才还应具备配合其他业务员的能力，我们知道外贸实务的操作是一个业务流程，包括许多环节，需要和各个环节的人交流沟通，以此保证国际贸易的顺利进行。

三、培养合格国际经贸人才的教学改革实施

培养一名合格国际经贸人才，需要应用型本科院校的老师与学生不断探讨，我们知道"互联网+"时代，B2B 网站的操作技能一直都在变，加上当今全球经贸形势严峻，对国际经贸人才就提出了更加苛刻的要求。"互联网+"时代下，各应用本科院校要根据阿里巴巴等 B2B 网站的操作技能对国际经贸人才的培养模式进行改革和创新，不能再按照以前那种传统贸易的教学模式，从授课模式、授课内容、教学方法都应该创新，同时应该更新学校的硬件和软件设备，并对学生们提出更高的要求，以适应新时代下就业形势紧张的挑战。

（一）坚持"引进来"与"走出去"相结合

"互联网+"时代，国际经贸人才应该是开放式的人才，因此国际贸易教学应该坚持开放式教学，坚持"引进来"与"走出去"相结合，与校外企业相互学习，互通有无，在学习交流中彼此成长。

1."引进来"

"引进来"，就是指开放式教学，将外语系的外籍教师引进到国际贸易专业英语的课程上来，从而提高学生的口语水平，以便未来学生在外企就业接待外国客户时能从容应对，同时能够学习外国的文化，以提高学生的文化素养。同时，引进来一些有着丰富外贸经验的老师，多传授给大家一些新信息时代下阿里巴巴等 B2B 网站的操作技能，以弥补传统国际贸易专业老师外贸经验不足的缺陷，比如与企业进行谈判，由学校委派专业教师到外企外贸岗位任职，学习外贸实务业务操作技能，提高实践能力，还可以帮助企业做出决策，解决贸易发展中遇到的问题，为企业发展提出新的思路，教师也能学以致用，丰富外贸实务的教学内容，同时，由企业委派外贸实务业务经验丰富的员工到学校对教师进行定期培训，对学生的实验课程加以指导，教授学生如何制单、报关、审单等技能，从而提高学生实际的外贸操作技能。

2. "走出去"

"走出去",就是让学生们从国际贸易理论的课堂中走出去,去校外的企业实习,从而让更多的学生能够有机会将课本上的知识应用到实践中去,不仅能提高学生们学习的兴趣,而且还能解决外企人才短缺的困境。学校应鼓励学生们与合作企业谈判,让更多的学生在校期间有机会和企业一起去参加一些大型展会,如广交会、商品贸易博览会等,将国际贸易实务的知识应用到商务谈判中,让学生们有更多的平台去展现自己;教师要积极安排学生利用互联网上的各 B2B 或者 B2C 贸易网站,增加开展国际贸易实战、开发外国客户、进行贸易谈判等技能,以便提高学生对贸易实务课程的兴趣,锻炼学生们理论应用于实践的能力;各大院校也应该以需求为导向,以竞争为根本出发点,及时与各大外企进行沟通交流,按照用人单位对国际经贸人才提出的新要求对培养模式和教学方法进行改革创新,从而向用人单位输送更加高质量的国际经贸人才。

(二)建设外贸模拟实验室

将阿里巴巴国际站、阿里速卖通等操作技能引入实验室,让学生们明白如何通过线上与客户进行有效的沟通。通过询盘、回盘、还盘、接受等流程锻炼学生们的实践能力。当前各大高等院校都已经购买国际贸易实训软件,但是没有及时更新实验设备软件,要加强与实务部门的联系,重视学生的实务操作,并在期末考核中也应该重视起来,对于实验课程的指导老师也应该提高国际贸易实务操作的素养。大多经济类的学生都认为,虽然经济类的专业一直都是热门,但是经济类的学生普遍缺陷是毕业之后仍然对经济领域的工作感觉无从下手。当今是一个互联网时代,是大数据时代,仅仅从课本上学习是不够的,因此通过外贸实验室,让学生能够及时地了解国际经贸应该如何去操作。

(三)紧跟阿里巴巴的发展,灵活变动教学方法

众所周知,国际贸易是一门涉外课程,需要和外国客户进行商务谈判。当今各高等院校的国际贸易学老师都采用汉语式教学,一味地传授国际贸易的理论,对于实践性操作极不重视,这就会让学生们在未来就业中与外国客户谈判中不懂得如何与客户进行有效沟通,对国际贸易相关的术语不知如何用英语表达。因此,教学方法要紧跟阿里巴巴等 B2B 网站的更新升级对国际经贸的形势以及用人单位对国际经贸人才提出的新要求灵活变动,进行改革创新。

1. 采用互动教学法

当前各大院校教学方法单一,课堂都是老师一味传授,课堂气氛不活跃,学生普遍感觉枯燥乏味,因此老师应该采用互动教学法,不再是老师单一的传授,应该通过课堂提问的方式让学生们参与到大课堂中来,多交流一些阿里巴巴等 B2B 网站操作经验。要听取学生的意见,可以让已经从本校毕业的学生和即将毕业的在校生进行现场互动,多多交流一些经验教训,从而达到一种质的提高。

2. 采用双语教学法

互联网与国际贸易的结合使得外国客户与我国供应商联系变得越来越容易,这就要求国际经贸学生多多学习英语。采用双语教学方法,就是老师将英语授课和汉语授课结合起来,不再是一味地汉语式灌输,需要对学生进行英语口语方面的训练,老师用英语和学生们进行互动,让学生们融入课堂,并且对于外贸知识的学习产生兴趣,对于那些

纯理论的。例如，关税等贸易理论，可以单独用汉语来讲解。通过双语教学法，让学生们的口语得到训练，从而在未来的就业时不惧怕英语，能够沉着应对。

3. 采用分组式教学法

国际贸易是一门实践性很强的课程，所以我们不能局限于传统的教学方法，应该根据当前时代的发展以及用人单位对于国际经贸人才的新要求不断更新教学方法。采用分组式教学法，根据阿里巴巴国际站相关业务的操作，让授课老师对学生们进行分组，每一组的成员分工协作，模拟外国公司与本国公司进行贸易，通过情景对话，向大家展示，老师要从对话中提出遇到的问题，让学生们讨论如何解决问题。这种教学方法能够让学生们置身于国际经贸的大环境下，也能让过去枯燥无味的国际贸易课堂变得有趣。

4. 采用案例教学法

老师可以通过引入案例教学，让学生进行分组讨论，从而加深对国际贸易相关知识点的理解。例如，国际贸易的双方在从事贸易中会遇到很多的风险，让学生们能够从中掌握从事国际贸易的相关风险问题。结合近几年使用阿里巴巴平台的外贸公司的相关案例，与同学进行学习分析，将理论运用于实践。通过采用案例教学法，让学生们对学到的知识进行实践应用，领悟国际贸易实务成功案例的经验与失败案例的教训，以备未来在商务谈判中能够轻松解决问题。

（四）提高师资水平

师资水平是课程建设的关键。因此师资水平的提高对国际经贸人才的培养至关重要。当前虽然各大应用类本科院校的老师理论知识的教授经验较为丰富，但是他们阿里巴巴等 B2B 平台操作经验较为缺乏，而且极其不重视实践的教学。随着全球经贸的合作越来越深入，再加上当今处于"互联网+"时代，新形势对于国际经贸人才的培养提出了更高的要求，同时也要求国际经贸相关课程的老师要不断学习线上交易的技能，如阿里巴巴国际站的操作技能。各大院校也应该让外企的业务培训老师对在校老师进行定期培训，学习更多的操作技能，从而提高师资水平。同时也应该培养更多具有较高的英语水平，并且懂得国际经济与贸易的相关内容，了解外贸实务的操作技能的教师。同时与外国大学合作办学，定期互派教师，出国进修，学习新的教学方法，开阔眼界，同时学习提高外贸英语的表达能力，从而提高教学水平。

（五）将阿里巴巴培训课程引入校园

我们知道"互联网+国际贸易"形成了阿里巴巴国际站。新一代合格的国际经贸人才应该与时俱进，去学习接触阿里巴巴国际站相关的操作，将理论知识运用于实践。"互联网+"时代下我们的校园课堂也应该跟随时代的发展变得丰富多彩，将阿里巴巴培训课堂引入校园，这不仅让学生学习新的外贸实务操作，还能在新时代下立于不败之地。同时老师也应该积极主动引导学生在平时多积累外贸实务的操作经验。将阿里巴巴培训课程引入校园，这不仅让学生们提前感受当今互联网时代外贸实务操作的流程，还能尽早适应以后的工作，不会再因为没有经验而被拒之门外。

四、总结

国际贸易是一门综合性的课程,较为复杂,涉及金融、外国文化习俗、各国语言等。"互联网+国际贸易"时代的发展,再加上当今全球经济不景气,毕业生在就业时面临找工作难的挑战,这对于国际经贸人才的培养提出了较高的要求。因此我们希望通过对"互联网+"应用类本科院校培养合格的国际经贸人才的探讨,对各大应用类本科院校进行国际贸易教学改革能够有所帮助,在未来培养出的国际经贸人才能够熟练掌握国际经贸专业的基础知识、基本政策法规、阿里巴巴等B2B网站的基本操作技能,并且具有较高的英语听说读写水平,能够开拓和驾驭国际市场。

参考文献

[1] 于洪丽. 浅谈国际贸易发展及其课堂教学 [J]. 知识经济,2013(21).
[2] 陈云. "后危机时代"国际贸易教学改革探讨 [J]. 金融教学与研究,2011(02).
[3] 莫红梅,钟芸香. 关于《国际贸易实务》教学改革的探讨 [J]. 商业文化(上半月),2011(04).
[4] 刘颖. 关于独立学院国际贸易教学改革的思考 [J]. 科教文汇(中旬刊),2008(10).
[5] 秦超,徐磊. 国际经济与贸易专业实验教学改革与实践 [J]. 嘉兴学院学报,2005(S1).
[6] 王庄严,李莹,王燕. 应用型国际经济与贸易人才实践能力的培养——以黑龙江外国语学院实践教学改革为例 [J]. 北方经贸,2013(01).
[7] 唐娅娇,李晓燕. 国际经济与贸易专业人才培养模式的创新改革探析 [J]. 长沙铁道学院学报(社会科学版),2010(03).
[8] 蔡小勇. 应用型本科院校国际经济与贸易专业实习教学思考和实践 [J]. 新余高专学报,2009(02).
[9] 接玉芹. 高校国际经济与贸易专业人才培养模式再设计 [J]. 教育前沿(理论版),2008(09).
[10] 沈君. 波普尔证伪主义对国际贸易教学改革的启示 [J]. 出国与就业(就业版),2011(10).
[11] 田园园. 国际贸易教学中的情感渗透 [J]. 才智,2008(18).
[12] 周会青. 国际贸易实务教学的几点尝试 [J]. 牡丹江教育学院学报,2004(05).

第四部分　课程建设

应用型本科院校"国际物流"课程的模块化设计的思考[①]

王 昕 王玉婧 刘 丹

摘要：模块化设计因具有极强的针对性、能力培养的灵活性、课程结构的优化和创新性、与实践结合的紧密性，开始被应用到课程体系的设计和教学改革中。本文以应用型本科院校的"国际物流"课程为例，指出当前教学中存在的问题，借鉴模块化思路，探讨了"国际物流"课程模块化教学的必要性，定位模块化设计下的学生能力培养目标，并对"国际物流"课程模块进行设计。最后，提出了保障模块化顺利展开的相关措施。

关键词：应用型本科院校；模块化设计；国际物流

一、引言

近年来，中国积极与各国建立自由贸易协定，展开国际贸易。国际贸易的繁荣发展带动了国际物流业务的兴盛。随着跨境电商的积极推进，国际物流在国际贸易舞台上发挥着越来越重要的作用。国际物流人才需求日益增加。由于国际物流业务的展开需要很强的实务性，因此，培养具备专业实务性的人才显得非常重要。应用型本科的课程设计和讲授主要以培养专业人才为主要目标。高级国际物流专业人才的需求要求对现有的国际物流课程体系进行调整，以更好地适应当代国际物流人才的培养目标。

模块化设计因具有极强的针对性、能力培养的灵活性、课程结构的优化和创新性、与实践结合的紧密性（王丽霞，2014），开始被应用到课程体系的设计和教学改革中。"国际物流"课程是一门具有极强实务操作性的课程。在知识的讲授过程中，如何使学生能够熟悉并掌握相关的实务知识是我们课堂教学需要解决的重要问题。因此，本文在分析"国际物流"课程特点及人才培养方向的基础上，对该门课程进行模块化设计，并提出模块化设计方案实施的保障措施，为改进"国际物流"课程的教学效果，提升学生的国际物流实务能力提供一定的参考。

[①] 本文为天津商业大学教改课题"国际贸易实务系列实验课程网络教学模式探索和考核评估方法综合改革实践"（15JGXM46），天津商业大学青年基金项目（编号：151104），天津市艺术科学规划项目（编号：B14025），国家自然科学基金项目（编号：71503181），大学生创新训练项目（编号：201510069059）的阶段性成果。

二、文献综述

近年来，国内学者围绕国际物流人才培养和教学方式展开了较为丰富的研究。兰必近（2010）以广西为例，讨论了国际物流人才培养的方向为国际商务外语应用能力、国际贸易业务操作能力、国际物流市场调研能力、国际货物运输管理能力，并提出以能力为导向的课程体系的设计方案。李雷（2010）、朱惠君（2013）根据国际物流的课程体系特点，尝试构建了基于工作过程为导向的课程体系，主要根据企业的实际工作岗位的典型工作任务对能力和专业技能的要求，优化课程体系构建。杨文芳（2011）实施情境教学法，在教学过程中创设生动逼真的教学场景，让学生能够感受到真实的企业工作氛围，以提高学生的理解和实践能力。由此可见，现有文献对国际物流的相关内容课程体系的改革展开了一定的讨论，但是针对如何将课程体系进行模块化设计以优化课程体系，培养具备专业知识的人才的文献尚不多见，且大部分文献主要以高职院校为例，对应用型本科院校国际物流课程的改革较少讨论。因此，本文以应用型本科院校的"国际物流"课程为研究对象，应用模块化教学的相关理论，对"国际物流"课程进行模块化设计，并在此基础上，提出实施模块化教学改革的保障措施。

三、应用型本科院校"国际物流"课程教学现状

为了适应新的国际物流发展趋势，部分应用型本科院校陆续开设了"国际物流"课程。"国际物流"课程包含了从原材料生产到国际货物的国际运输再到国际物流的管理与服务的一系列环节。该门课程涵盖了国际贸易实务的相关知识和国内物流的相关内容。其内容具有很强的实践操作性。本文以天津商业大学为例，从教学培养目标的设定、教学内容的设计、教学方法的实施分析现有课程教学的现状。

（一）教学培养目标难以满足需求，特色不突出

"国际物流"课程的教学培养目标与国际物流人才需求趋势紧密结合，但现有教学难以充分实现人才培养的目标。根据《国家中长期教育改革和发展规划纲要（2010—2020年）》的要求，应用型本科院校专门培养高级应用型本科人才的高等学校，其人才培养目标为培养具有专业知识和实践应用能力的高级专门应用型人才（张虹等，2015）。人才培养的目标决定了在"国际物流"的课程教学中，我们将培养拥有国际物流系列环节（采购、包装、仓储、报关与报检、国际运输、国际物流服务与管理）的相关知识，具有较强实务操作性的高级专业人才作为国际物流课堂教学的终极目标，侧重于综合知识和专业技能的培养。尽管"国际物流"在课程设计及培养定位上不断强调人才专业知识能力的培养，但是由于受到教学内容和教学方法及教学软硬件的限制，仍然难以满足培养目标要求，且缺少特色。以天津商业大学为例，其地处天津，依托天津自贸区的地域优势，应在国际物流人才培养上体现区域特色。

（二）教学内容量大且全面，学生难以掌握重点知识

由于现阶段市场上存在着大量的与国际贸易及国际物流相关的教材，且大多数教材

采用了大而全的写作方法，将国际物流过程环节的每个部分都纳入其中，涉及的知识点十分全面，内容非常广泛。调查发现，大部分学校的教师选用的教材内容较为全面，包含了十分丰富的信息量。很多学校的课时标准为32~48个学时，要求老师在一个学期短短的32~48个学时内上完。整个学期的课程涵盖了大量的内容。对于学生来讲，只能是宏观的知识体系的讲授，而对于具体的实务操作及实践能力的培养较为匮乏，导致学完相关理论知识后，学生仍然无法抓住重点，不能掌握相关的实务知识。造成这种现象的主要原因是教学内容重难点不够突出，内容缺少模块化和针对性。

（三）教学方法以老师讲授为主，学生参与不足

由于受到课时要求、进度安排等客观环境的限制，尽管教师在教学方法中融入了案例教学、课堂讨论等多种方式，但大多数时间仍然以教师讲授为主，学生参与的积极性不高，课堂的活跃度较低。而且，"国际物流"课程中拥有大量的具有实操性质的知识点，单纯以教师讲授的方式授课，使得学生缺少真正的感知，很难理解现实操作的步骤和做法，导致课堂授课效果并不理想，并且现有的课堂为大班课，上课人数较多，很容易出现课堂纪律难以维持，课堂讨论的效果难以实现等问题。

四、模块化设计的必要性

模块化，顾名思义，重点就是"把一个复杂系统或过程根据系统规则分解为能够独立设计的半自律性子系统的过程，或者是按照某种联系规则，将可进行独立设计的子系统统一起来构成更加复杂的系统或过程"（杨幽红，2011）。模块化教学是早期欧洲高等教学改革过程中的产物（徐理勤等，2008）。其思路是通过对学生需要掌握的知识和能力的分析，并结合当前工作岗位的需求，将课堂所学内容进行模块化分解，以提高课堂授课效果，培养学生对专业知识的掌握和运用能力。当前，模块化设计已经被应用到了应用型本科教学课程中，并取得了较为良好的效果。但如何就"国际物流"课程进行模块化设计的讨论尚不多见。面对当前"国际物流"课程教学的问题，采用模块化方式对于课程结构优化、学生能力培养等方面具有重要的作用。

（一）优化了课程结构

大学的课程设置存在着学科自成体系的现象。各个学校学科都为了追求各自学科体系的系统完整性，造成很多教学内容交叉重复，从而浪费了教学资源和教学时间。而实行模块化以后就能很好地解决教学重复问题。同时也能够激发学生专业兴趣和动手动脑能力，为今后的学习、工作奠定一定的基础。

（二）将教学和学生特长相结合

实施模块化课程以后可以将公共基础课的教师资源与专业课教师资源有效地整合在一起，共同制订出符合专业特点的模块。让公共基础课程模块让位于专业课程、服务于专业课程。而模块化教学内容的设计，对学生所要掌握的知识、能力、素质的重新拟定，学生可以根据兴趣爱好进行模块选择，给予学生更多的自由选择权，从而避免照本宣科，以应试考试过关为目的的死记硬背，强化和突出学生个性、特长的同时也使教学更加灵活。

（三）将理论和实践更好地结合

模块化教学强调理论、实践、练习、研讨的一体化，强调在专业教学过程中，把理论学习与实践等环节紧密结合，通过教学内容的有机组合和教学方法、教学手段的改革，培养学生的综合素质，解决理论教学和实践教学相脱节的问题。此外，模块化教学还可以将实验系统地综合起来，提高学生综合设计和知识运用能力。并且按照国际物流业务岗位能力培养的要求，参照国际物流师职业资格标准，突出岗位能力和职业素质培养，将专业基础课、专业理论课和专业实训课融为一体，提高学生专业素养和岗位能力，打造复合型国际物流技术和管理人才。

（四）促进教学改革及教评改革

模块化教学设计要求学生在完成每个模块的学习后，及时检验该模块的学习效果。考核根据模块分类的不同，制定不同的考评标准，从而更加注重"过程控制"，弱化考试结果，保证课程体系质量。同时也丰富了考试形式，如可以采用笔试、实践操作考核、小论文、创新项目、口试、答辩等多种形式。不再单一地以分数考评学生掌握知识的能力和质量，从而促使教学相长。针对教材建设而言，打破原有的以学科的系统、完整性为理念构建的教材体系，根据模块教学要求及专业能力培育的需求，结合国际物流发展形势，重组教材体系，加强实践教学训练，并使理论与实践更好地结合。

五、模块化设计与学生能力培养

国际物流体系包括不同的业务体系，如采购、包装、仓储、报关与报检、国际运输、国际物流服务与管理等。不同的业务体系对岗位人才的业务能力的要求也不尽相同。而这些业务能力要求也同时构成了国际物流人才培养的标准和原则。其中通过模块化设计，能够不同程度地提升学生在不同模块上的专业基础知识掌握程度、提高业务能力。

（一）提升学生知识认知水平及国际贸易业务操作能力

根据行业发展的需要，按照学用结合的教学理念，构建学科基础、专业基础、专业理论课程体系，打造学生扎实的专业基础知识和过硬的专业应用知识。通过模块化的学习，能够促使学生掌握国际贸易基础知识、国际贸易法律法规知识、熟悉贸易惯例的处理方式、国际贸易的操作流程等。能够使学生在未来的国际物流公司择业时迅速适应岗位要求，熟知各个流程及业务要求，不会出现基础知识匮乏、对操作无从下手等问题。同时能够培养学生独立完成业务的洽谈、合同的起草及和客户关系的维护等能力。操作能力得到锻炼的同时，能够避免枯燥的直接教授知识，同时也能够提高学生掌握知识的兴趣。

（二）提高仓储业务能力

仓储环节是国际货物运输过程中非常重要的环节。通过专业化的模块模式教学，能够提高学生在货物出入库、验收、储存、保管、包装及流通过程中的再加工等方面的专业技能，使学生能够适应物流园区的仓储操作业务，以便于应对各种突发事件及维持物流园区仓储业务的正常运营秩序。

（三）提高国际物流市场调研能力

在强化基础知识的基础上，通过模块学习，使学生对国际物流市场现状有总体的认识，结合具体的物流市场的营销知识，能够对国际物流市场进行独立的调研、分析及预测。

（四）提高学生的外语水平

外语的运用在国际物流业务处理过程中是不可避免的。通过模块化的设计，能够使学生认识到外语的重要性，从而督促学生能够熟练准确地使用国际商务外语与各种客户进行无障碍沟通，并具有草拟外文合同的能力。

（五）培养学生创新能力

通过模块化设计教学，使学生在自主完成任务过程中，积极自主地进行知识的建构，培养实践能力，促使学生动脑思考，从而发现问题、解决问题，提高实践能力，培养学生的创新能力。

六、模块化设计方案

国际物流是指原材料、成品、半成品等由一国或地区运送到另一个国家或地区的过程。因此，在"国际物流"课程模块化设计的过程中，我们要充分体现国际物流的过程，并突出特色和重点。本文根据当前市场上对国际物流人才的要求，结合"国际物流"课程内容讲授要求，在正确定位能力培养目标的基础上，从以下几个方面构建模块化的课程设计体系。

（一）国际物流的基础知识模块

任何实践操作都需要以理论知识为基础，在理论知识的指导下进行。国际物流是由生产、加工、仓储、运输、报关报检、服务与管理等多个环节构成的统一体。在"国际物流"课程学习中，我们要对国际物流包含的范畴与环节，它的来龙去脉等有个基本的认识。这样，才能够让学生们从宏观层面上有个明确的知识系统，知道该门课程能够学到哪些内容。该部分重点是介绍国际物流的基本概念、国际物流的历史、物流的发展趋势及国际物流的环节，通过这些基础知识的介绍，让学生对课程框架和课程模块有所了解，有利于学生清晰地把握国际物流的环节，使得学生在以后的课堂学习中更有针对性，能够很好地把握课程所学内容。

（二）国内生产加工模块

国际物流是由国内物流开始的，这项活动的开端就是国内的生产、加工、包装、仓储等过程。因此，在设置完基础理论模块后，就开始从国际物流的各个环节进行专题式的讲解和论述，有利于激发学生的积极性和参与性，也让学生能够对所学的内容有更深刻的了解。该模块主要是由国际货物的采购、仓储、加工、装运搬卸等基础运作内容组成。本模块具体讲述如何从源头开始，进行国际货物的生产加工。通过本模块的学习，重点让学生掌握国际货物在国内运作阶段，如何产生、怎样进行改造和运输等，使得学生对国内运作基础知识有所了解。与此同时，借助实践操作和小组模拟等方式，激发学生参与的积极性，提高学习的效率。

（三）报关报检与保险模块

报关报检与保险是国际物流的难点也是国际物流的重点。该部分重点讲述在国际物流整个环节过程中，如何进行货物保险以保证买卖双方利益；在货物的进出口方向，如何进行报关报检等实践性的操作。由于报关报检与保险的流程手续较为复杂，且具有很强的实践性。根据上课的经验来看，如果不进行实操模拟，很难掌握不同环境不同货物的操作流程与注意事项。因此，本模块的展开主要以学生讨论和实践操作为主，以老师讲解为辅。利用报关报检的软件和案例分析讨论的形式能够让学生对该模块有更为直观的认识，加深印象，同时也增加趣味性和参与的积极性。

（四）国际运输模块

物流，即物的流动。国际物流，顾名思义，不同国家和地区间的物的流动。这个过程的实现离不开国际货物运输这个关键的环节。该模块主要由国际货物铁路运输、国际货物海运运输、国际货物航空运输、国际货物多式联运、国际货物集装箱运输这几个部分组成。该模块的设置，能够掌握在货物运输前做出合理的运输选择，让学生对国际货物运输不同类型及不同类型运输方式的操作流程有所了解。通过实验软件模拟和专题讨论的形式，让学生更好地理解本部分内容。国际货物运输是国际物流实操的重要环节，因此，该模块试图通过不同形式增强学生在国际运输中的实操能力。

（五）物流管理和服务模块

随着经济发展越来越迅速，产品更新换代越来越快，国际竞争的形式悄然改变，已经从传统的产品竞争转变为管理和服务的竞争。由于国际物流本身也属于服务行业，因此物流管理和服务成为当前众多企业关注的热点。物流管理和服务模块主要是由管理的基础知识、如何通过管理进行物流效率的改进、物流服务提高的方法和途径等内容组成。受到互联网和全球营销的影响，该模块增加了全球供应链管理专题，让学生们了解国际物流发展的前沿，从发展趋势等角度让学生对国际物流的服务与管理有更为长远的理解和思考。

七、保障措施

采用模块化设计构建课程教学体系，对应用型本科院校"国际物流"课程的教学体系进行改革，使教学过程与岗位技能培养充分地融为一体，对提升教学效果及人才培养质量具有重要的意义。而模块化设计方案制订以后，其相关的实施需要学校提供相应的措施，以保障模块化教学的顺利展开。

（一）优化课程考核方案

由于是模块化教学管理，因此，需要通过合理制订模块化课程考核标准来激励学生学习的动力。当前课程的考核方案为平时成绩加期末考试的方式，这种方式没有突出模块特色，且不利于在模块教学环境中激发学生学习的兴趣。因此，模块化教学的展开需要优化课程考核方案，采用"5模块+1综合"模式，对课程进行考核。也就是说，每个模块结束时设置考核环节，通过考核检验学生对模块学习的效果。与此同时，在课程结束后，通过综合考试，让学生能够将不同模块的知识串联，从整体上掌握课程所学内容。

（二）为模块化的实施提供相应的软硬件环境

模块化教学的实施与展开需要相关的软硬件支持。由于模块化教学方式需要以多种形式展开，因此，需要学校提供相应的激励政策予以支持。通过学校激励政策激励教师采用模块化教学方式，完善相应的课程教学体系和课程大纲，以提升教学的质量和效果。同时，国际物流是一门实操性很强的课程，需要借助实验室展开国际物流综合实验、报关报检等环节的实操实验，这就要求加强实验室相关软件的建设，借助真实环境的模拟，满足学生深入学习的欲望和要求。同时，为了使学生能够在学习的过程中与实际工作岗位零距离接触，还应加强校外实训基地的建设，鼓励学生利用寒暑假时间进行岗位实训，培养学生学以致用的能力。通过软硬件环境的改善，提高模块化教学的效率，以更好地完成课程教学和学生能力的培养。

参考文献

[1] 兰必近. 广西高职院校国际物流专业教学体系建设研究 [J]. 现代教育科学，2010（01）：74-76.

[2] 李雷. 基于工作过程的高职报关与国际货运专业实践教学体系的构建 [J]. 湖北函授大学学报，2010（03）：91-92.

[3] 王丽霞. 应用型本科高校模块化课程框架体系设计研究 [J]. 中国电力教育，2014（23）：7-8，10.

[4] 朱惠君. 基于工作过程的国际物流课程教学设计研究 [J]. 大学教育，2013（06）：72-73.

[5] 杨文芳. 情境教学法在《国际货运代理》课程中的运用 [J]. 科教导刊（中旬刊），2011（06）：46-47.

[6] 杨幽红. 能力导向的工科院校模块化课程体系设计与实施 [J]. 高等工程教育研究，2011（03）：100-103，123.

[7] 张虹，曾达，许尤厚，张艳秋，李伟峰，许丽莉，方怀义. 应用型水产养殖专业模块化教学课程体系建设初探 [J]. 轻工科技，2015（06）：168-169.

[8] 徐理勤，杜卫，冯军，叶晗. 借鉴德国经验，培养应用型本科人才 [J]. 高等工程教育研究，2008（02）：96-99.

国际商务专业硕士双语课程教学的改革探索——
以"商务英语"课程为例[①]

刘 丹 王玉婧

摘要：本文以国际商务硕士专业学位中"商务英语"课程为例，分析了专业硕士商务英语课程的特点和教学方法与现状，指出其在教学的过程中存在的问题，及对未来的教学改革提出相关的建议。

关键词：商务英语；双语教学；教学模式；教学改革

随着我国自贸区的建立，国际交流频繁，对外贸易量增加，社会和企业都对国际商务人才尤其是国际商务英语人才的需求日益增加，同时也对人才的素质和能力提出更高的要求。因此，高校的商务英语课程以使学生能够掌握基本的商务英语沟通技能且能够无障碍地进行商务洽谈为目的，开设了相关课程。

一、商务英语课程的主要特点

商务英语是"商务"和"英语"的有机结合，但其作为大学英语的一个重要分支，与大学传统英语最重要的区别是专业性和实用性。商务英语在商务贸易活动的使用过程中，会涉及金融、财会、贸易、管理和法律、文化等诸多专业性的知识，同时强调在深厚的词汇和专业基础积累之上，注重听、说、读、译的能力，同时以适应职场商务沟通为目的，学习西方的沟通文化及企业管理理念。因而在教学的过程中，应努力扩大知识面，包括不同国家地区的民俗风情、历史文化、地域特色、宗教信仰和传统习惯等。不拘泥于某一本教材或者一系列的案例，在教学的活动中，教会学生如何将所掌握的知识熟练流畅地运用到实际的商务活动沟通中。

[①] 本文为天津商业大学教改课题"国际贸易实务系列实验课程网络教学模式探索和考核评估方法综合改革实践"（15JGXM46）的阶段性成果。

二、商务英语教学现状及问题

（一）商务英语的课程结构及教学实践

招收国际商务专业型硕士的大部分高校将"商务英语"课程设在了研究生的第一学期，教材由各高校自行选定。如有的学校指定的教材为《BEC 剑桥商务英语（中级或高级）》，并辅之以一些网站如 Financial Time、management 12、Economist 等上面的经典文章的翻译任务。具体的教学计划为：将全班同学按照 2~3 人不等的规模分组，每组成员相互协作，一部分人进行经典商务案例或者贸易案例的英文分析及解读，另外一部分人进行英文网站经典文章的翻译并在课上和同学讲解、讨论，由老师做最后的点评。点评完毕后，全班人一起进行商务英语的英文听力训练，并配以训练习题。这样，学生的听、说、读、写的能力都能够得到锻炼和提升。

（二）商务英语课程教学过程中存在的主要问题

1. 教师能力的局限性

由于商务英语的教学涉及贸易、法律、文化和金融等多方面综合性的知识，并对英语功底有着一定的要求，因此，在选择教学老师时，一般都选择具有贸易知识储备并英语功底好的教师来担任。虽然顾及专业和英语两方面的要求，但是却忽略了商务英语较强的实用性的特点，教学老师缺乏商务英语实战背景及教学经验，不能够在实际的商务贸易英语沟通过程中针对相关的问题给予学生很好的指导与解答，因此无法很好地满足商务英语理想的教学要求。

2. 教学方法及教材的局限性

虽然国际商务专业型硕士的"商务英语"课程在教学的过程中突破了传统的"教师讲授，学生听记"的模式，在教学活动中采用了能够调动学生积极性和主动性的案例教学方式——"学生讨论，老师点评"，但是没有传授相应的商务沟通技巧及专业知识，没有在教学活动中体现对实际贸易过程中商务英语沟通需要注意问题的关注，仍然不能够满足社会对商务英语人才在专业知识、文化修养、职业素养等方面的综合能力的要求。

在教材的选用上，虽然选用了《BEC 剑桥商务英语（中级或高级）》作为指定教材，考虑到了国际商务专业型硕士在未来的就业过程中对商务英语证书的要求，但是却不能够体现商务英语的教学特色并与大学英语的教学模式区分开，没有将专业文化知识同商务技能很好地结合，没有使学生在商务情景下提升跨文化沟通的能力，也没能引导学生自觉地接触西方文化、提高对文化差异的敏感性并突出商务英语的实用性强的特点。

3. 教学与实际相脱离

在国际商务专业型硕士的教学活动中，虽然采取了案例教学法并锻炼了学生在英语上的听、说、读、写的能力，但是却没有将教学和实际的商务情景相结合。专业型硕士在培养方面应更加侧重于应用性。硕士的教学活动，尤其是专业型硕士的教学行为应区别于本科教学的"书本化"。摒弃不能够与现代商务贸易市场相匹配的英文教材。在教学中，也没有围绕贸易中的各个实践环节展开商务沟通真实案例的讨论，因此没有提高学生实际贸易活动中商务英语的沟通能力。

三、教学改革建议

（一）教师能力的提高

相关专业教师人才的培养是商务英语教学的关键因素。因此，各高校可依据自身学院教学模式和教学培养目标，针对商务英语实用性强、专业性高的特点，加强对本校专业老师的商务英语能力的培训，提高教师业务能力与素质，组织相关专业老师到相关外贸企业进行短期的交流和学习，扩充相关外贸背景知识。此外，为了加强学生对外国文化的了解和学习，进一步培养商务文化涵养，也可以聘用一些高素质的外教担任商务英语的教学老师或者聘任专门的外贸人才为兼职教师，为商务文化的教学奠定基础，从而也能够丰富师资队伍，优化教师结构，达到相应的教学成果。

（二）教材的改进

一本合适的教材是学校达到教学目的的重要保证。学校应该同时结合社会人才需求和自身的教学特点，选取或者自编适合学生实际能力和接受水平并能体现教学目的的教材，并能够切实符合国际商务专业型硕士的教学建设。而无论是《BEC 剑桥商务英语（中高级）》还是其他一些商务英语教学教材，都偏重普通用途英语（EGP）的教学，而非专门用途英语（ESP）的教学，在传统的教学模式下，学生既没有系统地学习英语基础知识，又缺乏在实际生活中运用英语解决日常交际问题的能力。因此，在后续的"商务英语"课程的教学过程中，应积极进行教学改革，及时更新英文教材，强调教材的实用性，选用的材料应结合实际贸易发展趋势，涵盖商务英语交流沟通技能，使学生在学习后，既能够在英语知识掌握方面得到提升，也能够将所学运用到商务交流与沟通中。此外，还应丰富教材的种类，拓宽学生的知识面，满足学生对专业英语知识和能力的掌握，适应未来贸易岗位职责的要求。

（三）丰富教学模式

1. 充分利用现代教学设备

完善的现代化教学工具是提高教学质量的关键因素，信息科技的发展及多媒体网络的出现为商务英语的教学开阔了教学空间。虽然国际商务专业硕士的"商务英语"课程在多媒体教室开展教学活动，并通过个人展示和听力训练提高了学生在英语上的听说能力，但是却没有在学生应用英语能力上给予帮助。因此，高校要以网络技术平台为媒介，充分运用互联网、教学平台、网络媒介（如网易公开课等）、投影仪等，为学生提供一个真实的商务模拟教学环境，使学生可以全方位地接受外语语言与文化的熏陶，提高课堂的教学效率和学生的积极主动性。且通过现代化的教学手段，将授课不仅仅拘泥于上课的固定时间段内，将生活和学习很好地融和起来，提高学生英语运用能力。

2. 情境教学

传统的教学方法已经无法满足社会对于国际商务人士培养的需求。因此，应结合自身实际情况，改革教学方法和模式。其中，可以提倡开展情境教学。情境教学法是指在教学过程中，引入或创造一些具有一定情绪色彩的、以形象为主体的生动具体的场景，以引起学生一定的态度体验，从而帮助学生理解教材，并使学生的心理机能得到发展的教学方法。情境教学法的核心在于激发学生的情感，引导学生对相应的情景产生共鸣并给出自己的解决问题的思路和方法。这种教学方式强调以学生的参与为中心，注重培养学生的语言沟通能力。

在实际的教学活动中，教师可以借助多媒体教学设备，采取分组的方法，模拟真实商务交际的情景，让学生分组将交际场景所涉及的知识通过自己的方式展示出来。从而让学生身临其境地感受商务交际氛围，提高学生商务沟通和交流的能力、解决问题的能力及临场反应的灵活性。

3. 双语教学

随着我国积极参与国际分工，企业顺应全球化的国际潮流，国际商务交往和合作贸易日趋专业化、复杂化。商务英语作为一门应用型语言分支，在国际商务贸易中发挥着不可替代的作用。而高校在培养商务人才方面，考虑到学生的实际接受能力和知识储备，不应采取全英文或者全汉语式的教学。双语教学在改善教学效果、促进教育国际化、满足学生实际能力要求方面发挥着重要作用。通过系统的教学，能够促使学生灵活掌握和应用国际贸易专业知识，提高商务英语的应用能力，适应未来岗位职责要求。

4. 与企业合作

鉴于商务英语的实践性较强并侧重于考查学生在实际的工作环境和商务贸易活动中使用英语进行沟通交流的能力，因此学校的"商务英语"课程的教学活动可以安排到校外企业的实践中去，考察相关企业，如外贸公司、进出口企业或外资合资企业，并合作建立实习基地，一方面可以使学生有机会接触到实际的商务沟通案例，拓展相关的专业知识，了解企业的用人需求，并将所学知识运用到实际的工作中去，锻炼英语语言功底、熟悉商务知识和沟通技巧、培养跨文化交际意识和实践操作能力，为未来迎合社会需求做好准备，实现学习和实际需要的结合；另一方面也可以丰富教师的阅历，为后期的商务英语教学活动打下基础；同时也可以和企业相关领导建立合作联系或聘任为兼职教授，定期授课为学生讲解商务外贸案例，增加学生实战经验，并及时发现自身欠缺加以弥补。

通过学校和企业之间相互补充、相互促进的教学方式，可以提高学生的商务英语的实践经验，增强未来就业的竞争力。

5. 测评方式的改变

随着教学改革、教育模式的改进，及商务英语专业性、实用性强的特点，商务英语的教学测评也不能够完全按照传统的方式进行考评。学习"商务英语"课程的学生，对英语技能的考评范围要严格且宽泛，不仅要对其所学的基础知识进行综合测评，还应包括对听、说、读、写能力的测评，其中还应着重于语言的运用及沟通能力的测评。测评形式不应拘泥于闭卷考试一种形式，还应包括课堂的参与度及表现力等，同时为鼓励学生积极将英语的学习和实践相结合并注重临场发挥力，还应引导学生积极参加各种英语比赛，如"全国英语创新大赛""全国英语演讲大赛""21世纪杯"英语演讲比赛等，鼓励学生成立学习组织或参加英语社团等活动，并根据每个学生英语能力的实际提高水平给予相应的加分鼓励。闭卷考试的题型也不应局限于选择、填空等，应加入一些主观性较强的试题，如自由写作、翻译等。教师也可以自由选择加入口语考试，按照情景教学实践的形式，选取一些典型情景和问题，要求学生在规定的时间里，利用所学知识与考官进行模拟交流等。

丰富多样的测评方式，可以摆脱"一卷定成绩"和学生考试前突击应付的弊端，能够在一定程度上促使学生商务英语实践能力的不断提高，增加未来的就业竞争力。

四、结论

商务英语既是一门注重英语知识积累的学科，又是一门注重商务实践能力的学科，其要求学生能够将所学到的英语知识作为交流沟通的工具运用到实际的工作业务处理当中。因此，高校应该根据自身的教学特点和学生发展需求及学科特点，配备有专业及英语优势和外贸实战经验的师资力量，在商务英语的教学活动中，综合应用现代化的教学工具及情景教学模式等教学方法，提高学生对商务英语的兴趣，增强学习的积极性和主动性，更好地掌握商务英语知识，提高学生的交际技能、文化背景及专业知识和管理技能，能够更好地适应外贸岗位的职责要求。

参考文献

[1] 姜洋. 浅议国际商务英语教学改革 [J]. 甘肃科技，2012（12）.

[2] 舒红，景瑞琴. 优化高校国际商务人才培养模式的探讨 [J]. 山西经济管理干部学院学报，2011（04）.

[3] 龙青薇. 浅论"商务英语"课程考核方式改革 [J]. 现代营销（学苑版），2011（05）.

[4] 徐跃. 商务英语专业人才培养现状及教学改革探讨 [J]. 人才培养，2011（11）.

[5] 钟珊辉. 商务英语教学模式研究 [J]. 湖南商学院学报，2010（01）.

[6] 雷春林. 论基于商务内容的语言教学——兼论商务英语学科定位 [J]. 国际商务研究，2011（01）.

[7] 张涌. 从商务英语专业毕业生的就业现状论该专业的教学改革 [J]. 教育与职业，2008（14）.

国际商务专业双语课程教学的改革探索——
以"国际结算惯例与案例"课程为例[①]

刘 丹 王 昕 王玉婧

摘要：中国自贸区的建立使得对外贸易更加繁荣，因此在国际结算惯例与案例的教学中，双语教学对培养复合型国际化的物流人才显得尤为重要。本文以天津商业大学为例，从教学培养目标的设定、教材的选用、教学内容的设计、实践教学的效果及教学区域特色分析现有课程教学的现状。在此基础上，确定深化双语教学改革的重点方向和内容。

关键词：国际结算；双语教学；教学改革

随着上海、天津、广东和福建自贸区的建立，我国进一步扩大对外开放，对外贸易繁荣的同时带动了国际结算业务的迅速发展。为了适应对外贸易迅速发展的形势，满足企业对雇员岗位职能的要求，部分全日制专业硕士研究院校开设了"国际结算惯例与案例"等相关课程。该门课程涵盖了国际贸易结算的相关理论基础知识和国内外贸易结算的真实案例处理方式等相关内容，其内容具有很强的现实操作性，同时，对参与国际结算人员能力的提高具有不可替代的作用。本文以"国际结算惯例与案例"课程为例，基于双语教学视角，对国际商务专业双语课程考察进行探索。

一、教学现状及存在问题

大学的课程设置存在着学科自成体系的现象。各个学校学科都为了追求各自学科体系的系统完整性，造成很多教学内容交叉重复或者疏漏，从而浪费了教学资源和教学时间。其中主要问题有以下几点。

（一）教学区域特色未体现

尽管"国际结算惯例与案例"在课程设计及培养定位上不断强调人才专业知识能力的培养，但是由于受到传统教学体系、教学内容和教学软、硬件的限制，仍然难以满足

[①] 本文为天津商业大学教改课题"国际贸易实务系列实验课程网络教学模式探索和考核评估方法综合改革实践"（15JGXM46）、天津商业大学青年基金项目（编号：151104）、天津市艺术科学规划项目（编号：B14025）、国家自然科学基金项目（编号：71503181）、大学生创新训练项目（编号：201510069059）的阶段性成果

教学培养目标的要求，并且缺少自身特色。以天津商业大学为例，地处天津，应依托天津自贸区的地域优势及港口贸易优势，在国际贸易及结算方面的人才培养上应体现天津及京津冀区域特色。

（二）教材选用不合理

目前，包括我校在内的很多高校的双语教学教材均采用外语原版，教学计划依照外语原版章节内容进行安排，没有考虑到学生的实际专业基础水平，同时忽略教材以外材料的讲解，容易形成以外语教材为纲的外语教学模式，而非双语教学。并且在实际的上课过程中，多以老师的外语讲授为主且流于全英教学形式，同时由于一些学生外语水平较低导致学生参与度下降、学习兴趣减弱、知识掌握度严重下降，影响双语教学的效果，同时导致学生专业知识能力的不足，不能够很好地适应岗位需求。

（三）教学内容安排较单一

目前，我校的"国际结算"课程以《国际结算（英文版）》为主，主要传授书本内容并涉及相关的实务案例，并没有安排学生进行实际的专业能力培养，没有将理论学习与实践等环节紧密结合，造成教学和实践的脱节，学生知识和实际工作操作能力要求不匹配。

（四）教学实践

"国际结算惯例与案例"课程的教学主要围绕"英语能力的实践"和"专业知识的实践"两方面内容展开。根据班级人数的具体情况，将全班人员按照3~5人不等的规模进行分组，分组后按照自愿或者抽签的原则对教材章节内容进行演讲展示分配。演讲展示的内容中主要包括章节基础知识、案例分析及案例中体现的理论原理。各组人员分工协作，对理论知识的幻灯片内容及展示做英文要求，对案例不进行形式要求。在具体的期末测评中，不拘泥于传统的闭卷考试从而一卷定成绩的形式，而是将展示、出勤、期中测试和期末试卷进行综合测评，以避免期末考试投机行为的出现。而在展示的考核中，主要侧重英文口语能力、专业理论知识掌握运用程度两个方面。

二、双语教学必要性

当今世界，国际竞争日趋激烈，尤其是随着经济全球化和区域经济一体化趋势的加强，知识经济的竞争愈演愈烈。而语言文字作为知识传播的重要媒介和载体，在社会交流中发挥着越来越重要的作用。同时随着我国积极参与国际分工，企业顺应全球化的国际潮流，国际间的商务交往和合作贸易日趋专业化、复杂化。而国际贸易特殊的国内外环境和运作惯例，对外贸易工作具有高风险性和高专业性的特点，具体的从业人员缺乏必要的理论基础知识和应用型技能，往往不能适应实际业务运作中的操作程序，难以直接进入工作状态，涉及一线的技能型人才更是严重匮乏。因此，"国际结算惯例与案例"课程的教学也显得尤为重要，而双语教学在改善教学效果、促进教育国际化、增强教师科研学术能力、满足学生未来发展要求方面发挥着重要作用。通过系统的教学，能够促使学生灵活掌握和应用国际结算中的各项规则，有效控制其所在企业的国际结算风险，切实适应国际商务发展的需要，提升贸易、出口、商品及金融等领域从业人员的综合管理能力和应用法律法规水准，使学生熟知相关的国际惯例、法律法规以及主要国家与地区的贸易政策，掌握扎实的国际贸易专业基础理论和实务知识，为学生的职业选择带来提升和保障。同时也可以将国际结算的教育同世界贸易结算教育接轨，实现教育的国际化和现代化。

三、学生能力培养目标

通过展示，使学生知识认知水平及国际物流理论知识储备水平大幅提高。根据行业发展的需要，按照学用结合的教学理念，通过双语教学模式，打造学生扎实的专业基础知识和过硬的专业应用知识，能够促使学生掌握国际结算基础知识、国际结算法律法规知识、熟悉国际结算惯例的处理方式、国际结算具体操作流程等。能够使学生在未来的国际贸易公司择业时迅速适应岗位要求，熟知各个流程及业务要求，不至于出现基础知识匮乏、对操作无从下手等问题。同时能够培养学生独立完成业务的洽谈、合同的起草及和客户关系的维护等能力。操作能力得到锻炼的同时，能够避免教师枯燥地直接教授知识，同时也能够提高学生掌握知识的兴趣。

外语是在国际结算业务操作处理过程中不可避免的语言。同时通过双语教学的模式及展示口语的锻炼，督促学生能够熟练准确地使用国际结算专业术语及商务英语与各种客户进行无障碍沟通，同时也使得学生能够更好地适应外贸公司对雇员业务洽谈能力的要求。

四、教学改进建议

（一）合理的教学目标定位

合理的教学目标主要涉及教学计划和教学内容的合理安排及教学目的的达到。作为专业型硕士的选修课，其课程的目标定位于：能够使学生从贸易和银行的双重角度，了解国际结算的基本理论和方法，理解国际结算的运作规律、风险，支付方式的选择及其优缺点，并能够运用到实际的实践工作当中去。在教学的过程中，弱化对其理论知识的强调，转而注重培养学生的逻辑思维能力、推理判断能力，鼓励学生对国际结算案例进行深入研究，培育创新精神。

根据学校的教学日历和课时安排，"国际结算惯例与案例"课程的教学安排在了研究生的第二学期，共36课时。教学内容主要以《国际结算》（许南主编，中国人民大学出版社出版）为主，辅以各种国际结算案例。但是作为双语教学课程改革的重点，并根据学生的反馈，逐渐降低理论基础知识的讲解比重，将70%的课时用于案例的讲解和讨论，强调学生发现问题和解决问题的能力。这样既能提高学生参加课堂的踊跃性和积极性，也能切实地改变学生由被动地接受理论知识到主动地学习，突出双语实践教学的特色。

（二）教材合理的选择

在教材的选择方面，由于专业型硕士的应用性非常强，因此大部分学生认为实践最重要，没有必要指定必须的教材，个人可以根据自己的知识掌握度和偏好去图书馆或相关数据库查阅相关资料。只有少部分同学认为指定教材对于理论知识的系统性更有帮助，指定教材会更好地帮助同学归纳自学。因此，虽然我们在"国际结算惯例与案例"的教学活动过程中，指定了一本英文教材并按照学校的教学计划开展教学活动，但是我们并没有拘泥于这一本教材，也没有以纲为纲。

教师要做到因材施教，需要具备较强的课堂组织和把控能力。在实践过程中，教师结合学生实际语言水平与理论理解、掌握水平，针对课程的重难点和教学目标，在广泛学习参考大量教参后对案例进行合理筛选，并将案例全部下发给所有的学生进行个人的分组与选择，对案例中涉及的基础知识及可能遇到的各种问题进行全面综合考虑后拿来与全班同学和老师讨论共享。这样，教师也才能很好地控制实践课堂的节奏和效果，使教学的内容具有实践操作性与针对性。此外，教师要对案例分析中涉及的各种问题进行及时指导，体现教授的主导作用，同时教师也要与学生一起讨论，参与到学的过程当中去，这样既具备扎实的理论知识，又兼具灵活解决问题的能力，从而更好地完成教学任务。

（三）教学模式的改进及学生能力测评方式的改善

双语实践教学强调在专业教学过程中，把理论学习与实践等环节紧密结合，通过教学内容的有机组合和教学方法、教学手段的改革，培养学生的综合素质，解决理论教学和实践教学相脱节的问题。同时给予学生更多的自由选择权，从而避免照本宣科，以应试考试过关为目的的死记硬背，强化和突出学生个性、特长的同时也使教学更加灵活。

而在学生的期末测评的分数中，可以采用笔试、小论文、创新项目、口试、展示等多种形式，同时根据每个学生英语能力的不同情况及进步情况进行综合评分，不再单一地以分数考评学生掌握知识的能力和质量，以避免照本宣科、应试考试过关为目的的死记硬背，从而促使教学相长。

（四）师资力量的选拔及配备

根据具体的教学经验，一位合格的双语教学老师必须同时具备良好的外语能力和专业基础优势。一些老师往往拥有海归背景、良好的外语能力，但是没有相关扎实的专业知识基础，从而将专业课程的双语教学变成了英语课程的教学。另外一些老师虽然学历高、专业基础深厚，但是外语能力相对薄弱，从而将双语教学课程变成了简单枯燥的中文专业教学。这两种情况都无疑严重影响双语教学质量。因此，建议设有双语教学课程的院校在配备教师时尽量选择有出国经历的相关专业教师担任，或鼓励资助专业基础深厚的教师出国游学；设立相应的奖励机制，奖励双语教学老师在教学上的成果，提高教师的创造性和积极性。

（五）建立相应的评价措施

教学必须有相应的评价机制，通过对教师教学质量的评价，促进教师强化服务意识，不断提高教学水平，建立激励机制，以评促教，以评促改，提高教师整体素质，实现教学工作的规范化，并对教学过程的各个环节进行有效控制。但是双语教学又不同于一般的教学，不能用一般的教学评价机制来衡量双语教学，需要建立客观、公正、合理符合双语教学规律和特点的评价机制。而针对"国际结算惯例与案例"这门课程，专门设立符合国际结算的教学评价机制，以便于及时改进教学效果。

参考文献

[1] 李玉龙. 国际商务专业双语教学研究与思考——以《国际经济学》双语教学为例 [J]. 亚太教育，2015（23）：87-88.

[2] 曾伟，郑汉金. 国际经济与贸易专业双语教学研究与思考——以《国际经济学》双语教学为例 [J]. 双语学习，2007（7）.

[3] 王丽霞. 实践类双语课程教学改革探索——以《国际商务谈判》课程为例 [J]. 教改新论，2015（14）：85-87.

[4] 王小明. 国际商务课程的双语教学实践 [J]. 辽宁科技大学学报，36（3）.

[5] 周松兰，何东霞. 完善国际商务谈判模拟实践教学之我见 [J]. 中国大学教育，2007（10）.

[6] 李冰，刘怡君，谢英亮. 经济与管理类专业双语教学研究 [J]. 金融经济，2010（20）：96-97.

[7] 崔静. 国内外双语教学研究状况及成果综述 [J]. 民族翻译，2011（01）：81-85.

[8] 姜煜林. 应用型本科人才的特征及其培养 [J]. 江苏高教，2008（05）.

国际经济与贸易专业增设融资租赁课程的分析[①]

刘辉群

摘要： 近几年我国融资租赁行业迅速发展，融资租赁在国际贸易中显得越来越重要。国际经济与贸易专业增设融资租赁课程显得十分必要。本文首先从理论上分析融资租赁在国际贸易中的应用，其次重点描述融资租赁在我国的发展现状，在此基础上，结合国内外高校开设融资租赁课程的情况，最后提出我国高校国际经济与贸易专业增设融资租赁课程的几点建议。

关键词： 国际经济与贸易；融资租赁；人才培养

2015年8月26日，国务院总理李克强主持召开国务院常务会议，确定加快融资租赁和金融租赁行业发展的措施，更好地服务实体经济，其中就提到鼓励通过租赁推动装备走出去和国际产能合作。2015年9月7日国务院办公厅《关于加快融资租赁业发展的指导意见》中又指出："鼓励工程机械、铁路、电力、民用飞机、船舶、海洋工程装备及其他大型成套设备制造企业采用融资租赁方式开拓国际市场，发展跨境租赁。支持通过融资租赁方式引进国外先进设备，扩大高端设备进口，提升国内技术装备水平。引导融资租赁公司加强与海外施工企业合作，开展施工设备的海外租赁业务，积极参与重大跨国基础设施项目建设。鼓励境外工程承包企业通过融资租赁优化资金、设备等资源配置，创新工程设备利用方式。探索在援外工程建设中引入工程设备融资租赁模式。充分发挥融资租赁对我国企业开拓国际市场的支持和带动作用。"由此可见，当前我国政府正通过大力发展融资租赁以提高我国对外贸易水平和质量。

一、融资租赁在国际贸易中的应用

（一）融资租赁的基本交易结构

现代融资租赁产生于20世纪50年代的美国，作为一种创新型融资工具，它有效地将融资与融物结合在一起，一经推出便风靡全球，有力地促进了各国技术进步和升级改造、资产盘活和优化资源配置。目前在发达国家，融资租赁已成为仅次于银行贷款的第

[①] 基金项目：天津商业大学本科教育教学改革项目《高校融资租赁人才培养模式研究与实践探索》（项目编号：TJCUYB201460）

二大融资方式,融资租赁交易总额占投资总额的比例即市场渗透率一般在 15%～30%之间,占 GDP 比重的增长率高达 30%。由于融资租赁具有的独特优势,新兴发展中国家也广泛采用了融资租赁方式。

融资租赁也称金融租赁,是指出租人根据承租人提供的租赁物件的规格及所同意的条款(或承租人直接参与订立的条款),与供货商签订供货合同,并与承租人签订租赁合同;在租赁期内,出租人对租赁物件享有所有权,承租人以支付租金为条件而对租赁物件享有占有权、使用权和受益权的租赁。

融资租赁的实质是以租赁为形式的融资行为,即"你选我付款,质量厂家管""你租我才买,我买你必租""想要所有权,租金要付清""两份合同,三个参与人"。当融资租赁行为发生在不同国家时,我们习惯称为跨境租赁或国际租赁。具体而言,国际租赁是指一国的租赁公司(出租人)将机器设备等物品长期出租给另一国的企业或组织(承租人)使用,在租期内承租人按期向出租人支付租赁费的一种国际投资形式。它是一种兼有商品信贷和金融信贷两重性质的新型贸易方式,是企业获得设备的一种独特的筹资手段,能够有效地发挥投资、融资和促进销售三种作用。

从上述定义可以清楚地看出,融资租赁交易的基本结构如图 1 表示。

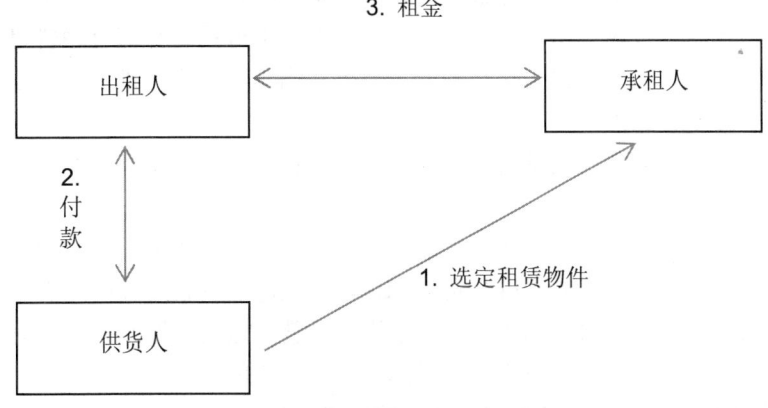

图 1 融资租赁交易的基本结构

(二)融资租赁在国际贸易中应用的起源

融资租赁起源于第二次世界大战后的发达国家,是当时政府为了应对战后经济萧条,刺激投资的重要手段。融资租赁带动的投资主要集中于固定资产和技术设备方面,由于战后各国技术水平不同,存在大量通过国际合作进行技术和设备引进的交易,因此融资租赁兴起之初就已经应用在国际贸易领域中,可以说融资租赁的起源和发展历程就是融资租赁在国际贸易中应用的历程。

第二次世界大战后,主要西方国家经济陷入低谷,资金储备相对不足。为了尽快恢复经济,各国借助国际贸易,利用各国资源、技术储备的比较优势,实现优势互补。在此过程中,由于部分资源、技术成本较高,且各国资金储备不足,因此,促进贸易融资或者贸易"融物"成了国际贸易中尝试和发展融资租赁的动力。

（三）融资租赁在国际贸易中应用的发展和创新

随着融资租赁业务在国际贸易中应用的不断渗透，相关学者对融资租赁业务进行了深入研究，研究发现，由于各国的法律环境、政策环境和税收政策具有不对称性，造成在国际贸易中融资租赁业务大量诉讼案件的出现，甚至不良资产的涌现。在融资租赁业务中建立统一的国际贸易标准成了必然。1988 年 5 月，由 55 个国家在加拿大渥太华参加的外交会议上通过了《国际融资租赁公约》，该公约是一项开放性的多边公约，虽然因为批准国不足尚未生效，但是它对国际贸易中融资租赁业务的实践具有重要的指引和示范作用。《国际融资租赁公约》的宗旨在于保障国际贸易中融资租赁交易当事人之间的利益公平，通过统一性规则尽量消除国际贸易中融资租赁业务存在的某些法律障碍，促进融资租赁业务在国际贸易中的运用。在《国际融资租赁公约》的指引下，各发达国家调整了本国的监管政策和税收政策，提高了本国优势产品和资源的国际竞争力。

《国际融资租赁公约》对国际贸易中融资租赁业务的开展设定了一定的门槛，这一方面限制了融资租赁业务的发展，但另一方面也促进了融资租赁业务的不断发展和升级。最早的融资租赁产品创新更多地产生于国际贸易领域，如国际贸易领域的转租赁、杠杆租赁、联合租赁等。随着全球经济一体化的深化，资本、劳动力和资源在全球范围内进行了有效组合，形成了全球工业化链条，融资租赁在全球投资方面提供了有效的融资支持，很多大型企业通过融资租赁形式，实现了在他国部分投资和部分融资租赁的组合式投资，降低了投资风险，优化了收益组成。另外，由于科技不断进步，高技术含量的产品价值较高，外国企业为了提高生产能力，需要选择使用先进的生产设备，融资租赁就成了此类企业获得先进生产设备的得力助手，同时也成了设备生产企业销售产品的有效手段。

在国际贸易中，为了确保本国的利益，防止受到他国经济和贸易的冲击，往往通过关税壁垒或者最惠国待遇等方式进行贸易制裁，为国际贸易设置障碍。而全球各国，尤其是发达国家的融资租赁政策相对宽松，融资租赁就为进出口贸易提供了有效的跨越贸易障碍的方式。融资租赁已经成为目前国际贸易中有力的融资手段。

（四）融资租赁促进资本货物国际贸易的优势

一般而言，在融资租赁业务中，出租人有三种类型，分别是金融机构类出租人（bank lessor），制造或供应厂商类出租人（manufacture lessor or vendor lessor，简称厂商租赁）和独立的出租人（independent lessor）。其中，厂商租赁与资本货物国际贸易的相关性最为密切。

厂商租赁在资本货物国际贸易中占有重要地位。厂商租赁往往是工业品营销体系中销售机械设备的重要手段。厂商租赁的主要租赁设备有飞机、轮船、医疗设备、建筑施工机械、计算机等。世界著名的制造业跨国公司往往都设有自己的厂商租赁公司。如卡特彼勒融资租赁公司、GE 租赁公司、西门子财务租赁公司、日立租赁、德国大众汽车金融、惠普租赁、IBM 租赁有限公司等。厂商租赁的促销优势主要体现在：第一，资金融通，与分期付款相比，具有独有的表外融资与节税融资的特征。第二，留有残值的租金支付安排，降低现金流的压力。第三，租赁期末，承租人对租赁设备退租、续租或留购的选择权，带给承租人设备处置的极大便利。第四，扩大出租人的市场外延。第五，规避国际贸易中的出口国技术管制和进口国关税壁垒。

二、融资租赁业发展需要大量经贸类人才

我国融资租赁业的发展与西方发达国家相比，起步比较晚，是在借鉴了西方发展融资租赁业的经验的基础上发展起来的。1981年4月第一家合资租赁公司中国东方租赁有限公司成立，同年7月，中国租赁公司成立。这些公司的成立，标志着中国融资租赁业的诞生。在30多年的发展过程中，发展道路虽然曲折，但是总体发展速度较快，行业实力也不断壮大，为促进我国经济的发展做出了贡献。

（一）企业数量

近几年来，我国融资租赁企业数量有了巨大的增长。根据中国租赁联盟、天津滨海融资租赁研究院的不完全统计，2006年全国融资租赁企业数量为80家。而截至2015年6月底，全国注册的融资租赁公司有3185家，是2006年企业数量的40倍。企业数量的快速增长，表明了我国融资租赁行业进入了一个繁荣时期。图2为2006—2015年全国融资租赁企业数量发展情况。

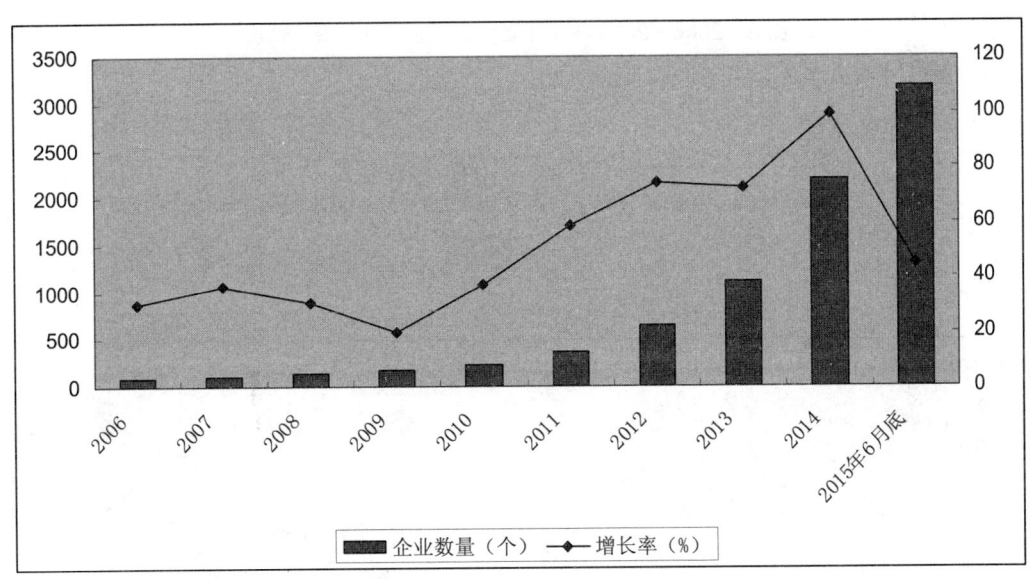

图2　2006—2015年全国融资租赁企业数量发展情况

资料来源：中国租赁联盟、天津滨海融资租赁研究院。

（二）企业注册资本

从注册资本看，截至2015年6月底，全国融资租赁公司注册资本已达10030亿元人民币，是2006年公司注册资本571亿元的17.6倍。融资租赁公司注册资本的增加，反映了租赁公司整体实力在不断增强。图3为2006—2015年全国融资租赁企业注册资本情况。

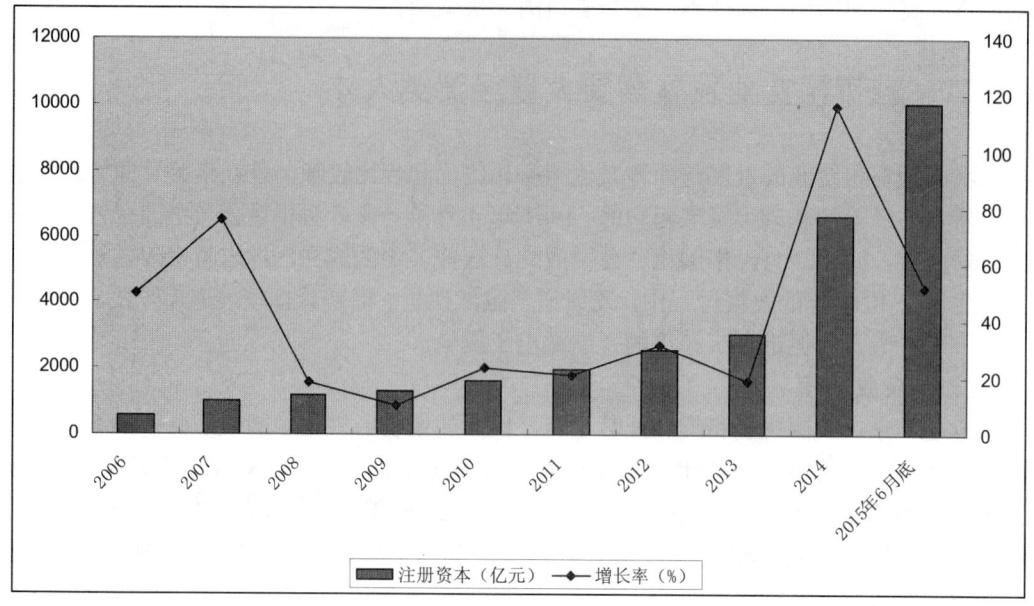

图3 2006—2015年全国融资租赁企业注册资本情况

资料来源：中国租赁联盟、天津滨海融资租赁研究院。

（三）业务总量

从业务总量来看，截至2015年6月底，全国融资租赁公司业务总量已达36550亿元人民币，是2006年公司业务总量80亿元的456.9倍。融资租赁公司业务总量的巨大增长，反映出我国融资租赁市场巨大，也使得我国成为世界融资租赁的第二大市场。图4为2006—2015年全国融资租赁企业业务总量情况。

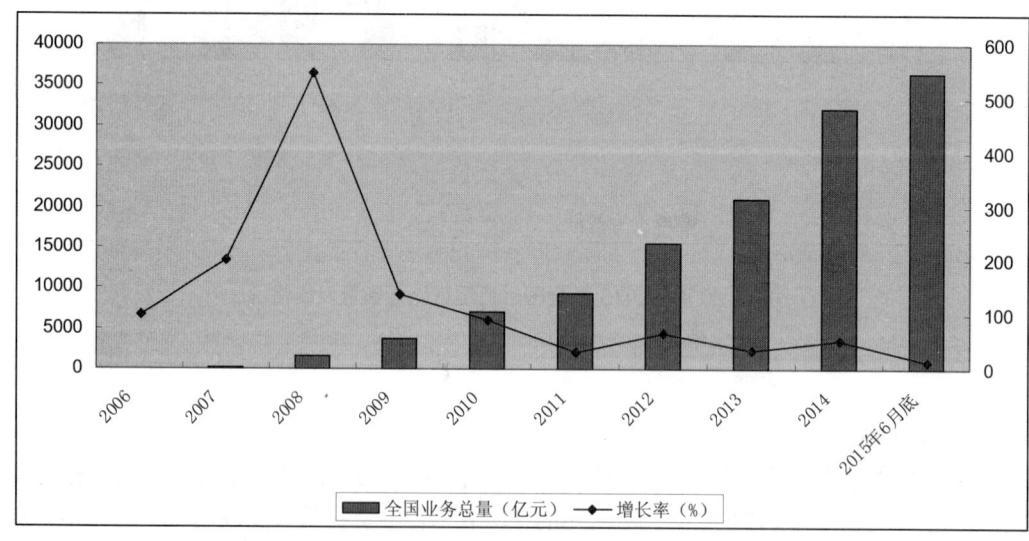

图4 2006—2015年全国融资租赁企业业务总量情况

资料来源：中国租赁联盟、天津滨海融资租赁研究院。

（四）地区分布

从地区分布来看，在全国 34 个省级行政区域中，融资租赁公司注册数量超过 100 家的地区已有 7 个，分别为：上海、广东、天津、北京、江苏、浙江和山东。其中，上海、广东和天津三地的融资租赁公司注册总数量超过全国总数量的一半。上海是 2015 年上半年融资租赁公司数量增长最快的地区，租赁公司数量从 545 家增加至 987 家，增幅超过 80%，平均每天增加 2～3 家。这主要得益于上海自贸区对融资租赁产业的大力扶持。图 5 为 2015 年全国融资租赁公司区域分布。

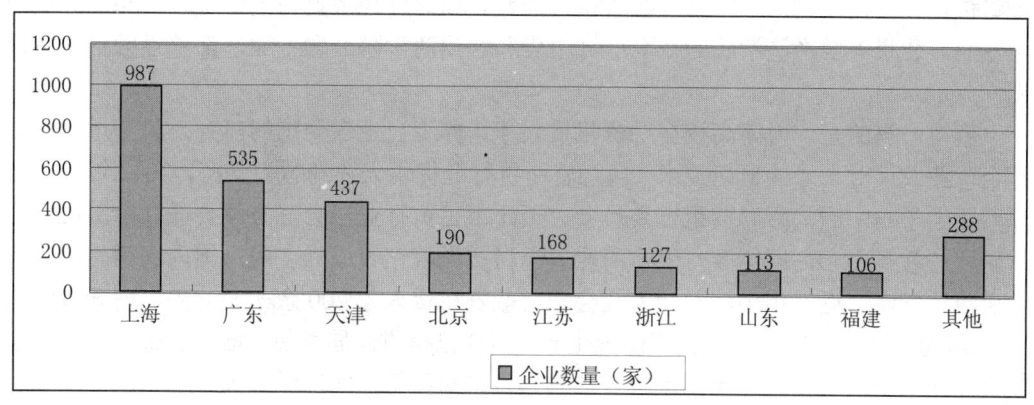

图 5　2015 年全国融资租赁公司区域分布

资料来源：零壹融资租赁研究中心。

综上所述，我国融资租赁业无论从行业实力还是从业务量上都有了大幅的提高，显示出了我国融资租赁业的良好发展前景。但是，我们也应该看到，与我国融资租赁行业的高速增长态势相比，行业发展所需的专业技术人才、管理人才数量明显不足。融资租赁行业涉及面宽、覆盖域广、交叉性强，要求从业人员具备金融、贸易、财务、法律等多方面的知识储备，才能更好地为企业服务。人才的短缺导致部分企业不能有效开展业务，制约了行业的发展。据初步估计，未来五年，随着我国租赁行业的迅速发展，整个行业对融资租赁人才需求在 20000 人左右。

三、国内外高校开设融资租赁课程概况

在国外高校中，特别是融资租赁行业发达的国家高校中，在商学院开设融资租赁课程已经成为一种常态。比如美国许多商学院都独立开设融资租赁的课程，没有独立开设的也都在《Corporate Finance》中设有 2～3 章关于租赁融资的相关内容。澳大利亚 Kurtin（科廷）大学开设了不动产管理，其中包含 2 章关于租赁融资的内容。德国科隆大学商学院为适应社会对融资租赁人才的需求，也独立开设了融资租赁课程。应该来说，国外融资租赁行业发展成熟度高，对融资租赁行业的认知度也高，融资租赁人才的需求较大，致使国外高校加强了融资租赁人才的培养，陆续开设融资租赁相关的课题。

与我国融资租赁行业的高速增长态势相比，行业发展所需的专业技术人才、管理人才数量明显不足。人才的短缺导致部分企业不能有效开展业务，制约了行业的发展。据初步估计，未来五年，随着我国租赁行业的迅速发展，整个行业对融资租赁人才需求在 20000 人左右。目前，我国高等院校成为融资租赁人才培养的重要的主体。正在开设融资租赁课程的高校逐渐增多。早在 20 世纪 90 年代，我国高校大部分将租赁与信托合并为一门课程，比如中国人民大学、上海财经大学、中央财经大学和华中政法大学等高校，将其作为金融学专业的主修课程。进入 21 世纪，融资租赁在中国迎来新的发展，部分高校将租赁和信托分设，单独开设融资租赁课程。如对外经济贸易大学金融学和国际贸易学专业，北京大学经济学院的在职研究生班和兰州商学院金融专业，都单设融资租赁课程。

　　值得一提的是，天津高校在融资租赁人才培养上已走在全国的前列。为满足天津和整个行业发展对人才的迫切需求，向融资租赁行业提供人才和智力支持，2012 年 6 月天津商业大学与中国国际商会租赁委员会、天津市租赁行业协会三方联合成立中国融资租赁研究与教育中心，同年 8 月天津商业大学租赁学院正式成立，成为国内高等院校中第一所租赁学院。近三年来，共计为社会输送融资租赁人才 200 余人。此外，南开大学从 2013 年起正式开办融资租赁在职研究生班，至今已招收两届学员，培养了融资租赁高层次人才达到 100 余人，受到国家教育部充分肯定和租赁业的广泛好评。

四、国际经济与贸易专业增设融资租赁课程的建议

　　综述所知，融资租赁与国际贸易关系十分密切。一方面，国际经贸人才需要具备融资租赁的相关知识，另一方面，融资租赁人才也必须熟练掌握国际经济与贸易相关的知识。因此，在我国高等院校内，在国际经济与贸易专业增设融资租赁课程十分必要。

（一）建议融资租赁课程为核心课程

　　目前我国的国际经济与贸易专业的培养方案中都没有将融资租赁课程列入其中，更谈不上列入核心课程。随着融资租赁在国际贸易中的作用越来越显现，对融资租赁的认知程度越来越高，以及国际贸易中融资租赁方式应用越来越普遍，这些均为融资租赁成为国际贸易专业的核心课程创造了条件。

（二）加快融资租赁课程教材建设

　　目前，融资租赁相应的教材和书籍并不多见，但也不乏一些经典著作。如对外经济贸易大学史燕平教授 2004 年编著的《融资租赁原理与实务》就是一本全面系统性介绍融资租赁的力作。随着我国融资租赁市场发展越来越成熟，现岗的融资租赁从业人员和将来想在融资租赁行业就业的人员对融资租赁教材的需求越来越迫切，加快融资租赁教材建设已是高校培养融资租赁人才的重要环节。

（三）建立融资租赁课程的师资队伍

　　融资租赁行业涉及面宽、覆盖域广、交叉性强，要求从业人员具备金融、贸易、财务、法律等多方面的知识储备，才能更好地为企业服务。这就对融资租赁课程的师资提出了更高的要求。高校可以直接聘请国内外租赁专家参与课程教学，通过实践培养专业

人才，或将具有发展潜力的老师派往国外接受系统的培训和业务实践，完善师资的梯队建设，实现长远发展。另外，高等院校还可以制定相关政策吸引和聘用海外融资租赁高级人才，鼓励海外留学人员回国加入教育行业，提升融资租赁人才培养的国际化水平。

（四）加快融资租赁课外实践基地建设

结合融资租赁人才的特点，高等院校还应积极推动"产学联盟"的建立，支持校企建立"融资租赁人才培养基地"，健全企业家服务体系，加强中高级融资租赁专业人才的跟踪和管理，吸引和培育更多具有创新精神和创业意识的融资租赁行业的企业家，充当高校融资租赁课外实践的校外导师。全面探索校企合作、工学结合和订单培养，把融资租赁的业务流程、工作方式、企业价值观与团队合作理念送进课堂，逐步实现国际经济与贸易专业本科和高职毕业生课堂教学与岗位业务零距离接轨、专业能力与职业能力零距离接轨、毕业与在融资租赁企业就业零距离接轨。

第五部分 实验教学

国际贸易实务综合实验课程考试评估方法改革探析[①]

刘小军　周迎洁　过晓颖

摘要：随着经济全球化和改革开放的推进，国际贸易专业人才培养更注重适应经济发展需要的应用型、复合型综合国贸人才，此外传统的课程考试评估方法存在的问题严重影响教学的进步，因此本文从这两方面出发分析考试评估方法改革的必要性，借鉴了已有的动态化全过程考试评估模式，从五个方面提出探索国际贸易实务综合实验课程考试评估方法改革的建议，推进教学改革的发展，促进实现教学目标和教学效果的统一。

关键词：国际贸易实务；考试评估方法改革；动态化全过程考试评估模式

国际贸易实务综合实验课程是国际贸易专业重要的专业课程，在国贸实务实验课程改革的过程中，考试评估方法作为改革的重要收尾一环，受到极大的关注和重视。培养优秀的国贸专业人才需要良好的考试评估方法予以激励学生好好学习完成教学目标，同时作为教学反馈优化教学过程，体现良好教学效果，而传统的课程考试评估方法已不能很好地适应现在的教学和人才培养目标的达成。因此，本文将从国际贸易实务综合实验课程考试评估方法改革的必要性出发，探索提出考试评估方法改革的建议，科学合理评价学生对知识的理解和应用能力，促进教学课程改革的进一步推进。

一、传统的课程考试评估方法现状和问题

高等学校的学生教育中重要的一个节点是教育评价，即按一定的价值标准对受教育者的各种要素进行价值判断的过程，这也是教育评价的狭义概念。广义的概念是指以促进教育改革、提高教育质量为目标，系统地收集、整理、处理教育信息，对教育的社会价值做出判断的过程。各高校通常是将考试作为教育评价的手段，考查学生对专业知识的学习成果以及教师对专业学生的教学成果。传统常见的考试有闭卷考试和开卷考试，闭卷考试通常要求按照规定的考试大纲，识记、理解、应用、分析、综合各方面的课程知识，一般是考查学生对该门课程基础知识的记忆、理解和简单的分析综合能力等。开卷考试的考查更侧重于知识的理解和拔高的综合分析应用能力。

[①] 本文为天津商业大学教改课题"国际贸易实务系列实验课程网络教学模式探索和考核评估方法综合改革实践"（15JGXM46）的阶段性成果。

（一）一次终结性考试扭曲学生学习动力

一般来说，高校的课程考核还是以一次终结性考试为主，特别是一次终结性闭卷考试。一次终结性的期末课程闭卷考试客观上难以全面考查评价学生的学习效果。这样的考试易使学习过程中存在学生上课机械地记笔记、不愿动脑思考、考试前突击强化记忆课堂笔记、考试舞弊等不良现象。学期末的一次终结性考试因为将学习成果的体现禁锢在最后这一环节，完全静态，极易导致学生前期不好好学习，甚至不去上课，只有最后几天让老师划重点，甚至考试内容，课下并无动力认真学习，只需拼最后临近时段的一搏便可轻易拿到高分，极大地扭曲了学生对该门课程的学习动力。如何改变这种一次终结性考试，矫正学生学习动力，成为教学改革不可忽视的主要课题之一。

（二）考试形式单一，以笔试为主，轻实际操作

大部分高校的考试形式都以笔试为主，考试形式单一，实验操作需要的工作量大而繁杂所以轻实际操作，教学考核方式落后。以"国际贸易"课程考试为例，方式上仍然是以笔试为主，考试内容上主要是以教材为主，成绩评定上主要是以期末考试为主。这样的考核方式造成学生平时听课敷衍了事，临到考试熬夜"抱佛脚"，单一的考核方式带有极大的偶然性，难以做到真正的公正和客观，很难区分出学生的好坏，同时极易造成"高分低能"的学生，容易挫伤学生的自信心，打消学生学习这门课程的积极性。

（三）考试管理落后，缺乏有效评价机制

考试管理应最大程度发挥考试的导向、诊断、反馈、评价、区分和预测等功能，即通过考试引导学生学什么，判断学生学得怎样，教师教得如何，并能经过分析总结，反馈给学生应如何学，教师今后怎么教，同时还能评估教师的教学方法和学生的学习方法及相应的成效，区分教学成果和学习成果的优劣，最后对教师应如何教，学生如何学，如何发展提供一定的预测基础。但是目前高校的考试管理更多的是强调如何防止学生作弊，以考试成绩来评奖评优，区分好老师、好学生，其他功能并未得到很好发挥而流于形式，甚至仅仅成为教学的一个环节，给学生一个成绩，得到一门课程的分数，此门课程到此结业。教学效果和教学质量难以提升，作弊现象屡禁不止，尽管各校的《教学管理文件汇编》中都有加强考试管理的规定，尤其是对组织管理、命题、试卷管理、试卷评分、考试纪律、缓考、补考等诸方面做出明确又详细的规定，但是考试管理成效不大，缺乏有效的评价机制。

（四）传统的考试评估方法影响对学生创新思维能力的培养

传统的考试评估方法主要通过课程闭卷考试的形式考查学生对课程基础知识的记忆能力和简单的推理能力，考试成绩取决于学生所答与标准答案的符合程度，客观上禁锢了学生的想象力和创造力，在一定程度上影响了学生创新思维能力的培养，不利于社会需求的创新人才的培养。

二、教学培养目标的与时俱进对考试评估方法改革的必然要求

美国的小威廉姆·E. 多尔（W. E. Doll）认为"课程目标既不是精确的，也不是预先设定的。目标应该是一般性的、生成的，从而鼓励创造性的、互动的转化。评价模式

也不再是一种欠缺的概念,而是生产的概念,以一种启发性的、不易测量的概念来衡量"。多尔强调教育评价的多元化和动态化,在他的《后现代课程观》一书中提出"开放的、转变型的系统本质上总是流动的,总是处在动态的相互作用和调和之中"。因此教育评价应该成为共同背景中以转变为目的的协调过程。同样考试评估方法也是以课程目标为大前提,随着背景的转变而随之协调的动态过程化评估。

新的时代背景下,随着经济全球化和贸易自由化的进一步推进,更多的企业融入国际贸易市场竞争中,国际进出口贸易市场竞争激烈程度日益增大,同时信息技术的飞速发展,电子商务和互联网进一步融合,国际贸易实务也被赋予了新的内容,原有的国际惯例和条约等不断修缮,进一步将国际贸易的服务内容推向现代化和综合化,从而对适应实践的需要和经济发展需要的新时代国际贸易人才的培养提出了更大的挑战和更高的要求。因此作为实践性和操作性要求较高的国际贸易课程,旨在将学生培养成新时代的应用型、复合型的综合国贸人才。从课程本身来说,国贸实验课程由实验目的、实验主体、实验课题、实验手段及实验结果五大基本要素组成,通过对国际贸易实际运作过程的模拟参与和国际贸易活动的观察总结,来巩固学生国际贸易理论知识和基础,加深对国际贸易专业知识的了解和具体运用,深入理解国际贸易的原理和过程,培养学生的专业实践能力和开拓创新能力。因此国际贸易实验课程的考试评估方法需要结合国际贸易专业人才培养目标在现有教学条件的基础上进行改革和优化。

三、考试评估改革方法的探索

(一)现有的考试评估方法改革模式

东北林业大学的阶段化过程考试改革注重动态的阶段学习过程,贯穿学期始终,从细节抓起,包括课堂考勤、课堂提问、课堂小组讨论、课程论文、作业、实验操作、实验报告、演讲辩论等各方面综合计入学生总成绩评定中。通过改革试点进行总结,注重课程的全过程考核,推行多次累加式课程考试方法改革,根据具体课程学时选择合适的次数进行累加式考试。学校通过调研决定阶段考试形式,考试方法改革课程所要求的阶段考试为闭卷,意在促进和激励学生及时复习,注重课堂教学的学习效果,避免学生出现平时不学习、期末考试临时突击的现象和一次终结性期末考试作为课程总评成绩等弊端。提倡在规定考试模式基础上增加平时成绩评定,考核方式可以灵活多样,可以是开卷考试、课程论文、案例讨论、口试、实验操作、小组形式讨论、作业、实验报告、设计程序、上机实践、PPT幻灯片演示等多种考核方式。自改革实施起,学生和教师对成果反响良好。

(二)具体的考试评估方法探索

为了很好地完成培养目标,在现有教学条件的基础上,进行考试评估方法的改革探索,借鉴动态过程化的评估方法,根据不同时段考试对实现目标的不同作用给予相应的权重,分次累积评定成绩,才有可能比较全面、准确地反映学生课程学习效果的真实水平。

1. 考试阶段的多元化

考试阶段打破期末的局限已是改革的共识,根据不同的课程和课时安排需要,合理地安排考试阶段，设置期中考试、多次期间考试等，将学期合理分化和多元化处理，甚至是落实到个人的动态阶段化，督促学生重视平时的课堂学习成果，并激励学生课下复习，而不是最后期末的突击，将突击行为分化到学期的各个时点，也在一定程度上促进学生对知识的巩固和理解。

2. 考试形式的多样化

考试的形式打破闭卷的局限也是改革必经之路，以国贸报关与单证实务为例。报关与单证实务要求学生对于国际贸易整个流程，包括交易准备与磋商，买卖合同的签订，办理货物运输、保险、检验、报关、结汇等各环节都能够掌握。同时，对外贸专业英语的听、说、读、写综合运用能力要求也较高。因此，将学生分为若干小组，预先分配给每个小组不同的业务流程任务，要求小组成员根据任务要求，分别扮演外贸业务中的角色，依据课堂的贸易案例，用英文完成相应的业务流程及单证缮制。教师根据学生的表现，量化后作为考核结果的一部分，注重对学生日常专业和英语交流能力的评价，及时给予学生评价和反馈。

3. 考试评分机制的合理化，重素质，重平时

考试评分会根据不同的阶段考试或者其他考试形式，考虑不同部分的作用和范围确定权重，对不同模式的学生表现进行评分，重视学生素质，而不是只看考试分数，重视平时表现，而不是只以期末为准，促进考试评分机制的合理化，更好地对学生的学习效果和教师的教学效果进行评价。在国际贸易实验课程中，以国际贸易实务各流程操作规程、技巧为基础，以贸易实训软件为平台，让学生在仿真的业务环境中，全面、系统、规范地掌握国际贸易的流程、环节及做法，根据每次实训的情况进行评分，计入课程总成绩。比如以实验作业的完成情况来考查其是否能做到自己去学、学的效果如何、操作技能的水平如何；以课堂小组讨论中的表现来考查其综合知识的运用能力和新思维的形成；丰富试卷题型，增加辨析题分量，来考查学生知识面、点的掌握情况，重在对运用能力的判断；以学习中的行为表现来考查学生的学习态度。学习态度是学生道德建设的一个方面，它对工作态度、事业态度的养成至关重要。学习态度端正与否应该在其最后的评分中占有一定的份额。

4. 考试信息反馈的公开和及时化

高校课程考试信息反馈会对教师和学生产生重要影响，不同程度的公开和及时化也会带来不同程度的激励功能。对学生而言，争取优异成绩是大部分学生的努力目标。通过难易适中的考试，鉴别学生学习情况的优劣，这样成绩好的学生能够收获曾经的付出，体会到由学习带来的成功感、自豪感和满足感，激发更大的学习兴趣；成绩一般的学生更加发奋，自觉找出差距的原因，争取考出更好的成绩；而成绩差的学生，开始可能出现焦虑情绪，如果有教师给予正确引导，让学生正视自身差距，进行个性化差异化教学，也会使他们更加努力地赶上其他同学的脚步。然而很多学校考试重视过程中考风考纪的强调和管理，而忽视信息反馈工作的公开和及时，从而导致学生也会产生考完就万事大吉，什么都不管，只等待最后评奖评优有没有分的现象发生。及时公开考试信息反馈，对学生和老师是一种极大的激励，鼓励学生不是考完就没事了，考完的总结和反省是非常重要的，特别是在取消一次终结性考试后，及时公开考试信息反馈，对于学生很好地

复习和掌握知识并自我总结和提高有着重要的意义,对老师同样也是很重要的信息反馈,老师可以更好地因材施教,有的放矢。

5. 考试审批和激励机制的合理化

各大高校的课程考试评估方法都存在一个问题,就是任课老师对课程考试的方式、内容、频率、要求和成绩评定的自主性有所欠缺,任课老师是非常了解课程特点的,然而却缺乏自主权,多由教务处进行规范,这对教学成果的影响可见一斑。采用传统的期末一次终结性笔试考试则不经任何部门审批就可顺理成章地进行,这种变相地鼓励老师进行一次终结性考试对考试评估方法改革造成了极大的阻碍。这种考试管理体制和管理制度在一定程度上影响了国贸教研室教师进行考试改革的热情,也阻碍了国际贸易专业实验课程考试改革在更广的范围内开展。由于缺乏激励机制,教师因进行考试改革而付出的更多精力往往得不到应有的回报,而用传统的考试方法进行考试,既简单又易行,且不用承担任何风险。因此,赋予任课老师适当的自主权,合理安排考试,放开一线,提高一线改革动力,对优秀的教学成果予以激励,必会很好地推进考试评估方法的改革。

四、结语

本文通过从传统课程考试评估方法的现状和问题以及教学目标的与时俱进对课程考试评估方法改革的必然要求两方面出发分析考试评估方法改革的必要性,借鉴现有的考试评估方法改革模式,探索国际贸易综合实验课程考试评估方法的改革,从考试阶段、考试形式、考试评分机制、考试信息反馈和考试审批及激励机制几个方面提出改革的建议,力求培养出适应新时代需要,具有全球视野、扎实理论功底、灵活操作应变能力和沟通更佳的复合应用型国际贸易人才。考试评估方法的改革必须扎根于实践,同时也在实践中不断改进,打破束缚,才能更好地与时俱进,更好地服务于学生、服务于老师、服务,于教学工作。

参考文献

[1] 张祥明. 教育评价的理论与实践 [M]. 福州:福建教育出版社, 2005.

[2] 小威廉姆·E. 多尔. 后现代课程观 [M]. 王红宇, 译. 北京:教育科学出版社, 2000.

[3] 肖勇. 国际贸易人才培养模式的特色塑造——以上海海洋大学国际贸易专业的教学改革为例 [J]. 科教导刊, 2013(28):55-56.

[4] 杨光. 国际经济与贸易专业考试模式改革研究——以郑州航空工业管理学院为例 [J]. 现代商贸工业, 2010:250-251.

[5] 成丽. 国际经济与贸易专业考试改革探索与实践——以沈阳航空航天大学报关与单证实务课程考试改革为例 [J]. 对外经贸, 2014:125-127.

[6] 刘志明. 提升大学生科研创新潜质的考试方法改革研究 [J]. 安徽农业科学, 2014:8060-8061.

[7] 曹晶晶, 朱华兵. 高职国际贸易实务课程评价方法的改革 [J]. 职业技术教育, 2007:59-61.

开放式网络教学视角下国际贸易实务系列实验课程教学探析[①]

过晓颖　赵新锋

摘要： 自加入世界贸易组织之后，我国同世界各国的贸易往来也日渐增多。我国的对外贸易不仅有了量的飞跃，而且有了质的提高。相应的国际贸易相关人才的培养也就日益重要。在目前互联网、物联网经济的大背景下，在国际贸易实务实验课程中开展开放式网络教学也就成了新型教育的必然选择。开放式网络教学可以很大程度上调动学生的学习积极性，提高教学效果，更有利于全面提高学生的国际贸易专业素养。

关键字： 国际贸易实务；专业培养；开放式网络教学

一、国际贸易实务实验课开放式网络教学的含义

开放式教学，源于科恩 1969 年创建的以题目为中心的"课堂讨论模型"和"开放课堂模型"——人本主义的教学理论模型；同时，还源于斯皮罗 1992 年创建的"随机通达教学"和"情景性教学"——建构主义的教学模式。

开放式网络教学主要是指在开放式教学的基础上，教学中表现为开放式和网络课程的充分结合。开放式网络教学的教学题材不仅可以来自教材，也可以来自生活，来自学生；就课堂教学方法而言，即在教学过程中通过对教材的个性化处理，使教学方法体现出灵活多样的特点，并且在教学方法中运用"实践式""操作式"的方法，引导学生通过实际操作，获取知识，提高专业熟练度；就课堂练习而言，开放式网络教学要体现在方式的多样性、条件的便利性等；就课堂师生关系而言，在这样的课程中教师不仅是讲授者，而且是实验操作的指导者；课程中老师和学生之间，学生和学生之间的互动性都可以得到充分调动。总之，开放式网络教学能给学生提供更多实践机会，让学生所学的知识更好地运用到切实的国际贸易实务之中。

[①] 本文为天津商业大学教改课题"国际贸易实务系列实验课程网络教学模式探索和考核评估方法综合改革实践"（15JGXM46）的阶段性成果。

二、国际贸易实务实验课开放式网络教学的必要性

（一）知识经济的时代背景

现阶段世界经济的发展正处于一个科技高度发达的知识经济型时代，在这样的背景下，信息连通性成了决定经济发展的重要因素，电子商务活动随处可见。因而当代国际贸易的竞争，不仅是传统的货物贸易和服务贸易的竞争，更深刻地表现为信息、技术、人才之间的竞争。处在这种情况下的国际贸易的学生更应该拥有全球视角，养成从全方位思考、解决问题的能力。而作为传播知识的课程也应该为学生提供充分的学习条件，不能将知识禁锢在课本中、课堂上。尤其是像国际贸易实务这样的实践要求这么强的课程，采取开放式网络教学的方式能够最大程度地调动学生学习的积极性和主动性，从而达到学以致用的目的。

（二）国际贸易行业的要求

国际贸易专业之所以在各大高校中被广泛开设，其目的就是要为国际贸易行业提供大量的优质人才，而国际贸易这个行业对从业者的重要要求就是从业人员必须熟悉贸易流程，并且充分掌握经济动态。从事国际贸易的人员必须通晓国际贸易理论和世界政治、经济、文化、宗教、战争和自然灾害等知识。针对国际贸易中的风云变幻，国际贸易从业者想要做到游刃有余，必须要有十分灵通的消息网，掌握贸易方及其国家的全方位动态。尤其是现在处于后金融危机时代，对人才的要求更加务实，传统的教学模式已不能满足行业的发展，开放式网络教学已经成为国际贸易实务实验课的必然选择。

（三）开放式网络教学大环境的影响

开放式网络教学不仅在国际贸易实务课程中，在很多重实践的课程中都有开设；而且也不局限于校园、书本中，而是将教学活动由课堂延伸至社会，由理论知识联系到现实商务活动中，引导学生主动参与到贸易活动中去，并通过灵活的途径和方式，让学生在实践中提高自己的外贸从业能力。在涉及国际贸易交易流程的时候，学生可以在开放式网络教学中，通过不同角色的扮演，真实体验一笔贸易从开始到最后的全过程，真正将理论转化为实践。通过教学空间的开放，一改往日学生在课堂上填鸭式学习，通过教学环境的改变，让学生对国际贸易产生浓厚的兴趣，并真正地学到知识。

（四）全面提高学生专业素养

国际贸易作为一门开放性课程，同时国际贸易行业又具有很强的时效性，因而在国际贸易的学习中，教学的内容不应该仅局限于课本的贸易理论，另一个重要的方面就是国际贸易实务实验课。国际贸易实务实验课是一门综合性的学科，与国际贸易理论内容紧密相连。在学习的过程中，应该将各科知识综合运用，比如讲到国际货物运输、保险内容时，就应去了解运输学、保险学科的内容；讲到争议、违约、索赔、不可抗力等内容时，就应去了解有关法律的知识等。而开放式网络教学可以真实模拟国际贸易的整个交易过程，让学生的专业素养得到全面提高。

三、传统国际贸易实务实验课网络教学的问题

（一）教学系统开放程度过低，止步于封闭的实验室

目前，多数学校国际贸易实务实验课所用的数据、软件，仍是几年前的旧版本。而在讲求时效的国际贸易中，数据的落伍无疑导致培养出来的人才并不适合于当今的国际贸易形势。如在原有的单证实务实验课中，所涉及的内容单一、封闭，无法令学生通过实验掌握贸易中单据究竟是什么样的、处于什么样的地位。并且国际贸易涉及范围广，无论哪一方面的变化都会对交易产生巨大影响，然而过时的、封闭的实验方式，并不能让学生切实体会到这些细节的变化所带来的影响，也就无法在将来的工作中从容面对。

（二）教学的教案仍是对书本的搬用，创新性低

所谓开放式网络教学，必然是软件和硬件之间、线上和线下之间的综合运用从而达到教学目的的方式。这就要求在教授的时候必须保证网络的连通性，信息的及时传递。而很多教师在制作相应的教学教案时却忽略了这一点。许多的教学教案在制作过程中缺乏创新，仍是对书本的转移，从而影响了教学效果。因为，对于开放式教育学习的学生来说，他们大多数并不是优秀的学习者，很多人不具有网络教育所需的自学能力。因此在网络教育中，教学方式及教学素材的选择就显得尤为重要。开放式网络课堂与传统课堂不同，它对学生的实践能力、操作能力、转化能力有很高的要求，同时对教师也就提出了新要求。然而现状却是多数的教案仍是对课本的挪用，与实际需求严重脱节。

（三）教学开展过程中的互动性低

在当下的国际贸易实务实验课的网络教学中，许多学校采用的是一种纯粹的放羊式的教学模式。在国际贸易实务实验课上，就是老师布置任务，最后再来收一下成果，至于怎么操作那是学生自己的事。学习的过程固然是学生自己来实现的，但在学生的学习过程中其实并不是一帆风顺的。学生经常会遇到一些自己无法解决的问题，这时候便要求老师与学生之间有一个很好的互动，然而现实中这样的互动并不多见。还有一个重要的问题是学生之间的互动也是相当少的，学生长期以来已经形成了"教师讲，学生听"的模式，而现在要面对大量的网络教学资源，学生的整合能力显然是不足的，而且学生之间通过沟通、交流解决问题的能力也明显不足。

（四）教学评估更注重最后的系统评分，忽视了学生操作过程的监控

目前国内网络教学资源的建设呈无序状态，很多学校在组织资源建设时，只注重数量，忽视质量。网络教学的一大通病是缺少对其内容的把关，这一通病在国际贸易实务实验课程的教学中体现为现阶段的国际贸易实务实验课开放式网络教学的评价有明显的不完全性和滞后性。不完全性体现在最后的评价标准主要以最终结果为依据，而忽视了学生的具体操作过程。滞后性则表现为后知后觉。而实验最后的评价标准是否科学合理以及具体过程中的可操作性、可衡量性直接决定了教学的成败与否和对学生的国际贸易从业能力评价的可靠性。由于对教师的教学效果、学生的学习成效缺乏行之有效的评价标准和方法，直接导致学生在校掌握的技能与工作岗位所需的技能脱节甚至是完全不能适用。

四、国际贸易实务实验课开放式网络教学的革新

（一）学校重视网络教学软件及资源的审核，让学生"放心用"

国际贸易实务实验课开放式网络教学的前提就是教学实验设备的保障，这个保障既包括硬件设备的保障，也包括相应软件的配套设备。硬件设备主要是实验教学设备的更新换代，保持网络的连通性等。软件条件也就是国际经济形势、国际贸易时时动态的跟踪，以及科学的教学方法与先进的教学观念。所以在高校引入先进教学模式、理念的同时，也要加快国际贸易实务实验室的升级，对一些陈旧的设备仪器要及时更新，定期采购先进的仪器设备。在软件上，及时购入当下先进的国际贸易实务实验课开放式网络教学平台，努力为学生提供更好的教学条件。

同时，注重开放式网络教学的资源获取，提高网络教学的有效性。信息资源的及时性、全面性、实用性是实现网络教学有效性的核心条件。丰富而又有用的网络教学资源能够在有效地激发学生学习兴趣的同时让学生的学习变得高效。在这个过程中，首先便应该注重资源的实用性。著名的美国教育家达肯·沃尔特指出："实务型课程的学习者更加重视的是所学知识的实用性而不是学术性，他们注重应用而不注重理论；注重实际效果而不太注重理论影响。"开放式网络教学的教育目便是希望国际贸易的学生通过学习能够熟练掌握整个业务流程，并注重细节的把握，最终顺利完成业务。因此，开放式网络教学资源在内容的选择和组织上，在基础理论上，引入新的实用知识和技术，加强实践环节，注重能力的培养。其次，应突出网络信息资源的时效性、应用性和拓展性。与其他形式的媒体资源更新周期相对较长、跟踪学科应用和发展的步伐比较滞后相比，网上资源具有更新及时，展示知识的方式多样，能及时跟踪学科应用和发展趋势等优势，因此在网上资源的建设中应注重展示学科相关的应用领域和发展趋势，提供理论联系实际的实用案例，在强化学生应用能力的同时拓展学生的视野。

（二）开展多方交互式教学，让学生"动起来"

国际贸易实务实验课开放式网络教学实施的关键在于为教师和学生提供了一个学习和实践并重的开放式教学实验平台。在这个平台上，教师和学生之间、学生和学生之间应该实现的是一种开放的、交互的关系。通过交互式的教学模式，教师可以及时知道学生的实践操作情况和知识的掌握水平等。而学生之间的交互式交流，也有利于知识学习的深入和商务谈判能力的提高。在国际贸易实务实验课开放式网络教学的课堂上，除了传统的教授外，大部分时间是学生自己的动手操作，从模拟公司建立，到业务的开展，再到最后一笔外贸业务的完成。在这个过程中需要的便是一种交互式学习模式，也就是基于网络的虚拟环境里，具有共同学习任务的学习者构成的学习团体。

在交互式学习的模式中，学生之间经常在学习过程中进行沟通、交流、分享信息资源，解决操作过程中的问题，共同完成国际贸易实务实验课的教学任务，从而在国贸学生间形成了相互影响、相互促进的人际联系。同时，现代开放式网络教学中的教师和学生大多时候是处于分离状态的交互方式中，这时候便需要设计出一种以学生为主体的、信息丰富的网络化学习环境，组织一种"虚拟"的学习共同体。在开放式网络教学交互

学习的过程中，教师应该鼓励每一个学生分享自己的观点和见解，提出自己在操作过程中所遇到的各种各样的问题，并仔细思考解决方式。其间，学生和老师之间是以平等的身份不断地交流，教师要分析与学生的交谈内容，洞察学生学习过程中的问题并不断地及时解决，全面提高学生的国际贸易从业素质。

（三）转变教学观念，开放信息环境，让学生"走出去"

鉴于国际贸易实务实验课的培养目标便是为社会输送高素质的紧随经济形式的国际贸易从业人才，以及当下学生很少主动了解国际贸易的政策、经济形势变化的现状。在开放式网络教学中，教师便应该注重教学观念的改变，让学生经常主动地通过各种方式关心国际国内时政要闻，比如国家领导人的活动、金融危机及其对我国对外贸易的影响、汇率的变化及其影响、各国政府采取的经济刺激方案、我国的进出口贸易数据及其变化等，并在授课时结合正在做的实务操作课，分析这些不确定因素给一笔业务可能带来的影响。教师则把发言情况作为平时成绩的参考之一，并对发言内容加以分析、补充和总结，尽可能地与专业基础理论知识联系起来。这样不仅有利于提高学生对国际经济、国家大事的关注，也有利于培养学生的国际贸易专业思想，提高专业敏感度。

（四）建立开放教学系统平台，让学生"随时用"

在国际贸易实务实验开放式网络教学中的一个重要方面便是加强信息化建设，利用信息技术建立一个开放式教学系统平台，开展实践教学管理。在这个开放的平台中，通过对各种教学资源的整合从而实现资源的共享，促使传统填鸭式学习模式向互动、开放、自主学习模式的转变。并且通过对教师、学生的培训，增强教师、学生现代化网络操作能力，以配合教学资源数字化的建设，让学生可以在学院内有网络的地方自由地进入平台学习。国际贸易实务实验课开放式教学的网络平台包括数字化学习环境、业务流程的电子模拟，建设网上教学互动平台，逐步实现课内、课外网上交流、讨论、辅导、答疑的联动形式，培训学生挖掘资源自主学习的能力。

（五）完善教学的监督评价机制，让学生"安心做"

1. 建立健全的考核评价机制

课程考核的目的主要是检验教与学的效果，促进教学内容的完善、教学方法的改进，促进素质教育和人才培养。在国际贸易实务实验课开放式网络教学的课程中更需要有针对性地建立起一套科学的、规范的、标准的考核体系。进一步推进考试方式、考试内容和成绩评价的改革，建立规范、标准的实践课程的考试与考核方式，全面实施弹性学制，为学生个性能力培养提供机会，让学生的专业素养得到真正的提高。

2. 加强学生自我监督意识

众所周知，教学监督主要分为外部教师监督和内部自我监督两种形式。传统的教学模式中的考试考核方式无疑是外部监督的典型，然而开放式网络教学在外部监督的基础上，更加注重学生的自我监督。我国学生在传统教育的影响下习惯于集体授课有监控的学习方式，这就使得学生整体上呈现出缺乏自主性、独立性，自我控制学习能力差等诸多不适应开放式网络教学的情形。尤其是国际贸易实务实验课开放式网络教育的学习处于网络这样一个开放性、自主性强的学习环境，对学生的自我控制能力的要求大大加强，便需要学生逐步地从外部监督的学习过程向自我监督的学习过程转变，这个转变的实现既需要教师对学生的日常的指导和帮助,也包括学生平时对自己的自我监督。因此,建立和完善网上学习监控、学习约束和督促、建议机制,是提高国际贸易实务实验课开放式网络教学质量的有力保障。

参考文献

[1] 陈杰平,谭志静,张华. 浅析开放式实践教学体系建设 [J]. 职业教育研究,2008(3):9.

[2] 陈仁新. 国际贸易实验教学的实践与改革研究 [J]. 当代教育理论与实践,2011(3).

[3] 董发勤,彭煜. 开放式实践教学体系的探索与实践 [J]. 实验科学与技术,2008(8):12-13.

[4] 丛磊. 关于提高网络教育中有效学习的策略分析 [J]. 宿州教育学院学报,2009(2).

[5] 潘立武,蒙春艳,何保锋. 谈创新性学习的网络教学模式 [J]. 中国建设教育,2007(2):15.

基于移动互联网的开放式网络实验教学模式研究——以国贸实务实验课为例[①]

过晓颖 冯 凯

摘要： 建立基于移动互联网的开放式网络教学实验模式是高校国贸实务实验课改革的方向。本文分析了基于移动互联网的开放式网络教学实验模式的概念和特点，指出了当前高校国贸实务实验课存在的问题。在此基础上我们构建了基于移动互联网的开放式网络教学实验模式，并以蓝墨云班课为例介绍了基于移动互联网的开放式网络实验教学模式在国贸实务实验课中的应用。最后本文对开放式网络实验教学进行了总结和展望。

关键词： 移动互联网；开放式网络实验教学；实验教学模式；国贸实务实验课

一、引言

随着高校实验教学模式改革的不断探索，越来越多的高校意识到迫切需要改变传统单一的课堂教学模式，建立新的开放式网络实验教学模式。近年来，移动智能设备的普及和移动互联网技术的飞速发展为高校实验教学模式改革提供了全新的思路。将基于移动互联网的开放式网络实验教学融入传统的课堂实验教学中，有助于培养学生自主学习和探索问题的能力，为学生的全面发展打下良好的基础。

二、基于移动互联网的开放式网络实验教学模式概述

（一）基于移动互联网的开放式网络实验教学模式的概念

基于移动互联网的开放式网络实验教学模式是一种以教师为主导，学生为主体，利用先进的移动互联网技术和移动智能设备实现的实验教学双向互动的新型教学模式。

移动互联网技术的使用突破了传统实验室教学的物理束缚，将课内与课外紧密联系起来，实现学生与教师的实时沟通与交流，最终使教学目标符合社会发展需求，教学内

[①] 本文为天津商业大学教改课题"国际贸易实务系列实验课程网络教学模式探索和考核评估方法综合改革实践"（15JGXM46）的阶段性成果。

容符合人才培养计划,教学方式符合现代素质教育。与传统的课堂实验教学模式相比,基于移动互联网的开放式网络实验教学模式是一种多层次、全方位的实验教学模式。

(二)基于移动互联网的开放式网络实验教学模式的特点

基于移动互联网的开放式网络实验教学模式具有如下特点。

1. 实验教学的开放性

实验教学的开放性主要体现在实验教学内容的开放、实验教学的空间开放和实验教学的考核方式开放三个方面。

实行基于移动互联网的开放式网络实验教学模式,教师的教学内容将不再仅仅局限于书本之中,而是以教学计划和教材框架为基础,充分利用移动互联网上丰富的资源如视频、图片、课件等,紧密结合社会实际设置实验教学内容,开放实验教学内容,实现动态调整和更新。同时实验教学的场所可以突破实验室的物理限制,学生可以通过移动互联网查找收集资料,并将资料发布到移动教学平台供其他同学学习。学生在充分搜集和学习大量相关资料的基础上,可以随时就某个感兴趣的问题在移动教学平台上向教师咨询,教师亦可以随时进行问题的解答和点评。教师可以以学生在移动教学平台上的表现作为实验课程考核标准的重要依据,鼓励学生积极搜集课程资料和参加话题讨论。

这样的实验教学模式突破了时间和空间的限制,是课堂实验教学的合理延伸,弥补了课堂教学的不足,有助于培养学生自主学习和探索问题的能力,为学生的全面发展打下良好的基础。

2. 实验教学的互动性

基于移动互联网的开放式网络实验教学模式最大的特点就是借助先进的移动互联网技术,拉近师生之间的距离,实现实验教学的实时互动。这种实时互动教学模式是对课堂教学时间和空间的拓展,学生可以利用移动教学平台与教师进行一对一的课程问题交流,或者将自己的问题置于公共讨论区与全班同学进行交流。这样一来,整个实验教学过程就变成了一个师生之间、生生之间的多项互动过程。

这种模式不仅扩大了学生间交流问题的范围,而且能使讨论的问题更加深入。学生更加大胆地向教师表达自己的观点,教师也能平等地和学生进行学术讨论,掌握学生的思想动态,为其提供合理的解答。

3. 实验教学的个性化

实行基于移动互联网的开放式网络实验教学模式后,教师可以在充分了解学生的基础上,根据每个学生不同的特点,为其提出个性化的实验学习建议,正所谓因材施教。而学生本身也可以根据自己不同的需求和学习能力,在合理的范围内选择适合自己的实验内容,制定自己的实验计划并完成实验。

这种模式一改传统实验教学千篇一律的实验报告形式,鼓励学生自主探索新的实验路径,教师根据学生能力的不同提出个性化建议,以此激发学生的潜力,达到事半功倍的效果。

三、当前我国高校国贸实务实验课教学模式的现状与问题

（一）国贸实务实验课仍然以传统课堂讲授为主

近年来，随着计算机设备的推广普及，越来越多的高校已经配备了经济教学实验室，购买了大量国贸实务模拟软件。但是很多教师依然沿袭传统教学模式，以课堂讲授作为国贸实务实验课的主要内容，忽视了学生实际操作能力的培养。在这种以"教师为中心，教材为核心"的封闭教学模式下，枯燥的课堂讲授以及机械的软件操作不能激起学生学习的兴趣，学生的听课状况逐年恶化，迟到早退旷课现象层出不穷。教师无奈用到课率考查学生出勤情况，而这又引出了代人听课的校园新职业，实验教学质量越来越差，陷入恶性循环。

（二）国贸实务实验课师生沟通交流极少

传统的课堂实验教学模式中，师生之间的交流时间有限，交流形式以教师课堂提问为主，交流对象只能是个别学生，难以全面顾及所有学生的问题，因此互动性很差。虽然很多教师在课堂上都鼓励学生发言提问，但课堂依然是以教师为主，学生在教学中的主体地位得不到应有的尊重，自然不愿意参与课堂的互动环节。尤其是对于大班授课的课堂，这种互动的参与者更是寥寥无几。教师在课堂上得不到学生的回应，教学气氛就会显得十分沉闷，学生的学习兴趣逐步下降，最后只是为完成作业获得学分，失去了实验教学培养实际操作能力的作用。

（三）国贸实务实验课考核方式单一

国贸实务实验课传统的考核方式一般分为平时成绩和期末成绩两个部分，平时成绩参考学生平时的到课情况与课堂实验报告完成情况给出，期末成绩参考学生期末实验报告和期末考试成绩给出，而期末考试成绩往往占据很大部分。这种考核方式下学生更看重期末成绩而忽视平时成绩，而期末成绩的提高又通过抄背笔记来完成，学生只是在机械地记忆，并没有消化吸收知识，考试结束知识也就忘记了。而教师为了统一管理，往往要求学生平时和期末的实验报告遵循同样的实验方法与格式，最终形成了百人一面的实验报告。而这其中又会引起很多抄袭现象，学生只是为了完成实验报告而去做实验，实验报告完全流于形式，完全失去了实验探索精神。

四、构建基于移动互联网的开放式网络实验教学体系

通过上面的分析我们可以发现，当前我国高校国贸实务实验课教学现状不容乐观，存在十分明显的问题。因此我们提出通过构建基于移动互联网的开放式网络实验教学体系，改革传统单一的课堂教学模式，开放实验教学内容，互动师生关系，创新实验课程考核方式，以同步或异步的方式实现新型国贸实务实验课教学模式。

（一）开放国贸实务实验课教学内容

国贸实务实验课是一门很强的交叉实验学科，实验涉及国际贸易的磋商谈判、签订合同、国际结算、货物运输、争端解决等方面，需要学生对于国贸专业整体性和综合性

的掌握。这就要求我们改变以学科专业划分的教学组织形式，创造跨越单一学科的开放式教学内容。

具体而言，以国际贸易的流程为主线，教师在实验课堂上利用移动互联网学习平台，将上传好的学习资料（包括但不限于各种视频、音频、图片和课件等）与学生分享，引导学生从买卖双方的角度分别探索国际贸易的磋商谈判、签订合同、国际结算、货物运输、争端解决等方面，再结合已有的实验室硬件和软件，进行国际贸易仿真实验。而学生也可以利用移动互联网学习平台分享自己搜集的资料，积极参与实验课堂教学。在这种模式下，教师以学生为课堂主体，以学生实际操作能力的培养为出发点，指导学生理论联系实际，将国际贸易基础知识学以致用，不断创造和优化符合学生接受条件的教学形式，满足学生的学习需求。

（二）互动国贸实务实验课师生关系

平等民主的师生关系是实现开放式网络教学的基础。传统的国贸实验课堂里，教师总是会让学生感觉高高在上而不敢提问，加之有些学生即使有问题也怯于当众提问，实验课堂变成了"一言堂"，教学方式是"填鸭式"。

在基于移动互联网的开放式网络实验教学体系下，师生之间的距离无限缩小，所有学生都可以通过移动互联网教学平台，将自己关于国贸实务实验课的问题放在班级讨论组中或单独向教师提问，教师可以更好地掌握不同学生的学习状态，根据不同学生的问题同步解答。除此之外，教师还可以根据学生集中提出的几个实验问题通过在线课堂给出自己的解答视频或音频，学生可以根据自己的时间选择观看或收听。这种模式突破了时间和空间的限制，学生只要手里有移动智能设备并接入移动互联网，就能实现线上线下、同步异步地与教师相互交流；教师也会从学生的问题中发现新的思考角度去探索，从而实现教学相长。

（三）创新国贸实务实验课考核方式

国贸实务实验课传统的考核方式单一刻板，学生可以针对这种考核方式寻找通过的捷径钻空子，获得学分但却没有掌握知识锻炼能力，这使得考核的激励作用大打折扣。

在基于移动互联网的开放式网络实验教学体系下，教师可以改变传统的平时成绩和期末成绩的分配比例，将平时成绩作为主要考核目标，期末成绩作为参考目标。在平时成绩考核中，将学生在移动互联网学习平台上的表现纳入考核，如对积极搜集资料探索问题的学生加分，消极对待学习的学生扣分，并将考核方式和结果公开，以保证考核结果的全面客观公正。这种考核方式对教师和学生有一种双向监督的作用，教师不能根据主观意见随意给分，学生也不敢随意复制抄袭他人的实验结果。对于平时和期末实验报告，教师在规定必要的格式外不去做更多的要求，引导学生采用新思路新方法完成实验，对这种实验报告可以考虑适当加分以资鼓励。从长远来看，这种考核方式有助于培养学生自主学习和研究性学习的能力。

五、基于移动互联网的开放式网络实验教学模式的应用

教学模式的发展与完善需要不断进行实践检验。下面我们将以蓝墨云班课为例，展

示其在国贸实务实验课教学中的应用。蓝墨云班课支持电脑、手机和平板三种设备，教师通过注册自己的课程获得课程邀请码，学生下载蓝墨云班课应用程序后，注册并输入课程邀请码就可以加入移动课堂。蓝墨云班课主要包括教学资源系统、网络教学系统和教务管理系统三个子系统。

（一）教学资源系统及其在国贸实务实验课中的应用

教学资源系统主要是对所有网络教学资源进行归纳管理，使用者可以通过索引信息进行快速查询获得有用的信息资源。教学资源系统包含媒体素材库、课程课件库等。

在国贸实务实验课前，教师可以将课程相关的视频、音频、图片和课件等分类上传到蓝墨云班课中，学生在收到软件推送的通知后可以下载学习。在上课时教师可以将实验内容实时分享到蓝墨云班课中，指导学生完成实验内容。课后教师可以将一些相关资料链接发送到蓝墨云班课中，供学生阅读参考。通过蓝墨云班课的教学资源管理系统，教师可以将国贸实务实验课课前、课中和课后时间有机结合起来，为学生提供丰富的学习资源，指导学生完成实验。

（二）网络教学系统及其在国贸实务实验课中的应用

网络教学系统是以教学资源系统为基础，将网络课程与网络教学资源紧密结合起来，教师可以通过该系统实现网络教学和测验等，学生可以通过该系统与教师进行实时交流。

在国贸实务实验课上，教师可以以班级为单位在蓝墨云班课中进行视频授课。学生可以分组点播教师授课视频，查看相应的课程课件及教师布置的课后作业。通过该系统也可以实现教师与全班学生在线视频交流。教师可以通过教师客户端上传测验内容，规定学生在指定时间内作答。蓝墨云班课提供多种统计工具，方便教师统计测验结果，了解不同学生对实验课程的掌握情况。同时学生可以通过该系统与教师进行在线互动交流，将自己的问题以公开或私信的方式向教师提问，教师可以根据学生的问题进行针对性解答。教师通过蓝墨云班课，借助移动互联网，可以拉近和学生间的距离，达到更好的教学效果。

（三）教务管理系统及其在国贸实务实验课中的应用

教务管理系统是为教师和学生提供教务服务的系统。主要功能包括教学进度管理、作业管理、测验管理和成绩管理等。

在国贸实务实验课里，教师可以通过蓝墨云班课的教务管理系统组织课程教学，查看学生的学习进度，组织学生测验并管理学生成绩。教师还可以维护课程信息，发布教学信息等。学生可以通过该系统查看个人信息情况和学习进度，获取最新的教学信息，管理自己的课堂笔记和查看测验成绩。通过蓝墨云班课方便了师生管理教务信息，也有助于实现成绩公开化，降低教师主观随意给分的意愿和学生复制抄袭的动机，体现教学的公平公正。

六、结论

以国贸实务实验课为例，基于移动互联网的开放式网络实验教学模式取得了良好的教学效果。随着移动互联网技术的不断发展，教师、学生和网络之间会出现更多的组合，课堂教学形式将会更加丰富多彩。面对这种变化，高校国贸实务实验课的教学要与时俱进，积极接受移动互联网技术，构建基于移动互联网的开放式网络实验教学体系，创新实验教学模式，改革传统的以教师为主导的课堂，积极培养学生自主学习和探索问题的能力，更好地实现教学目标。

参考文献

［1］赵巍．基于开放式网络互动教学模式的研究与实践［J］．赤峰学院学报（自然科学版），2014（8）：22-23．

［2］刘华香．试论高校开放互动式网络教学模式［J］．黑龙江高教研究，2009（12）：174-176．

［3］代唯良．开放式教学模式在英语教学中的应用研究［J］．科教导刊，2012（35）：215-216．

［4］彭晓凌．开放式教育模式在英语教学中的应用［J］．发展，2012（4）：149．

［5］蓝墨科技网站：http://www.mosoink.com/．

开放式实验在财经类高校课程设置中的应用[①]

姜达洋

摘要：在现代高校的课程体系设置中，强化实验教学早已成为很多财经类高校的共同选择。然而，传统的实验教学更多地作为推动课堂教学内容的顺利开展，巩固课堂教学理解的辅助性工具，这样的实验教学模式已经难以适用现代经济对于应用型、适应型人才的需求。特别是在一些工具性、验证性和仿真性实验课程教学中，选择开放式实验，赋予学生更多的自由选择权利，进一步完善开放式实验教学体系的设置，才能够真正保证财经类高校人才培养的实践性和应用性。

关键词：开放式实验；自由选择；财经；互联网+

一、引言

为了满足现代经济对于应用型、适应型人才的需求，越来越多的国内高校开始选择加大实验教学力度，希望通过更为有力的实验教学投资，持续改善高校的实验教学条件，并推出更有针对性，更具应用性的实验课程与实验项目，使学生们能够在亲身动手实验中，加强对课堂教学的学习，提升自身的实践能力，开拓学生的创新思维，真正切合市场人才需求，为社会建设培养具有较强动手能力和实践能力的高素质专业人才。

20世纪60年代，在美国的一些高校物理实验室中，逐渐产生一种开放式实验的改革浪潮，教师开始放手让学生根据自己的学术兴趣自由确定实验项目，自由决定实验时间，并通过提前预约的方式，向学生开放实验场地，让学生自由进行实验操作，从而充分调动学生参与实验教学的主动性和积极性。在这些开放式实验教学过程中，学生可以在开放、自由的学习氛围中，完成众多的实验项目，这也极大地培养了学生的自由创新精神和自主学习习惯，为社会培养出更具创新思维和动手能力的创新型人才。

近年来，伴随着我国高等教育对外开放的逐步推进，越来越多的国内高校，也开始引入开放式实验教学模式，通过不断完善高校的实验教学课程体系，开始在高校的课题设置中，有针对性地推出一些开放性的实验课程和实验项目，以调动起学生的学习兴趣

[①] 基金项目：天津商业大学教改课题"开放式实验在财经类高校课程设置中的应用"（15JGXM49），天津市哲学社会科学规划资助项目"京津冀产业结构优化升级中的'三链互动'研究"（TJZDWT150103）。

和主动性，真正提升人才培养的实践性和应用性。

然而，正如开放式实验项目最早产生于高校物理实验教学之中一样，目前，其在我国的高等教育中，开放式实验教学模式也较多地在物理、化学等理工科类学科的实验教学中广泛应用。而在人文社会学科的教学过程中，开放式实验教学模式的应用价值却被长期地漠视。难道开放式实验仅仅属于理工科学生独享的教学模式，而不适宜被推广应用到其他的学科门类吗？

二、财经类高校的实验教学对于开放实验项目的需求

在我国的高等教育体系中，财经类高校已经成为一支不容忽视的力量，每年大量财经类毕业生从这些高校走上工作岗位，肩负着我国经济建设第一线的重任。然而，由于当前我国财经类人才培养与社会需求仍然存在一定的脱节，很多毕业生由于缺乏动手能力和实践经验，往往难以满足现代经济发展的真实需求。如何培养真正满足社会需要的应用型财经类人才已经成为困扰很多财经高校的难题。为了提升财经类人才培养的应用性和实践性，在财经类高校的人才培养过程中，加强产学研协作与强化实验教学，已经成为很多财经类高校推动自身教学改革，优化教学质量，提升人才素质的自然选择。

在笔者看来，在财经类高校中，加大开放式实验教学力度，根据社会需求和财经人才需求的一般规律，增设一些培养学生综合素质的开放式实验项目和实验课程，引导和组织学生通过自主实验学习，提升自身的专业素养和人文精神，引导他们真正成为社会所需要的财经专业人才，也将成为进一步提升财经类高校人才培养质量的重要途径。

在传统的教学思维中，实验教学的主要目的在于发现新的实验结论或验证已知的实验结果，因此，它往往更多地应用于实验过程可以重复的自然科学学科。而对于人文学科，哪怕是经济管理等涉及较多数理研究的应用型人文学科，由于研究对象往往是具有自主思维的人或者更为庞杂的社会体系，不同的实验场所，不同的实验时间，实验对象不同的心理波动，都可能导致实验结果的巨大差异，因此，往往更依赖于研究者对于研究过程的抽象分析和逻辑推理，而难以通过重复性的实验过程得出相应的结论。

的确，经济管理学科的早期成就往往更多源于早期经济思想家纯粹的理论推导和逻辑推理，即使存在对于现实的分析或批判，往往也是建立在单纯的理性思维基础之上，而非实验证明。即使在人力资源和广告营销等领域，实验方法已经被证明是一项有效的科研手段，但是由于实验过程往往脱离于更偏重于基础理论的传授与知识的讲解的高校课堂，也很难被直接应用到高校的实验教学体系之中。

通常的财经类高校实验教学往往建立在传统的课程体系之上，往往都是基于更具应用性的实践性课堂教学内容而展开，它更多表现为巩固与验证课堂教学知识，从而强化学生对于课堂教学内容的理解，而成为课堂教学的辅助因素。在课程设置中，它也往往在传统的教学计划中占有较小的比例，通常是通过阶段性的课堂教学之后，通过有组织、有计划地在教学计划规定的授课时间向学生开放实验室，并将少量课时应用于实验教学，由专职老师指导学生在实验室中完成特定的实验项目与实验计划。

然而，上述传统的实验教学并没有摆脱传统灌输式教学模式对于学生思维的桎梏，

学生们只能在固定的实验时间、实验场所，完成教师所布置的实验项目。在整个实验教学过程中，学生仍然处于被动的受教者的地位，自然容易导致由于缺乏对于相应的实验教学的兴趣而影响其教学质量。

作为与现实紧密结合的应用性学科，伴随着现代信息技术的进步，越来越多的计算机信息手段被广泛应用到经济科学领域，以往单纯依赖于人力进行的经济管理工作，也逐渐被信息化管理系统所取代，计算机管理软件与辅助管理系统已经成为财经类大学生必须掌握的专业知识，这也推动了财经类高校的实验教学的开展。

更为重要的是，伴随着移动信息技术的进步，学生们更加关注于碎片化资源的利用，他们更渴望可以随时、随地，随意，根据自身的研究兴趣，自由组合，随意选择，进行各种自己感兴趣的实验项目，传统的严格受实验指导教师控制的实验教学模式，由于过多地约束着学生的发散思维，已经难以适应现代财经人才培养的需要，现代财经人才培养开始呼唤一种更为自由、开放的开放式实验教学模式的引入。

因此，在财经类高校的教学工作中，通过传统实验教学与开放式实验教学相结合，进一步完善与健全现有的实验教学体系，丰富实验教学课程内容，提高现有实验教学设施的利用效率，通过松弛有度的教学模式创新，进一步提升财经类高校的教学质量和人才培养质量，为社会培养真正具有适用性、操作性、创新性的人才，已经成为财经类高校实验教学的必然选择。

三、财经类高校开放式实验教学体系的构建

与辅助课堂教学的传统财经类高校实验课程不同，开放式实验往往强调于实验主体的泛专业化，实验条件的自由化和实验内容的自主选择化，充分的开放与自由是开放式实验的最大特征，它摆脱了传统实验课程设置严格按照班级与系别进行实验分组，并按教学计划的时间、地点，进行明确限定的实验内容选择的限制，自由化、个性化和差异化将成为开放式实验的特色，也成为制约开放式实验课程设置的最大限制条件。

第一，开放式实验的开放性应该体现在实验主体的泛专业化。传统的实验课程设置往往建立在明确的专业知识基础之上，往往追求于特定的专业理论的验证或者新的专业设计的开发，在这样的实验主旨下，不具备特定的专业知识素养，是无法理解具体的实验内容和实验目的，进而完成最终的实验操作的。正是在这样的专业约束下，财经类高校的传统的实验课程的设置往往是以系，或者班级为基本教学单位，针对相同专业背景和知识基础的学生群体展开。

然而，随着现代经济复杂性的加剧，高校课程设置的专业性与社会实践需求的多样性在知识内容和教学体系中的矛盾日益明显，即使在很多专业性需求极强的工作岗位，对于一些通识性或者个人素养性的技能与知识的需求也表现出明显的上升。在这样的社会体系中，打破高校实验教学传统模式对于专业性的强度依赖，转向通过安排具有不同的专业背景和知识结构的学生，在实验教学中各展所长、协调分工，充分发挥学生在实验教学过程中的主动性和积极性，也将成为现代财经类高校开放式实验教学的必然选择。

第二，开放式实验教学课程的开放，必然依赖于现代信息技术的进步，打破了对于

传统实验场所和实验时间的依赖。传统的实验教学，往往依托于模式化、规范化的课程体系设置，与传统的高校课程设置一样，实验课程也往往选择固定的教学时间与实验教学地点，开展集中的实验教学活动。尽管实验教学赋予了学生自主动手实验的机制，然而，其授课安排往往仍然是由实验老师主导，学生严格按实验老师的实验安排进行一步步的实验流程，学生们对于实验内容和实验流程安排并没有话语权，这也在很大程度上，影响了实验教学质量的提高。

随着现代互联网技术的发展，移动互联已经深入我们的生活，现代大学生们更是身处新技术应用的最前线，是众多新技术的最早的尝试者。他们在熟练运用各种互联网技术进行学习、工作、娱乐的同时，也在享受着现代信息技术给自己的生活带来的各种便利，大学生们也向往着运用现代互联网思维改造高校教学体系，实现高校课程体系"互联网+"式的改革，使自己可以无拘无束、自由自在地享受到现代信息技术带来的教学模式的根本式的改革。

开放式实验教学模式的出现，恰恰是对于高校课程体系"互联网+"式的改革的根本表现，它们借助于互联网、计算机软件、移动APP、移动互联技术等现代信息技术的最新进步，打破传统实验教学对于实验场所和实验时间、实验内容的严格限定，赋予学生更多的自主权和自由性，让学生可以根据自己的专业兴趣、实际需要、就业方向，自己制订实验学习方案，充分开发碎片式的时间，从而提升学生的学习效率和学习兴趣，全面提高实验教学质量。

第三，开放式实验是高校实验教学的重要组成部分，不能完全替代传统的实验教学模式。开放式实验由于可以给学生更多的学习的自主性和自由度，因此更加容易受到学生的欢迎，然而，也正因为此，它往往依赖于学生们分散的、随机式的实验安排，因此，它并不适合应用到一些需要实验学生之间的协同与强烈的分工模式的实验课程之中，比如在财经类高校实验教学中较为常见的博弈论、行为经济学、管理综合实验等实验课程中，实验结果依赖于不同学生，或者不同组别的学生之间的协同关系的展开。如果选择开放式实验模式，给予学生在实验时间和实验内容选择方面过大的选择权，反而影响不同实验者的实验内容的相互影响机制，最终影响整体的实验结果。因此，开放式实验仅仅适用于分散化的、不同实验者之间表现出明显的独立性、互不干扰的实验课程的选择，它应该与其他依赖于实验者之间的协同合作的传统实验课程一起，共同构建起现代财经类高校的实验教学体系。

在笔者看来，从开放式实验的课程选择来看，它往往更加适合于三类不同的课程。

第一类是工具性课程。对于财经类高校学生而言，数学、计量与统计工具已经成为他们必须掌握的专业性技能。传统的教学模式，往往把这些财经类工具的学习简单设置在数学、统计、计量经济学等专业性课程的教学之中，在紧张的课堂教学之余，安排少量的实验教学时间，供学生们熟悉、学习这些专业技能。而由于不同学生对于课程教学内容掌握水平的差异以及专业兴趣的不同，他们对于这些实验教学时间的需求也存在着明显的差异。而这些财经类专业技术工具往往建立在如SPSS、EVIEWS、SAS等计算机软件平台之上，这也为其实验学习摆脱课堂时间和实验场所限制提供了可能，而由于其复杂性，单纯的自学模式又难以让学生充分掌握其基本内容，因此，通过开设财经软件工具开放式实验，由专职老师提供在线的课程辅导和课程指南，让学生根据自己的兴趣和需要，利用自己的业余时间，自由开展实验课程学习，这将能够极大地补充传统课程设置的不足，提高实验课程的教学效果，全面提升学生的专业技能和实践能力。

第二类适合于开放式实验的实验课程应该是验证性课程。对于课堂知识的巩固与验证类的课程是财经类高校实验课程设置的重要组成部分，特别是国际结算、国际运输、国际物流、外贸英文函电等外贸类的课程，特别强调于课堂所学内容在实际工作之中的应用。因此，很多财经类高校特别与一些软件公司协作，专门订制，或者购买一些能够把课程所学的书本知识灵活应用到实践之中的实验软件与实验平台，这其实就为财经类高校开放式实验课程体系的设置提供了巨大的应用平台。然而，如果把所有的实验内容都纳入传统的实验课程体系的话，要不就会大大压缩课程学习的课时，影响专业课堂授课计划的推行，要不就会大大地增加学生在学期中的实验课程规模负担，在培养计划总学时数量有限的情况下，又会压缩专业教学课程的开设，影响学生的专业教学体系的顺利推进。如果选择开放式实验模式，一方面把学习的主动性，自由选择权交给了学生；另一方面，课程的安排也将更自由、灵活，即使增加课程学习的数量，也可以以专业选修课的方式，纳入学生的培养计划，最小限度地减少对于传统课堂学习的干扰和冲击，通过灵活、全面的验证性开放式实验课程的设置，进一步帮助学生们巩固课堂所学内容，提升财经类高校的人才培养质量。

第三类仿真性实验课程也是开放式实验课程的重要组成部分。作为一个与现实经济紧密联系的学科专业，财经类专业的很多课程都具有与实际经济对接的显著特征，它们不仅要求通过实验形式实现对于课堂教学内容的验证与巩固，它们更关注于提升学生灵活运用所学专业知识处理真实经济任务的能力，比如一些金融类课程，如证券投资、期货投资、国际金融中的外汇交易、货币银行学中的银行实务，包括一些仿真现实商务活动的经济管理综合实验项目等。单纯从实验的深度与难度来说，上述仿真性的实验项目的教学难度显然不大，但是要想真正掌握其实验操作的技巧，却又需要学生花费较多的实验时间，反复练习。在传统的教学计划安排中，由于其实验难度不高，高校往往不愿设置较多的课堂实验课时，然而这些实验教学却又对提升教学质量，提升人才应用能力具有非常重要的意义。因此，选择将一些相关的仿真性实验课程整合为一门或若干门不用挤占日常教学课时，又能够由学生自由分配实验进度与实验内容的开放式实验课程，也就具有非常重要的意义了。

形式自由的开放式实验课程并不是对学生的过度放纵，而需要结合一定的考核与督导机制，才能够保证开放式实验教学的整体质量。尽管在开放式实验教学过程中，学生可以根据自己的专业兴趣选择实验内容，也可以根据自己的时间安排决定实验进度，最大限度地给了实验学生更多的自由选择权利，然而，这并不代表就是对学生无底线的放纵。尽管开放式实验拥有更为自由的进度安排，但是实验指导老师也需要通过定期指导，在线答疑，实时监控等方式，一方面随时解答实验学生在实验过程中可能遇到的问题，保证绝大多数同学可以在指导老师的线上指导下，顺利完成所有的实验项目；另一方面，指导老师还需要重点关注存在实验进度严重滞后、实验操作错误偏多、实验态度不端正等现象的学生，督促他们端正实验态度，改正实验作风，提升实验准确率和实验效率，甚至可以通过强制实验成绩不予及格等形式，以成绩的压力尽可能地督促学生完成所有的开放式实验项目，从而保证开放式实验的教学质量。

四、结论

在现代高等教育体系中，实验教学已经成为很多财经类高校课程设置的重要组成部分。通过实验操作，加强学生对于课堂所学内容的理解，提升学生的实验能力和应用能力，全面提升现代财经类大学生的整体质量，已经成为现代高校教学改革的必然选择。

然而，在以课堂教学为基本实验教学形式和巩固课程学习内容为基本实验目的的传统实验教学体系之外，开放式实验赋予了学生更大的自由选择权，也能够最大限度地保障学生的实验兴趣，减少对于传统课堂教学计划的冲击，它也将成为财经类高校发展现代实验教学新的趋势。

在工具性、验证性和仿真性实验课程的教学中，开放式实验更具有明显的适用性，通过优选实验内容，优化实验教学安排，强化实验教学适时指导，突出实验教学严格督导，将能够进一步完善财经类高校的开放式实验教学设计，构建起最为合理、更为科学的财经类开放式实验教学体系，为提升财经类高校的人才培养层次，全面推动财经类高校人才培养的适应性和实践性做出重要的贡献。

参考文献

[1] 洪涛，钱晓耀，杨其华，创新开放实验项目管理方法研究 [J]. 高等工程教育研究，2009（3）.

[2] 王晓岗，赵超，许新华，樊雅娟. 分层次，跨学科开放实验教学实验 [J]. 实验室研究与探索，2013（9）.

[3] 杨洁. 高等院校开放实验教学初探 [J]. 浙江师范大学学报（自然科学版），2003（11）.

[4] 徐建东，王海燕，胡总. 高校开放实验管理模式创新研究 [J]. 实验技术与管理，2009（2）.

[5] 丁爱侠，高校开放实验项目实施及现状调查与分析 [J]. 实验技术与管理，2012（2）.

跨境电子商务实验课程体系的设置与实践①

王昕，王玉婧

摘要： 目前，跨境电子商务成为对外贸易发展的新宠，跨境电子商务人才短缺。为适应当前跨境电子商务需求，构建跨境电子商务实验课程体系，借助实验课程培养跨境电子商务人才显得尤其重要。本文在指出跨境电子商务实验课程体系构建的重要性的基础上，明确了实验课程的目标培养定位，从体系设置的原则、体系设置的内容展开说明。最后，提出实验课程顺利展开的保障措施。

关键词： 跨境电子商务；实验课程；体系构建

一、引言

随着"一带一路""互联网+"等新政策的推进及新概念的推出，各行业利用电子商务形式展开国际贸易的趋势越来越明显，跨境电子商务的概念已经初步形成。跨境电子商务是指分属不同关境的交易主体，通过电子商务平台达成交易，进行支付结算，并通过跨境物流送达商品，完成交易的一种国际商业贸易活动。跨境电子商务具有全球性、即时性和便捷性的特点（袁旭立，2014）。作为国际贸易人才培养的地方性院校，紧紧跟随时代步伐，引入跨境电子商务课程显得日益紧迫。由于跨境电子商务的概念刚刚提出，国内尚未建立完善的教学体系，且跨境电子商务具有很强的实操性，因此探究如何构建跨境电子商务的实验课程体系，明确跨境电子商务的人才培养目标定位，为培养跨境电子商务人才起到非常重要的作用。

二、跨境电子商务实验课程设置的必要性

随着互联网经济和国际贸易的快速发展，跨境电子商务业务发展势头迅猛，发展跨境电子商务，是新常态下发展我国外贸经济、促进经济转型的必然选择。在这种背景下，国际贸易类专业意识到应与时俱进，纷纷采取多种方式设置跨境电子商务课程。跨境电

---

① 本文为天津商业大学教改课题"国际贸易实务系列实验课程网络教学模式探索和考核评估方法综合改革实践"（15JGXM46）、天津商业大学青年基金项目（编号：151104）、天津市艺术科学规划项目（编号：B14025）、国家自然科学基金项目（编号：71503181）、大学生创新训练项目（编号：201510069059）的阶段性成果。

子商务实验课程的开设，具有一定的必然性。

（一）适应时代发展的客观要求

2013年全球跨境电子商务交易额达到1050亿美元，最活跃的依次是德国、美国、英国、中国内地和中国香港，预计5年内全球跨境电子商务交易额有望达到3070亿美元（中国电子商务研究中心，2013）。2012年我国跨境电子商务交易额突破2万亿元人民币，同比增长超过25%，其增速远高于线下传统外贸交易。2014年，国家不断提出"互联网+"和"全民创新创业"，为跨境电子商务的发展提供了政策环境。但是国内高等院校较少开展跨境电子商务课程，尤其是实验类课程更是很少涉及。因此，设置跨境电子商务实验课程，利用网络平台模拟仿真现实环境，是适应时代发展的客观要求的。

（二）对跨境电子商务人才的培养具有重要的意义

跨境电子商务的迅猛发展带来了相关领域人才需求的激增。跨境电子商务属于新兴产业，本身人才存量不足，而且需要兼具外贸专业和电子商务专业才能，企业很难从外部直接招聘到有经验的跨境电子商务人才。人才供给难以满足日益增长的需求。高等院校作为人才培养的主要阵地，肩负培养专业人才的责任，因此，开设跨境电子商务的实验课程，增加学生对跨境电子商务的理解和相关知识的把握，提升其跨境电子商务方面的能力，为培养专业的电子商务人才提供了有效的支撑。

（三）响应"创新创业"的重要途径

面对经济发展的新常态和大学生就业难等问题，国家提出了"大众创业，万众创新"的口号，积极鼓励在校大学生能够利用自己的专业知识和时代发展的先进工具自主创业，不断创新。而跨境电子商务由于准入门槛低、前期投入少、回报率高、经营灵活等特点，成为大学生自主创新创业的重要途径。跨境电子商务实验课程的相关内容体系为大学生自主创业，进入跨境电子商务领域起到抛砖引玉的作用。

（四）突出国际贸易学科发展特色的主要手段

跨境电子商务实验课程既有外贸相关领域的知识，同时也融入了互联网操作实践等相关的内容，将专业教育与创业教育有效地结合在一起，可以突出国际贸易学科发展的相关特色，丰富国际贸易专业课程的设置，体现了与时俱进的教学思路。

三、跨境电子商务实验课设置的目标定位

跨境电子商务实验课程设置应紧紧围绕国际贸易专业人才培养的目标定位，将培养学生的专业技能和实践能力相结合，着重培养学生在跨境电子商务业务展开过程中的产品选择、网站设计、客户服务等一系列实操能力，使学生精通当前主流跨境电子商务平台的操作，增强其以个人或团队的形式从事跨境电子商务创业的素质，提高其自主创业能力和就业能力。

跨境电子商务实验课程借助软件平台，将传统抽象的理论与实际操作相结合，能够让学生更真实地了解全部业务操作过程，理解从客户开发到后期服务等各环节之间的联系，掌握跨境电子商务平台制作及跨境通关等相关知识。通过跨境电子商务实验课程的学习，学生应该具备的能力主要有跨境电子商务业务操作的专业技能、国际市场分析与

决策的能力、灵活运用外贸知识综合解决问题的能力、创业创新能力四个方面。

（一）电子商务业务操作的专业技能培养

跨境电子商务是近年来贸易发展到一定程度的产物，由于本身起步较晚，尚未形成严密的理论体系。作为国际贸易专业学生，有必要通过跨境电子商务实验课程的学习，对跨境电子商务相关业务流程有个大致的了解，培养电子商务业务的操作能力。

（二）国际市场分析与决策的能力培养

跨境电子商务的实验课程主要是围绕着与不同国家间的对外贸易展开，在具体的实操过程中，会遇到来自国际市场的不同的问题与挑战。因此，通过跨境电子商务实验对国际市场环境的真实模拟，注重从市场主体、营销模式、市场调研等方面来培养学生对国际市场的分析与决策能力，从而较好地适应国际市场的环境，满足不同国家的市场需求。

（三）灵活运用外贸知识解决问题的能力培养

学习的目的是为了更好地应用于实践，因此，本实验开展的重要目标就是要培养学生能够利用外贸知识解决问题的能力。在实验的具体操作过程中，会涉及与外贸相关的各种内容，让学生能够较好地运用所学的知识解决在模拟操作中遇到的各种问题是本实验培养的目标之一。

（四）创业创新能力

跨境电子商务本身就是一种自由创业的手段。跨境电子商务实验主要是以案例和平台构建的形式展开的，每位同学都可以建立属于自己的公司，然后进行线上的操作，通过模拟真实的创业环境培养学生的创业能力。与此同时，在实验操作中对各种问题的应对与业务的展开也有利于培养学生的创新思维，提高学生的创业能力。

四、实验课程体系构建

（一）构建的原则

在实验课程的设置和实施过程中，要充分尊重学生，发挥学生的主体作用，通过系统性、一致性的课程体系的设置，满足学生对跨境电子商务课程了解的需求，在实验过程中，不断启发学生联系实际深入思考，培养一批具有实践操作能力和创新能力的专业跨境电子商务人才。

1. 以学生参与为导向原则

我们要明确实验课程不同于理论课程，其主要的方式还是以学生实验操作为主。因此，在实验课程的设置上，我们要遵循以学生参与为导向的原则，充分挖掘学生主体在实验课程中的作用。在实验过程中，激发学生的积极性、主动参与性，真正发挥实验课程的引导作用，让学生在实验课程的操作中有更多的思考和感悟，提升教学的效果。

2. 以实操能力培养为导向原则

实验课程的目的之一就是培养学生的动手能力和实践操作能力。由于课堂讲授的形式难以完全地把业务流程真实地呈现在学生面前，因此，采用模拟真实环境的方式，让学生在真实的操作环境中进行实践应用，其目的在于培养学生的实践操作能力，提高学生的职业素养，从而避免在工作中出现理论和现实脱节的现象。

3. 以系统性为导向原则

由于跨境电子商务的教学起步较晚，目前，尚未形成系统性的教学体系。不完整的课程体系容易让学生感觉知识的分散性，且造成不易理解和记忆等困难。因此，在实验课程的设置中，要多方面学习和考察跨境电子商务的流程，将业务流程纳入统一的实验框架，构建系统性、一致性的框架体系。

（二）构建的内容框架

当前，跨境电子商务尚未有被大家公认的权威性的教材，因此，本实验课程体系的设置主要依托现有的国际贸易专业软件，结合当前跨境电子商务的实践，借鉴杭州电子商务试点的经验，从跨境电子商务的业务流程展开，以不同的专题模块来构建跨境电子商务的实验课程体系。

1. 跨境电子商务的基础知识

该部分主要是以教师讲授的形式，借助实验平台，向学生们介绍跨境电子商务的发展前景及趋势，跨境电子商务的 B2B、B2C、C2C、O2O、M2C，母婴垂直模式的具体操作流程。通过该部分的学习让学生对跨境电子商务不同模式的操作流程有个总体了解。

2. 跨境电子商务平台的设计

利用相关实验软件，在介绍亚马逊、ebay、敦煌网、必喜中国等跨境电商网站平台的基础上，从产品的选择、平台的设计和制作、网络的优化等方面模拟真实环境，让学生能够清晰地把握如何构建自己的跨境电子商务平台，如何进行网络设计的优化。

3. 跨境客户关系拓展与推广

通过实验软件模拟真实的跨境交易环境，从客户关系的维护（如何进行日常信件的往来、如何维护已有客户的关系、如何拓展客户范围）等方面来阐述在跨境电子商务过程中，面对跨境客户的交流与沟通，从业者应该注意哪些问题，如何通过技巧性措施来进行自身客户关系的拓展与推广效率。

（1）跨境通关业务

国际贸易通关是跨境电子商务交易得以实现的重要环节。该实验主要是借助报关系统和报检系统来模拟真实的跨境通关环境。从跨境电商的进出口报关、跨境电商的进出口商检、跨境电商的进口征税与出口退税、跨境电商的小额结算与收付汇核销、跨境电商的商品进出口许可与年度配额等方面来让学生深入了解跨境电子商务的实操环节，掌握如何准确有效地进行相关的跨境通关业务。

（2）跨境物流服务与管理

跨境电商发展迅速，但是在交易支付以及物流运送环节仍然有着较高的门槛。尤其跨境物流是当前跨境电商发展的制约因素之一。因此，提升跨境物流的服务与管理也非常迫切。该实验以案例为基础，从库存管理、物流信息系统、配送等诸多物流环节进行展开说明与实践。同时，介绍如何进行物流需求的细分，对原有的物流服务能力进行评估，提升物流服务能力，尤其是对成本的管控能力等内容，并通过实验模拟物流服务与管理环节。

（3）国际市场营销

跨境电子商务业务的推广和发展离不开有效的国际市场营销。为了确保跨境电子商务的顺利展开，需要对国际市场进行调研，借助不同的方法对国际市场环境进行评估，来更好地推广产品和服务。因此，本部分从国际市场营销的环境评估、国际市场营销的手段等方面来进行实验的设计。

跨境电子商务是将国际贸易与电子商务相结合的新型的外贸方式，涉及的环节较多，本实验课程主要是从上面介绍的几个方面进行设计的。

五、实验课程展开的配套措施

（一）实验软件的配置

由于跨境电子商务是近几年才兴起，现在市场上还没有专门针对跨境电子商务的实验软件。跨境电子商务的实验软件需要由现有的国际贸易的相关软件组合而成。根据不同内容模块的设置，选取合适的实验软件，真实地模拟操作环境，为学生提供系统仿真平台。实验课程主要以实验软件为依托，因此，要谨慎选取能够满足学生能力培养目标需求的专业软件，尽可能给学生提供一个全方面的真实的平台。

（二）实验教材的建设

教材是学生快速了解课程的重要工具，也是教师在课程讲授过程中的主要指南。但是，如前文所述，国内尚未出现较为规范的、能够完整系统地体现跨境电子商务的教材。因此，针对当前教材不充分、不完整、不规范等问题，学校需要采用多种方式，鼓励相关的教师进行跨境电子商务实验教材的编写活动，并充分利用校企结合的平台，建立和业界人士的联系，根据企业相关岗位的职业素养，及时地调整和修正相关的实验教材内容。

（三）实验效果的考核

为提高实验教学的效果，可以在应用传统的考勤加期末考试成绩的基础上，采用多种方式丰富实验效果考核的手段，进行实验考核方面的创新。如在完全仿真的平台环境下，采用小组赛的形式，将学生进行分组，并根据角色分配，进行实战演练，根据演练过程中的学生表现、操作熟练程度和盈利等方面对其团队能力和个体综合能力进行考核。以颁发证书的形式或者是加分的形式予以鼓励。与此同时，可以借鉴POCIB比赛的经验，将其发展成全国范围内的实操竞赛。通过实验效果考核方式的革新，提升实验教学效果，是实现专业跨境电子商务人才培养目标的重要手段。

六、结语

跨境电子商务是时代发展的必然产物，其快速发展对专业人才需求提出了更高的要求。与敦煌网合作，设置跨境电子商务实验课程，是一种有效途径。在明确跨境电子商务实验课程培养定位的基础上，学校应从跨境电子商务基础知识、平台设计、跨境通过业务、国际市场营销等方面构建实验体系，并通过选取适合的软件、合适的教材和恰当的考核方式来配合实验课程的顺利展开。此外，跨境电子商务是一个新兴的领域，需要专业教师在不断的探索中适时更新补充实验课程内容,以更好地实现人才培养的目标。

参考文献

[1] 中国电子商务研究中心. 2013 年全球跨境电商交易额 1050 亿美元 [EB/OL]. http://www.100ec.cn.

[2] 梅蒋巧. 跨境电子商务人才需求特征研究 [J]. 管理观察,2014(31):119-120.

国际商务专业硕士实验教学效果的评价及改进的思考

郭 超

摘要： 国际商务专业硕士学位是国务院学位办于2010年批准与设置的学位。我国在培养国际商务专业硕士人才的时候沿用了学术性硕士的诸多培养思想。本文基于国际大环境，阐述了当今对新型国际商务人才的新要求，传统教育方式培养出来的人才已经适应不了新形势。结合新要求，总结出实验教学的不足，并从培养的理念、培养计划、教学方式和教学体制改革等方面进行改进的思考，提出了一些改进的方案。

关键词： 国际商务；实验教学；实践；评价；改进

一、引言

我国的对外贸易进出口总额处于连年攀升的状态，在2014年更是再创新高，达到了4.3万亿美元。在多语言文化背景下，传统的英语和国际商务专业课组合的培养模式已经不能适应时代的发展。外贸交易的日益增多，国际事务的日益繁忙，不仅仅对人才的"量"提出了新要求，更是对人才的"质"有了更高的标准。学校继承学术硕士专业的传统教育模式培养出来的国际商务人才达不到新背景下社会对人才的要求。学生的知识止步于理论，实践能力低；没有广博的知识面支持学生来完成实践；教材滞后性强，教学方案采用的是旧方案。国际竞争日益激烈，国家与国家之间的竞争核心是人才的竞争。培养优秀的人才是各大院校应尽的责任。教育改革是院校进步发展的必然之举，同时为了满足企业对新型国际商务人才的需求，教学制度的改革是必然之路。

二、当今国际商务人才的新要求

（一）知识体系完善，站在时代的前沿

当今时代，外贸行业发展迅速，涉及多个国家和地区。所以国际商务人才不仅需要扎实的基础知识和英语来进行外贸活动，还需要学习其他的语言来进行商务活动。各个国家有不同的风俗与习惯，知己知彼才是胜利的基础，因此了解多国文化知识也是不可或缺的。在知识大爆炸的时代，产品的生产周期短，知识的更新换代更强，所以对知识的前沿性有了更高的要求。学生通过所学的知识，要形成国际化的视野和思维方式。一

个合格的国际商务人才还必须了解国际商务的准则和惯例,做到"入乡随俗"。同时,学生要了解最前沿的资讯与信息,只有这样才能适应时代的要求。现在的基础课程体系使学生的专业课程学习不够专业,知识面受限制很大。所以要增加基础课程体系,增加统计学与数理方面的一些知识以及开设一些其他相关学科来扩充学生的知识面,使学生成为专业性强、知识面广的新型国际商务人才。

(二)学生的创新实践能力强,易于融入国际性大环境之中

国际性的竞争环境不仅要求人才有过硬的基础理论与前沿知识,同时要求国际商务人才有创新与实践能力。真正的精英人才是理论与实践并重的。我们培养的是掌握理论与操作并重的多方位、高技能的复合型人才。实践是连接理论与社会工作的桥梁,只有拥有较强的实践能力才能更好地进行国际性的商务工作,乃至更好地进行创业。创新是未来工作的潜能,是个人和国家都不可或缺的部分。创新是所有学科的灵魂。一个合格的复合型人才,创新是必要和必需的。一个没有创新的国际商务人员是无法适应波澜壮阔的国际贸易市场的。

三、实验教学的评价

(一)教学目的不明确,教学案例滞后

教师教学只是沿用学术型硕士的培养内容,忽略了学科本身的特点与实际。国际商务专业是一门知识面广、实践性很强的学科。当今时代一个合格的国际商务人才不仅要具备扎实的专业知识功底,还必须要有经营管理能力以及具备国际方面的营销、投资管理等能力。总之,我们需要培养的是复合型的人才。只有明确教学的目的,才能更有计划地安排教学课程。所以学校教学应该先确定教学目的,才能有序前进。同时教学所用的许多方案都是沿用以前的课本,案例滞后,严重制约着学生的发展,学生跟不上时代的脚步,缺少前沿的突破力。

(二)重视理论考核,不关注学生实践能力与创新能力

国际商务的教学还是以传统的教师"传道授业、解惑"的形式。教师尽心尽力地教授专业知识,学生努力学习。学校的教学制度几乎把所有对学生专业知识的考核放在期中和期末的考核之中。学生的成绩好坏是评价学生掌握专业技能的标准。成绩好则专业技能强,成绩差则认为专业技能较弱。死记硬背成了学生惯用的招式。国际商务专业需要学生有很强的创新与灵活运用知识的能力,要求学生有发现国际商机与从容应对各种国际商务突发事件的能力,这些对人才的创新与灵活能力有很高的要求,可是传统教育体系培养出来的人才与我们的目的是相悖的。

学生掌握与运用理论是通过作业这种形式进行的。作业大多是做论文或书面性的解决案例,对学生的实践能力要求不高,不能很好地锻炼学生的实践能力。作业花费了学生的很多时间,使学生没有时间进行实践性的活动。

教师评判学生作业质量的好与差,按照规范来进行评判。而我们要加入创新的元素。一个不怎么规范的文章,如果创新方面做得很好,也是一篇好文章。创新要作为一个很重要的因素来评判作业或者方案的优劣。无创新的文章不能称之为好文章。

（三）知识面窄，不注重与国际接轨

国际商务专业采取的是商科加英语能力的复合培养模式。国际贸易涉及多个国家与地区。在此多文化的背景之下，单一语言的教学应对不了多文化冲击的国际形势。多语言文化的商务环境对商务人才的培养提出了掌握多种语言的要求。国际大形势下，各国交易都有其特殊性，有各国的文化的特殊性与内涵。把握各国文化的潮流与走向，也是国际商务人才需要的。谈判能力和一些商务准则也成为杰出商务人才所必备的。在这样的高标准下，以前的专业科目知识已经远远满足不了社会对商务人才的要求。当代的教育体系建立的文献共享与数据库交流存在明显的滞后性，教师与学生获得的知识往往是之前的热门知识与话题。不注重与国际院校的交流，信息传递速率较慢。

总之，我们缺乏对教育自身存在的特殊性的一些关注，没有把握好教育发展的质与量的平衡。之前的教育改进很大程度上注重在量的发展上，质的方面做得并不好。美国的教育部早就成立了国际商务的教育中心，西方国家的国际商务也有适合的培养计划。我们模拟发达国家的教学案例，缺乏自身的考量，以至于我们没有全国统一的国际商务专业硕士学位（MIB）课程体系。适合自身情况发展的才是最好的，我们必须立足于我们的教育现状与当代的国际背景下，从自身的特殊性考虑，不跟风地走出自己的教育之路，建立国际商务科学的教育体系。

四、改进的思考

（一）开设多元化课程，完善评估机制

建立多元化的课程是培养国际商务人才的基础。开设多元化的课程，除了要认真学习"经济分析与应用""国际投资与跨国企业管理""中国特色社会主义理论与实践研究""国际商务"等基础课程之外，还应添加多国语言的学习。由于时间有限和课程比较多，除了英语以外的第二语言甚至第三语言可以作为选修课程依据个人的兴趣来选择或者也可以修第二学位的时候来学习。另外，全球文化习俗或者法律一些方面的知识也应作为选修科目出炉。学校应邀请知名企业家来学校进行演讲，作为学生的独特课程。新建立的课程体系要具有前瞻性。不适应时代发展的科目以及环节要及早剔除，符合发展的新事物要及时加入。

用于教学的课程案例相对来说比较稀缺。教师教学往往能采用的适用于所讲知识环节的案例太少。各个学校之间的文献传递由于种种限制，往往不能发挥其应该有的效果。案例的不足制约着学生的学习与发展，所以创建本土的国际商务经典案例数据库的任务十分迫切。只有实现资源的共享，才能更快地进步。

学校的教学成果或学生学习成果的检验，不能只依靠传统的考试成绩来评判，可以引导社会来参与评估。国家可以建立和培育一批专业的评估机构，对在校学生进行实际能力考察，对毕业学生进行跟进调查，来评估学校的教育成果。这样评估下来好的学校的教育机制要相互学习，不好的教育机制要及时进行改进。

此外，一些国际性质职业资格考试，国际商务专业的学生也要积极参加。国际性质的职业资格考试在一定程度上能够反映出国际商务的走向。

（二）与社会接轨，走上国际正轨

学校要与社会接轨，跟上国际的脚步。学校师生进行一些模拟商务活动或招聘平台时，采用自己制定的数值与合同单据，不具有真实性，数据与现实的企业合同和案例存在明显的偏差，使学生带入不了真实感，态度严肃端正不起来。学校要与社会企业合作，采用真实的业务资料与企业的策划方案。数据要保证真实有效，订单与后续的单据也要真实可靠。这样，在教学基地进行模拟实验、课堂讨论、案例分析的时候，学生会产生真实的带入感，认真思考解决方案，然后与真实的解决方案进行比较，找到不足之处，这样就为今后步入社会打下坚实的基础。企业的一些待解决的方案也可以拿到学校作为教学案例，集思广益找到解决办法，一举两得，既节省了企业的经费，又可以使学生得到锻炼。学校领导和教师要经常与企业的领导进行交流研究，深入探讨时代变化，把握好国际商务专业的方向，只有时刻与社会接触，才能得到第一手资料，走在时代的前沿。毕竟，学生要学以致用，关注社会的动态是必要的。

另外，由于国际商务是2010年新开设的专业，所以尚未在社会上形成清晰的认知，校外导师严重缺乏。就算学校与企业建立良好的合作模式，很多企业也不愿与学校合作。因为与学校建立"双导师"制，企业员工或经理到学校任职代课教师，并不能给企业带来明显的增值。对于企业来说，与学校建立合作，学校对于企业的帮助如同鸡肋。所以学校要扩大宣传，争取给企业带来名誉支持。丰富的校友资源也是学校应该把握的。建立校友数据库，校友经常与学校走动，关注校友。有能力的校友就可以作为社会导师来学校进行演讲，利用自己手中的资源，给在校学生创造实践实习的机会。学校要积极邀请大企业的员工与经理，长期与小企业保持合作。当然，与一些中外合资或有外资股份的企业合作是最好的。

（三）注重与国外名校交流，构建实践平台

国际商务作为需要国际交流的学科，国内的学校与外国的名校进行经常性的交流是必不可少的，不能闭门造车。外国名校的管理与学习评估制度我们要借鉴与学习。国内外学校之间要定期举行交流会或者以交换生的形式进行交流，也可以国内学生与留学生同堂上课交流探讨。举行交流会不仅可以很好地学习国际商务专业知识，而且可以学习各国的文化知识与谈判惯例、准则，为以后的工作实战打下坚实的基础。惯例、准则与风俗文化都是国际商务工作中的基础，把握好这些，才能在谈判、交涉等活动中掌握主动权与优势。国际商务人才的培养要走国际化的道路，因此要与外国名校多进行交流。当然，人才的培养并不仅仅局限于和名校进行交流，学生还可以广泛地参加国际性的赛事，如北美教学建模大赛、国际杰出企业家大赛等。这些国际性的大赛都可以帮助学生开阔视野，见识国际人才的风采，取长补短。与外国参赛者的交流中更可以知道各国的风土人情。这样就可以实现人才的国际化，关起门来教育培养的都是中国化的国际商务人才。这样的人才思维方式单一，思路不够广阔。

为了更好地学习与运用理论，更重要的是构建实践平台。实践不仅仅包括模拟案例，相互探讨解决问题，师生之间按步骤对国际贸易或其他国际商业活动进行动态性的模拟，还包括教学实践基地、教学实验室的建立以及实习基地的建立。国际商务理论学习的目的终归是为了实践以及以后从事工作。边学习边实践或者先学习再实践都是必不可少的。

实践基地的建设首先要明确其建设宗旨与目标。实践基地的建设是为了更好地培养学生解决实际问题的能力以及锻炼实际操作技能。实践基地是使学生能找到理论与真实差距的地方，所以实践基地的建设要满足以下几点：（1）文件资料与案例的真实性，我们要保持严谨的精神。（2）实践机构做到公是公，私是私。不能因为师生或校友的关系就放宽力度，对学生放宽标准，要让学生体会到社会就业的艰辛。（3）由于社会发展的日新月异，实践基地的就业导向必须时刻跟着社会的发展方向而变化。一个满足以上三点的实践基地才是一个好的实践基地。实践基地的构建要以以上三点为标准，学校与社会机构共同建设实践基地要做到宁缺毋滥，高标准，高要求。

学生可以在暑假或寒假到签合同的企业进行实习，或者从研二开始就可以到企业实习。签订合同的企业应把未出校门的学生当作毕业之后的实习生来对待，给予基础的国际商务的相关工作，表现优异之后给予进一步的发展机会。实习不仅仅是对其国际商务理论的一次检验与洗礼，同时也是对学生政治思想素质和职业道德素养的考验。一个合格的人才不仅仅是知识理论丰富，实践能力突出，良好的职业道德和品质也是不可或缺的。最好在中外合资企业中实习，这样实习学生能够总结国外谈判与国内谈判方式的不同；谈判流程的不同；管理业务的方式和措施不同；做事准则和行为方式的不同。把握好自己的定位，对企业的一些国际商务的具体案例进行具体分析，不能一概而论，结合实际与国际方向找到方法。

实践的方式可以有很多种，并不仅仅局限于到企业实践。现实中由于学生太多，实习单位太少等种种原因，只有一部分学生可以到企业实习。师生之间的贸易模拟实战与参加一些学校或者社会组织的"国际商务案例分析大赛"也是实践的一部分。

学校可以与政府相关的机关合作，以社会发展方向为基础建立学生创业创新基地。鼓励学生创业创新，给予想创业的学生一定的帮助，也可以在国内举办一些创业创新计划大赛，各大高校与社会人才同台竞技，共同进步。

总之，要以社会的乃至国际的需求为目标，以提高自身的综合素质为核心而进行实践。把握好自身的能力，适度进行实践。

过犹不及是我们先辈的经验，不能一味地进行实践，也不能不实践。

五、结束语

国际商务专业是一个实践性很强的专业。社会需要的国际商务的人才是具有国际视野与创新能力的复合型人才。各个专业有其本身的特点，我们要关注专业本身的特殊性。对教育体制进行创新，不能一味地跟风，做到教育机制的创新。正如政府所提倡的"大众创新，万众创新"。同时，又要视野国际化，以"第二课堂"等形式多进行国际交流，做到资源的合理利用与资源的和谐共享。根据国际商务专业的特点，专业对知识的前沿性要求特别高，所以要时刻更新教材与课本，确保走在时代的前沿。实践是专业学习的最终目的，所以要改变传统的以考试成绩来评估一个学生知识掌握程度的观念。让学生有计划地多进行实践，从而成为一个当代合格的国际商务专业硕士人才。

参考文献

[1] 李孟一. 国际商务专业硕士人才培养初探 [J]. 国际商务（对外经济贸易大学学报），2015（2）.

[2] 杨励，刘琳. 试论国际商务硕士（MIB）的实践教学体系的建设——基于应用型人才培养模式视角 [J]. 教育教学论坛，2015（37）.

[3] 孟庆涛. 普通工科院校国际商务专业人才培养模式研究 [J]. 对外经贸，2015（5）.

[4] 陈伟，彭程. 多语言背景下国际商务人才的知识结构与培养路径的研究 [J]. 科教文汇（上旬刊），2015（322）.

[5] 洪涓，郝冬雅. 国际商务专业硕士人才培养研究——以北京工业大学国际商务专业为例 [J]. 教育教学论坛，2014（8）.

[6] 杨慧瀛，张金萍. 基于创业导向的国际商务专业硕士人才培养模式研究 [J]. 经济研究导刊，2014（13）.

[7] 柯进. 教育改革不应一味跟风 [N]. 中国教育报，2015-06-10（5）.

[8] 王璐. 管办评分离下如何"评" [N]. 中国教师报，2015-08-19（3）.

第六部分 创业教育

社会网络、学校教育与大学生创业行为的研究综述[①]

王 昕

摘要：大学生创业能够有效缓解就业压力，促进社会创新。本文以大学生创业为研究对象，将大学生创业行为理解为创业意愿、创业机会的识别、创业合作伙伴选择等创业活动的过程，将社会网络和学校创业教育纳入大学生创业行为的研究框架，通过梳理大学生创业行为的研究综述，为创新大学生创业行为研究视角提供理论参考。

关键词：大学生创业；社会网络；学校教育；研究综述

一、引言

创业活动能够有效带动地区的经济增长，带来市场的革新并创造大量新的工作机会（Shane and Venkataman，2000）。大学生作为高级知识分子群体，其创业活动质量的提高对缓解就业压力，提升经济活力，促进社会创新起到关键作用。当前，就业难问题日益突出，大学生创业问题受到社会各界的密切关注，自主创业成为大学生实现充分就业的有效途径之一。2014年，国家提出"大众创业、万众创新"的口号，通过学校创业教育等一系列政策的实施，鼓励和支持大学生创业，但截止到2014年底，我国大学毕业生的自主创业比例依然在1%左右徘徊，远低于西方发达国家高达20%~30%的创业比例。大学生创业活动仍然困难重重。第一，大学生创业意愿不足，多数学生还是以就业为主。第二，大学生创业教育不足，创业资源动用能力有限，创新意识不强。第三，受制于自身能力和资源限制，大学生创业绩效较低。

大学生创业行为是创业意愿、创业机会识别、创业合作伙伴选择等一系列行为过程的结果。与一般创业者相比，大学生创业者往往更缺乏创业能力和社会资源。本质上，大学生创业行为过程离不开创业教育对其创业能力的培养。同时，每个高校大学生都镶嵌于一个由多种关系联结交织成的特殊社会网络之中，社会网络的支持为大学生创业行为的展开提供了一定的资源支持。2014年，教育部正式公布《关于做好2015年全国普通高等学校毕业生就业创业工作的通知》，指出全面推进创新创业教育和自主创业工作。坚持政府支持与创业者努力相结合，在合理利用学校创业教育的基础上，充分动员社会

[①] 本文为天津商业大学教改课题"国际贸易实务系列实验课程网络教学模式探索和考核评估方法综合改革实践"（15JGXM46）、天津商业大学青年基金项目（编号：151104）、天津市艺术科学规划项目（编号：B14025）、国家自然科学基金项目（编号：71503181）、大学生创新训练项目（编号：201510069059）的阶段性成果。

网络关系，激发大学生自主创业热情，提高大学生创业质量。尽管学术界围绕大学生创业行为展开了丰富的研究，但缺乏深入分析，鲜有文献将社会网络支持、学校创业教育与大学生创业行为纳入一个理论框架中进行研究（Liñán et al.，2011；胡永青，2014）。那么，如何识别社会网络支持和学校创业教育？社会网络支持、学校创业教育与大学生创业行为究竟有何种关系？二者的互动机制如何？回答这些问题对深入了解大学生创业行为机制具有重要的作用。

基于以上背景，探讨社会网络支持、学校创业教育对大学生创业行为的相关文献进行综述，为从社会网络和创业教育视角研究大学生创业行为提供有意义的参考。

二、相关文献综述

（一）大学生创业行为研究

创业是促进经济增长、扩大社会就业容量、推动技术创新的重要方式。在经济发展新常态背景下，大众创业成为经济发展的新动力，而大学生的创业活动，是构成"大众创业、万众创新"局面的重要力量。因此，创业研究在国内外创业领域迅速兴起并得到普遍重视。目前创业领域的研究主要有三类（Stevenson and Jarillo，1990；Witt，2004）：创业意愿的产生、创业如何开展、创业的绩效。创业意愿是产生创业行为的基础与前提，很多学者都已经成功证实了创业意向与创业行为之间的联系（Krueger，1993；刘志，2013），认为创业意向是创业行为的风向标，能够有效引导潜在创业者逐步地对已识别出的创业机会加以实施。Larson 和 Starr（1993）认为创业本质上是创业者发现、调动、建构和展开社会资本来发现创业机会的相关信息，并获取开发和发掘创业机会所必需的资源的行为过程。因此，创业者如何识别创业机会也成为研究创业的关键（Alvarez et al.，2013；张红、葛宝山，2014）。在识别出创业机会的基础上，创业者形成创业团队进而采取创业行动（林嵩，2007）。如果说识别创业活动成功与否是创业研究的一个重要主题，那么创业绩效就是衡量创业是否成功的一个标杆。部分学者从创业绩效的角度出发，试图获得影响新创企业生命力的源泉（Cole，1969；蔡晓珊、张耀辉，2011）。但创业研究的核心问题不在于描绘创业者本身，而在于深入创业过程内部，揭示创业行为的产生机理及其活动规律，弄清促成创业行为的深层次原因（Thompson，2009；张玉利等，2009）。纵观现有文献，多数研究都集中在创业过程的两端（田喜洲、谢晋宇，2012），缺少对创业行为过程整体的考察。

（二）社会网络与大学生创业行为研究

1973 年，Granovetter 通过强关系弱关系讨论了社会网络对就业的影响的相关研究推动了社会网络理论快速发展。伴随着世界各地的创业活动愈加活跃，更多的学者开始注意到，社会网络具有独特的分析与解释力，从社会网络视角展开对创业领域相关问题的研究（Zimmer，1986；边燕杰，2006）。创业者的社会网络不仅对创业意愿有一定的影响，对发现和识别创业机会也至关重要，同时会影响到创业者创业团队形成和创业绩效（Watson，2007；李雯、夏清华，2013）。网络关系在创业行为过程中具有关键作用，但关系究竟如何尚不明晰。

一方面，部分学者认为社会网络资源能促进创业者获取创业资源和提高创业能力，提升创业绩效。在创业意愿方面，研究得出大学生通过结构性嵌入和关系性嵌入获得独特的创业网络支持，从而提升大学生创业意愿（Yusuf and Schindehutte，2000；李洪波、张徐，2014）。在机会识别方面，Kontinen and Ojala（2011）指出，社会网络关系对机会识别有促进作用。创业者社会网络中的结构洞数量对创业者机会识别有正向影响（肖璐、范明，2013）。在创业绩效方面，分析得出各种社会关系网络对创业绩效的提高起到关键作用（Welpe，2012；王绍让，2014）。

另一方面，有些学者得出不同的结论。杨震宁等（2013）认为社会网络的关系嵌入与创业意愿的关系不唯一。Ozgen and Baron（2007）发现和亲密朋友及家庭成员之间的社会关系并不能促进个体识别机会。周勇等（2014）以江、浙、沪三地部分高校在校大学生为调研对象，指出社会网络支持作用的影响并不十分强烈。部分学者甚至提出，社会网络对创业行为有负向影响，如 Burt（2000）认为网络密度和网络资源负相关，抑制创业行为的发生。

然而，社会网络对创业行为的影响尚未得出一致的结论（Hoang and Antoicic，2003）。而且，现有文献没有完整地将大学生创业行为纳入同一变量系统中，模型构建较为分散以及社会网络支持如何使创业者更好地寻找合作伙伴提及较少（边文霞，2013）。

（三）学校创业教育与大学生创业行为研究

大学生创业群体的最大特殊之处在于其创业过程受学校影响较深，学校对大学生创业过程的影响主要通过创业教育实现（李雪灵、万妮娜，2009）。大学生创业教育指以课堂教育及社会实践教育的形式，结合其所学专业知识，系统地培养大学生的创业意识、冒险精神、进取精神，从而培养其独立创业能力的一种教育模式。创业教育是解决大学生就业问题的重要途径之一（Masuda，2006；曲殿彬、许文霞，2009）。

Von Graevenitz（2010）通过对德国高校的研究发现虽然创业教育对于学生创业能力的培养至关重要，但学生的创业意愿仍有所下降。我国创业教育也面临着相似的问题，教育定位的偏差、内容的缺失等方面的问题使得创业教育难以有效提高大学生创业的积极性（罗竖元、刘卫星，2014）。因此，探讨如何从大学创业教育的层次上提高学生的创业行为显得非常必要。向辉、雷家骕（2014）以全国 25 个高校的 5784 个有效问卷为样本，研究发现创业教育能直接影响创业意向，因此必须高度重视大学生的创业教育。学校创业教育对大学生创业意识的培养和引导起着更为重要的作用（Dohse and Walter，2012；叶映华，2009）。在我国，学校是学生主要的成长环境，学校的创业教育环境和氛围对学生创业行为的影响显得尤其重要。高校大学生迫切希望通过学校提供的创业教育来提高自己的创业能力，可见，创业教育是促进创业型经济发展的内在驱动力（何海宴，2011）。

尽管创业教育对大学生创业行为发挥着重要作用，但创业教育可以在短期内缓解就业难的可能性被过于放大（严毛新，2009）。创业教育具有一定的"时滞效应"。由于我国创业教育工作还处于初级阶段，尚未形成科学合理的有效体系。创业行为是创业意愿、机会识别、合作伙伴形成等一系列过程的集合。目前，国内对于高校创业教育与创业行为过程的研究严重不足。实践中，个人创业意愿受到社会化程度的影响，这一影响来源不仅包括在校期间的创业教育,同时还在于父母等社会关系的支持(Falck et al.,2012;李闻一、徐磊,2014)。鲜有文献将社会网络支持、学校创业教育与大学生创业行为纳入一个理论框架中进行研究(Liñán et al.,2011;胡永青,2014)。

三、结束语

国内外文献从不同的角度对社会网络、创业教育与大学生创业行为进行了理论和实践探讨,取得了较为丰硕的成果,其理论和方法对我们的研究具有重要的启发和借鉴意义。但是,现有研究也存在一些不足:一是关于大学生创业意愿的研究成果很多,而涉及大学生创业行为过程的研究极少(田喜洲、谢晋宇,2012),对创业意愿、创业实施到创业绩效等一系列过程的研究凤毛麟角。二是关于个体社会网络、学校创业教育对大学生创业行为的影响作用虽有所提及,但缺少深入讨论,且对二者的互动机制研究较为匮乏(Pittaway and Cope,2007)。社会网络支持和学校创业教育如何影响大学生创业行为仍然是研究的一个黑箱。本课题将在前人的基础上,基于社会网络支持和学校创业教育的双重视角,对大学生创业行为进行实证分析,探讨社会网络支持和学校创业教育对创业行为的影响机理,最终为推进大学生创业提供理论和实证支持。

参考文献

[1] Stevenson H/H, Jarillo J C. A paradigm of entrepreneurship: Entrepreneurial management [J]. Strategic management journal, 1990, 11(5): 17-27.

[2] Witt P. Entrepreneurs' networks and the success of start-ups [J]. Entrepreneurship & Regional Development, 2004, 16(5): 391-412.

[3] Krueger N F. The impact of prior entrepreneurial exposure on perceptions of new venture feasibility and desirability [J]. Entrepreneurship theory and practice, 1993, 18(1): 5-21.

[4] Larson A, Starr J A. A network model of organization formation[J]. Entrepreneurship theory and practice, 1993, 17: 5-5.

[5] Alvarez S A, Barney J B, Anderson P. Forming and exploiting opportunities: The implications of discovery and creation processes for entrepreneurial and organizational research [J]. Organization Science, 2013, 24(1): 301-317.

[6] Cole A H. Definition of entrepreneurship. In: Komives J L, Karl A, eds. Bostrom Seminar in the Study of Enterprise. Milwaukee: Center for Venture Management, 1969. 10-22.

[7] Thompson E R. Individual entrepreneurial intent: Construct clarification and development of an internationally reliable metric [J]. Entrepreneurship Theory and Practice, 2009, 33(3): 669-694.

[8] Granovetter M. The strength of weak ties: A network theory revisited [J]. Sociological theory, 1983, 1(1): 201-233.

［9］Zimmer C. Entrepreneurship through social networks［J］. The art and science of entrepreneurship. Ballinger, Cambridge, MA, 1986: 3-23.

［10］Watson J. Modeling the relationship between networking and firm performance［J］. Journal of Business Venturing, 2007, 22(6): 852-874.

［11］Yusuf A, Schindehutte M. Exploring entrepreneurship in a declining economy［J］. Journal of Developmental Entrepreneurship, 2000, 5(1): 41.

［12］Kontinen T, Ojala A. Network ties in the international opportunity recognition of family SMEs［J］. International Business Review, 2011, 20(4): 440-453.

［13］Welpe I M, Spörrle M, Grichnik D, et al. Emotions and opportunities: The interplay of opportunity evaluation, fear, joy, and anger as antecedent of entrepreneurial exploitation［J］. Entrepreneurship Theory and Practice, 2012, 36(1): 69-96.

［14］Ozgen E, Baron R A. Social sources of information in opportunity recognition: Effects of mentors, industry networks, and professional forums［J］. Journal of business venturing, 2007, 22(2): 174-192.

［15］Burt R S. The network entrepreneur［J］. Entrepreneurship: The social science view, 2000: 281-307.

［16］Hoang H, Antoncic B. Network-based research in entrepreneurship: A critical review［J］. Journal of business venturing, 2003, 18(2): 165-187.

［17］Masuda T. The determinants of latent entrepreneurship in Japan［J］. Small Business Economics, 2006, 26(3): 227-240.

［18］Von Graevenitz G, Harhoff D, Weber R. The effects of entrepreneurship education［J］. Journal of Economic Behavior & Organization, 2010, 76(1): 90-112.

［19］Falck O, Heblich S, Luedemann E. Identity and entrepreneurship: do school peers shape entrepreneurial intentions?［J］. Small Business Economics, 2012, 39(1): 39-59.

［20］Liñán F, Urbano D, Guerrero M. Regional variations in entrepreneurial cognitions: Start-up intentions of university students in Spain［J］. Entrepreneurship and Regional Development, 2011, 23(3-4): 187-215.

［21］Pittaway L, Cope J. Entrepreneurship education a systematic review of the evidence［J］. International Small Business Journal, 2007, 25(5): 479-510.

［22］刘志．大学生创业意向结构及其现状的实证研究［J］．教育发展研究，2013（21）：35-40．

［23］张红，葛宝山．创业机会识别研究现状述评及整合模型构建［J］．外国经济与管理，2014（04）：15-24，46．

［24］林嵩．创业机会识别研究——基于过程的观点［J］．中南民族大学学报（人文社会科学版），2007（05）：129-132．

［25］蔡晓珊，张耀辉．创业理论研究：一个文献综述［J］．产经评论，2011（05）：55-66．

［26］杨俊，张玉利，杨晓非，赵英．关系强度、关系资源与新企业绩效——基于行

为视角的实证研究［J］. 南开管理评论，2009（04）：44-54.

［27］田喜洲，谢晋宇. 大学生创业过程中的激发与阻碍因素实证研究［J］. 东北大学学报（社会科学版），2012（01）：35-41.

［28］边燕杰. 网络脱生：创业过程的社会学分析［J］. 社会学研究，2006（06）：74-88.

［29］李雯，夏清华. 创业行为形成机理：感知合意性与感知可行性的交互效应［J］. 管理学报，2013（09）：1338-1344.

［30］李洪波，张徐. 网络嵌入性与大学生创业意愿的关系研究——基于创业自我效能感的中介作用［J］. 江苏大学学报（社会科学版），2014（03）：76-83.

［31］肖璐，范明. 家庭社会网络对大学生创业动机的影响机制研究［J］. 中国科技论坛，2013（02）：134-138，146.

［32］王绍让. 社会网络对高校大学生创业绩效的影响［J］. 教育评论，2014（09）：84-86.

［33］杨震宁，李东红，范黎波. 身陷"盘丝洞"：社会网络关系嵌入过度影响了创业过程吗？［J］. 管理世界，2013（12）：101-116.

［34］周勇，凤启龙，陈迪. 创业环境对大学生自主创业动机的影响研究——基于江、浙、沪高校的调研［J］. 教育发展研究，2014（17）：33-37.

［35］边文霞. 大学生创业带动就业路径依赖模型研究——基于创业意愿视角［J］. 经济与管理研究，2013（07）：67-76.

［36］李雪灵，万妮娜. 基于 Timmons 创业要素模型的创业经验作用研究［J］. 管理世界，2009（08）：182-183.

［37］曲殿彬，许文霞. 论高等学校创业教育体系的构建［J］. 东北师大学报（哲学社会科学版），2009（03）：43-48.

［38］罗竖元，刘卫星. 什么创业教育能更有效提升大学生的创业能力？——基于贵州省调查数据的实证分析［J］. 教育学术月刊，2014（07）：81-87.

［39］向辉，雷家骕. 大学生创业教育对其创业意向的影响研究［J］. 清华大学教育研究，2014（02）：120-124.

［40］叶映华. 大学生创业意向影响因素研究［J］. 教育研究，2009（04）：73-77.

［41］何海宴. 创业型经济视角下的大学生创业教育研究——基于江苏省苏北地区高校大学生创业能力现状的调查［J］. 黑龙江高教研究，2011（03）：99-101.

［42］严毛新. 高校创业教育的两难选择及展望［J］. 浙江社会科学，2009（02）：83-87，127-128.

［43］李闻一，徐磊. 基于创业过程的我国大学生创业行为影响因素研究［J］. 科技进步与对策，2014（07）：149-153.

［44］胡永青. 基于计划行为理论的大学生创业倾向影响因素研究［J］. 教育发展研究，2014（09）：77-82.

地方本科院校国际经济与贸易专业教育融入创业教育的路径探讨——以天津商业大学国际经济学贸易专业为例[①]

王　昕　王玉婧　冯　凯

摘要：为了响应政府"大众创业、万众创新"的号召，地方高等院校为培养人才纷纷开展了创业教育活动。国际贸易专业具有实践性强、创业性强等特点，因此在专业教育中融入创业教育，能够将专业知识和创业实践有效地结合在一起，对国际贸易专业学科发展具有重要意义。本文首先指出国际贸易专业教育与创业教育融合的重要性以及二者融合的现状及问题，在此基础上，对融合路径进行设计，从师资队伍、教学体系、考核方案等方面提出改进措施。

关键词：地方本科院校；国际贸易专业；专业教育；创业教育

一、引言

李克强总理在 2015 年政府工作报告中提出"打造大众创业、万众创新，提高经济增长质量"的口号。大学生作为"大众创业、万众创新"的主体，是创业创新最为关键的因素。因此，培养大学生的高等院校成为创业教育的重要载体，是培养创业人才的重要基地。近些年来，高等院校越发意识到创业教育的重要作用，纷纷探索创业教育的途径和模式，试图在传统的、单一的专业教育中融入创业教育。

由于学科的特点不同，国际经济与贸易专业本科课程一般包含国际货物贸易与服务贸易进出口交易中的全部流程，涉及大量的国际贸易理论与实务知识，对专业教育的要求较强。与此同时，国际贸易本身就是一种商业买卖关系，具有较强的创业驱动性。如今，中国（上海）自由贸易试验区的建立以及跨境电子商务的兴起，更为国际贸易专业学生创业提供了前所未有的机遇。地方本科院校在培养学生的过程中，既要发展高等教育，更要促进地方经济发展。因此，地方本科院校大力开展大学生创业教育，将专业教育与创业教育相融合，对满足区域人才需求，推动区域经济发展有重要的意义。

[①] 本文为天津商业大学教改课题"国际贸易实务系列实验课程网络教学模式探索和考核评估方法综合改革实践"（15JGXM46）、天津商业大学青年基金项目（编号：151104）、天津市艺术科学规划项目（编号：B14025）、国家自然科学基金项目（编号：71503181）、大学生创新训练项目（编号：201510069059）的阶段性成果。

目前，虽然地方本科院校已经开展了多种形式的创业教育，但仍存在创业教育与专业教育相互分离、专业教育难以完美融入创业教育等诸多问题。因此，如何更好地在国际经济与贸易专业教育中融合创业教育，如何提高地方本科院校创业教育的质量，如何为区域经济提供优质可靠的创业人才，激发区域经济发展活力等一系列问题亟待解答。

二、国际经济与贸易专业教育融入创业教育的必要性

（一）创业教育是大学生适应社会需求实现自我发展的必然路径

当今社会发展迅速，科技进步日新月异，知识经济时代已经到来。我国正处于经济转型升级的关键时期，社会亟须创业创新型人才。我国高等教育自1999年扩招以来，极大地满足了人民群众对于普及高等教育的强烈要求，但也使得大学毕业生的人数逐年增加，形成大学毕业生供给大于需求的局面，社会矛盾十分突出。

创业教育的特点就是引导学生从实际出发，依据社会的发展变化，通过创业教育，提高学生发现问题解决问题的能力；同时创业教育也要重视培养学生的团队意识与实干精神，使学生不仅能掌握扎实的专业知识，更要具备完善的创业技能，从求职者转变为职位创造者，在激烈的社会竞争中处于优势地位。因此为缓解就业压力，加强大学生创业教育，既是满足社会对于创业创新型人才的必要，又是大学生实现自我发展的必要。

（二）创业教育是高等院校转变使命普及高等教育的必然选择

自高校扩招以来，高校的职能已不再局限于科研与教学，普及高等教育，为社会培养有用的人才已成为不少高校的办学目标。然而高等教育同质化倾向严重，高校毕业生很难确立自己的竞争优势，就业难的问题亟待解决。高等教育为社会培养的大量人才如果不能顺利就业，不仅会造成极大的人力资源浪费，更会阻碍高等教育大众化的进程。

创业教育可以转变高等院校办学理念，打破现有教育体系的束缚，不再是单纯地将学生从高校送入社会，而是帮助学生将社会所必需的理论和实践做了充分的储备。创业教育是时代发展的产物，不仅适应了我国社会主义市场经济对人才的多方面需求，而且更有助于高等院校更新办学理念，转变使命，加速高等教育由精英教育向大众教育迈进的步伐。

（三）创业教育是地方本科院校推动区域经济发展的必然趋势

服务地方经济，为地方培养有用人才是地方本科院校义不容辞的责任。开展创业教育是地方本科院校推动区域经济发展、服务地方社会的必然趋势。区域经济的发展一方面为大学毕业生提供了广阔的发展机遇，另一方面也使得企业能扩大人才需求，提供就业岗位。因此地方本科院校应更加注重培养与区域经济发展相适应的毕业生，为地方经济发展提供智力支持。

创业教育可以将高校和企业对接起来，企业成为高校学生的第二课堂，帮助学生深入企业参观学习。同时创业教育可以促进产学研融合，鼓励学生将研究成果付诸实践，在此基础上形成有地方特色的创业产业群，推动区域经济更好地发展。

三、国际经济与贸易专业教育与创业教育的现状及问题

高等院校开展创业教育的基础条件是要有完整的专业教育的课程体系，创业教育必须在专业教育的基础上才能更好地发展（孙秀丽，2012）。对于大多数地方本科院校来说，创新创业教育在教学中仍处于边缘地位，大学生创业能力的培养尚未纳入主流教育体系。高校在教学管理方面并未给予创业教育充分的重视，具体表现为课程体系不健全、没有形成明确的专业和学科、没有将创业教育思想上升到办学理念的高度。以天津商业大学国际经济与贸易专业为例，虽然学校相关部门强调创业教育的重要性并早已开设了"成功学"等相关课程，但创业教育课程只是以选修等形式出现。直到近年，学校才开始设置创业教育的必修课程，由专业教师进行授课。虽然学校一直强调创业教育，但是在办学过程中，创业教育与专业教育融合不足的现象仍然普遍存在，相关问题层出不穷，阻碍了创业教育的成功实施。

（一）专业教育与创业教育较为独立

当前，一些学校为进行创业教育设置了学生实践等教学环节，但在专业教育中如何引入创业教育，尚未在具体的人才培养方案中得到体现。由此可见，专业教育和创业教育仍然处于各自独立的状态。国际贸易专业培养的是懂得如何与各国各地区商人进行贸易的人才。其特有的实践性，决定了在授课过程中纳入创业教育十分必要。以天津商业大学国际经济与贸易专业为例，现有专业课程的教育仍然是以基础性的理论知识和实务性的业务操作为引导，课程讲授侧重于如何进行实务操作。但是如何在专业教育中融入创业教育，从创业的角度去鼓励学生应用专业知识，这方面做得尚不到位。虽然学院已经意识到这点，从实验课程的设置、实操环境的模拟、实训基地的建设等方面尽可能地培养学生的创业能力，但由于时间和环境的约束，学生仍然难以将专业知识与创业实践相结合。据学生反馈可知，大部分毕业生有创业意向，且有部分学生付诸实践，但其所参与的创业内容几乎与本专业无关，利用自身专业优势进行创业的行为明显不足。这种现象折射出专业教育与创业教育融合不足的问题。

（二）双兼师资队伍人才紧缺

教师在教育中承担着重要的角色，教师的教学水平直接关系到教育质量的好坏。目前，很多学校已经充分意识到在专业教育中融入创业教育的重要性，从多途径引入专业师资。以天津商业大学国际经济与贸易专业为例，师资队伍中既有名牌大学毕业的专业教师，又有常年在一线从事经营管理的专业人员。但是在教学实践过程中，教师大多关注专业教育或创业教育的某一方面，而能将二者有效结合进行教学的教师不足。在日常教学中经常出现要么过于专注专业知识，要么过于关注创业实践的现象。既有专业背景又能在相关领域进行创业实践指导的教师数量明显不足。

（三）教材使用较为单一，创业与专业知识融合不足

传统的专业教材侧重于从专业知识的角度对所学课程进行解析，突出专业重点和前沿，这种专业教材的撰写特色一直沿袭到现在。市面上专业教材较多，创业教材较少，而将专业与创业二者融合在一起的教材则少之又少。要想在专业课程中融入创业内容，

主讲教师只能是将不同的教材进行拼凑。这样很容易造成所授课程知识体系不系统，内容衔接不规范等问题，创业教育和专业教育难以有效融合。而且大部分创业知识倾向于实践操作，这在专业教育中难以体现出来。尽管天津商业大学国际经济与贸易专业设置了部分的实验课程进行专业知识模拟应用，但仅有"国际商务函电""国际贸易综合实验"等课程，尚不能全部覆盖。国际经济与贸易专业选用的授课教材仍然以专业知识为主，创业方面的教材屈指可数。

四、国际经济与贸易专业教育融入创业教育的路径设计

创业教育与专业教育的融合成为应用型本科国际经济与贸易专业教育改革的突破口。一方面，人才的培养离不开专业教育，创业教育要以专业教育为依托；另一方面，理论和实践的结合离不开创业教育，专业教育中融入创业教育会培养学生的学习兴趣，提升教学质量。将创业教育纳入专业教育，二者融合产生的新的教育模式是未来国际经济与贸易专业发展的必由之路。

（一）打造"专业+创业"的师资队伍

专业教育侧重基础知识和专业知识的传授，而创业教育则侧重于创业能力和创业思维的培养。创业教育融入专业教育后，需要两类知识体系的融合。因此，为更好地提高教学效果，要完善师资队伍的构建，下大力气打造"专业+创业"的师资队伍，不仅仅满足于知名高校的专业人才和长期从事一线工作的专业人员，更要重视将二者结合，形成综合教学团队，将具有专业知识和创业实践的教学配备在一起，通过专业课程环境和实践创业环境的设计，共同完成教学计划。此外，还可以通过校企合作的方式，充分利用毕业校友、学校教师的社会关系网络，引进高层次的人才，或者定期选派教师去相关企业进行创业实践培训，多渠道提升教师队伍的专业知识素养和创业技能积累，为专业教育和创业教育融合奠定坚实的基础。

（二）构建纳入创业教育的教学体系

要构建纳入创业教育的新一代教学内容体系，使得创业教育与国际经济与贸易专业教育有机结合。首先，要修订专业课程教学大纲。根据天津商业大学经济学院国际经济与贸易专业的相关规定，教师从事的教学活动以专业课程教学大纲为基础。因此，要在大纲中加入创业教育的环节，并将其纳入学生必修课程，鼓励学生积极参与创业课程的学习。其次，要修订相关课程教材，在教材中引入创业知识。国际经济与贸易专业本身是实践性很强的专业，具有很强的创业潜力。因此在教材的选定上，可以多考虑带有创业内容或创业专题的教材，鼓励学校教师编写专业教育与创业教育二者融合的教材，更好地服务于教学。最后，教师应在教学过程中将专业教育与创业教育有效衔接，在讲述专业知识的同时，要有创业教育意识，结合自身实践和当前的社会发展趋势，不断扩充课程内容，如在国际经济与贸易专业教学中加入跨境电子商务、上海自贸区专题等内容，培养学生创业思想，构建完整的教学体系。

（三）采用多种方法丰富教学形式

地方本科院校人才培养目标是应用型专业人才。因此，为更好地提高人才培养的效

果，响应国家创新创业的号召，学校要突破传统的单一独立的教学形式，以学生为导向，以学校为依托，拓展学生的视野，将多种形式纳入教学过程中。天津商业大学现有的创业教学形式有实训实践、挑战杯、创业大赛、企业参访、软件实训和实习基地建设等。在现有创业教学形式的基础上，学校可以引入创业教学新形式，例如创业专题讲座、校企合作培养、暑期实践模拟、企业联合竞赛等。通过丰富的创业教学形式，引导学生在专业领域内培养创业思维，并将创业计划付诸实践。

（四）优化学生考核评价方案

将创业教育和专业教育融合后，相应的考核和评价方案也需要有所调整。现有的考核方式多以考试为主，只能考查学生对理论知识的掌握程度，而对学生的专业应用能力和实际操作能力的考察不足。因此，将实践考核和理论考核相结合，是优化专业教育和创业教育考核方案的一种有益的探索。这方面可以借鉴温州地方高校国际贸易专业的考评方案，学生的考核标准是应用专业知识进行创业的实操能力。每个学生在敦煌网开设网店进行实际贸易操作，教师根据课程结束时各网店的营业额、客户流量、营业利润等方面综合评价学生的实操能力。与此同时，教师还可以采用加分项等方式，积极鼓励学生参加各类创业大赛，进行创业实践。这种优化后的考核评价方案既考察了学生的专业知识，又能检验学生的实践操作能力，不仅提高了学校人才培养的效果，也为学生毕业后创业奠定了良好的基础。

（五）构建创业孵化中心等支持环境

创业教育与专业教育的有效融合需要学校、企业和社会等多方的支持。因此，为将专业教育和创业教育更好地融合，学校可以借助企业和社会的力量，着重培养学生的创业思维，强化学生的创业能力。首先，学校可以出资建立大学生创业孵化中心。当前，江西财经大学等部分地方高校专门设置了大学生创业孵化中心，为在校大学生创业提供工商注册、企业年检等一系列支持，培育出一大批创业公司，大学生创业孵化中心的运营取得了良好的效果。我们也可以借鉴这种成功经验，在学校内建立大学生创业孵化中心，支持在校大学生将创业和专业结合起来，成立自己的公司。其次，学校可以借助校友、企业等关系吸引创业资金，利用国家关于创业创新的扶持政策，设立大学生创业扶持基金和在校学生创业贷款计划，为专业教育和创业教育的融合奠定资金基础。最后，学校可以通过实验室仿真操作、组织创业模拟大赛等方式，将创业实践引入课堂，并为专业教育和创业教育的融合提供硬件基础和软件环境。

五、结论

对于国际经济与贸易专业而言，创业教育和专业教育二者密不可分，二者结合将成为培养国际经济与贸易专业人才的重要途径。与发达国家大学生创业的比例和创业的成功率相比，我国的大学创业教育仍然处于起步阶段，学校创业教育师资紧缺，在校大学生创业意识和创业能力不足，这不利于打造"大众创业、万众创新"的创新型社会。地方本科院校承载着为区域培养实用型人才的社会使命，在专业教育中融入创业教育势在必行。因此，地方本科院校在开展创业教育时应充分考虑区域优势和专业特色，构建适应地方人才培养需求的专业教育与创业教育相融合的新一代教学体系,在校内通过组织创业技能大赛、创业沙龙等活动鼓励大学生将专业理论知识和创业实践能力相结合,拓宽大学生的创业思维,在大学生创业过程中给予必要的方向指导和资金支持,帮助大学生实现创业梦想。

参考文献

[1] 孙秀丽. 试论创业教育与专业教育的有效衔接 [J]. 教育发展研究, 2012 (07): 58-62.

[2] 谭格莉. 关于国际贸易专业创业教育的调查分析——以广东青年职业学院为例 [J]. 广东青年职业学院学报, 2014 (01): 47-52.

[3] 黄锦华. 地方本科院校创新创业教育研究 [J]. 广西教育, 2013 (2): 176-177.

[4] 王海龙. 我国高校创业教育研究 [D]. 天津大学, 2004.

[5] 崔艳芳. 国贸专业教育与创业教育相融合的路径探讨 [J]. 创新与创业教育, 2014 (2): 65-67.

基于POCIB外贸从业大赛的国际商务硕士研究生创业实践能力培养的研究

冯 凯 王 昕 王玉婧

摘要：伴随着国际商务专业硕士教育在我国的开展，培养国际商务硕士研究生创业实践能力已成为众多院校的共识。国际商务研究生通过参加POCIB外贸从业大赛，不仅能促进国际商务基本理论知识与技能实践紧密结合，更能激发和培养其创业实践能力。学校应修订国际商务硕士的培养计划，配备专业的指导教师队伍，完善参赛奖励措施以及营造良好的参赛氛围，积极支持国际商务硕士研究生参与POCIB外贸从业大赛。

关键词：POCIB；国际商务硕士；创业实践能力；研究生培养

一、引言

中国自1991年开始实行专业学位教育制度以来，经过十几年的努力和建设，专业学位教育发展迅速，取得了显著的成绩。国际商务硕士培养目标是培养具有前瞻性战略思维能力的高层次、应用型、复合型人才。而注重培养国际商务研究生创业实践能力已成为众多院校的共识。POCIB外贸从业大赛有利于将知识学习与技能训练有机结合，是培养国际商务研究生创业实践能力的重要途径。通过参加POCIB外贸从业大赛可以激发研究生创业意识，培养创业思维，提升创业能力，为国际商务研究生创业打下良好的基础。

二、国际商务硕士研究生创业实践能力培养的必要性

传统的研究生培养注重科研能力和自我学习能力，高等院校倾向于以科研能力作为研究生的培养标准，这使得创业能力在研究生的培养过程中往往被忽视。而国际商务硕士的培养目标是培养具备良好的政治思想素质和商务职业道德素养，通晓现代商务基础理论，熟悉国际商务规则，具备完善的国际商务知识、国际商务分析与决策能力，熟练

---

① 本文为天津商业大学教改课题"国际贸易实务系列实验课程网络教学模式探索和考核评估方法综合改革实践"（15JGXM46），天津商业大学青年基金项目（编号：151104），天津市艺术科学规划项目（编号：B14025），国家自然科学基金项目（编号：71503181），大学生创新训练项目（编号：201510069059）的阶段性成果。

掌握现代国际商务实践技能,具有较高的外语水平和较强的跨文化交流能力,具有前瞻性战略思维能力的高层次、应用型、复合型人才。与传统的硕士研究生培养目标相比,国际商务硕士的培养更加注重实践能力和操作能力。与其他专业相比,国际商务专业应用受限小,实践更加灵活,因此适合创业。所以国际商务硕士在创业实践能力培养上具有先天优势。

近年来,随着高等教育的持续扩招,普通硕士研究生变得不再稀缺,硕士研究生的就业难问题逐步呈现出来。与普通本科生相比,社会需要的不仅是具有专业知识,更是具有创业能力的应用复合型硕士人才。而知识经济时代的大学生具有强烈的追求个性、实现自我的欲望,而创业实践可以使得研究生自主选择适合自己发展的领域,以自己独特的优势去创新,最终实现自己的人生价值。

因此,高等院校在国际商务硕士研究生的培养计划中有必要融入创业教育,一方面通过开设相关课程完成国际商务理论知识的学习,另一方面通过创业实践完成创业能力的培养。

三、POCIB 外贸从业大赛与国际商务硕士研究生创业实践能力培养

(一) POCIB 外贸从业大赛简介

为更好地贯彻落实《国家中长期教育改革和发展规划纲要(2010—2020年)》及《教育信息化十年发展规划(2011—2020年)》,进一步促进学科发展,使教学与实践紧密结合,提高学生的创业实践能力,推动信息技术与高等教育深度融合,支撑高素质技能型人才培养,创新人才培养模式,中国国际贸易学会和全国外经贸职业教育教学指导委员会主办了 POCIB 全国大学生外贸从业能力大赛(简称 POCIB)。

POCIB 外贸从业大赛以模拟国际贸易仿真交易为主,参赛选手扮演一国进出口商和其他国进行进出口贸易。大赛包括国际贸易买卖合同的磋商、进出口商品的价格核算、主要贸易术语和结算方式的运用、买卖合同的确定和进出口业务履约等环节,注重培养学生国际商务谈判能力、英文函电写作技巧、主要进出口单据的缮制、成本控制与扩大利润的方法,为学生今后创业实践做好准备。POCIB 外贸从业大赛至今已成功举办四届,受到了参赛师生广泛的好评。

POCIB 外贸从业大赛有力地推动了全国院校外经贸专业理论联系实际的教学改革,推进了全国院校培养高技能创业人才的进程,使全国院校外经贸人才培养水平迈上新台阶。

(二) POCIB 外贸从业大赛与基础知识的学习

国际商务硕士研究生的课程包含国际贸易理论与实践、国际金融、国际商务谈判、跨国公司管理、国际物流与国际结算等,涵盖国际贸易的磋商谈判、合同签订、业务履约等各个环节,与 POCIB 外贸从业大赛比赛流程十分契合。同时 POCIB 外贸从业大赛主办方网站还为参赛选手准备了 POCIB 百科和视频讲解国际贸易全部流程的基础知识

与操作细节,让参赛选手不是机械地参与比赛,而是能将课堂所学知识温故知新,并与大赛的实际操作结合起来,让参赛选手对国际贸易知识理解得更加深刻,掌握得更加全面。

(三) POCIB 外贸从业大赛与创业能力的培养

POCIB 外贸从业大赛的每位参赛选手均代表一个国家唯一的进出口商,与其他国家的进出口商开展国际贸易。大赛虽然采用模拟交易,但各个环节都需要参赛选手真正参与。如贸易术语与支付方式的选择,航运空运的合理安排,成本控制与扩大利润等,都需要参赛选手结合实际情况做出决策,提高了其综合分析能力。而贸易合同的谈判、英文函电的书写、外贸单据的缮制等,都极大地锻炼了参赛选手实际操作能力。因此国际商务硕士研究生通过参加 POCIB 外贸从业大赛,不仅能更加形象地掌握国际贸易全部流程,更能锻炼其实际业务的操作能力与沟通谈判能力。所以参加 POCIB 外贸从业大赛不但能够培养国际商务硕士研究生的创业能力,而且还是为今后创业进行的一次预先演练。

四、基于 POCIB 外贸从业大赛的国际商务硕士研究生创业实践能力培养方案

(一) 全面修订国际商务硕士培养计划

国际商务硕士研究生创业实践能力的培养是一个循序渐进的过程,因此需要有培养计划的明确指导。因此相关院校应结合实践,全面修订国际商务硕士培养计划,可以将 POCIB 外贸从业大赛涵盖其中,形成一个完善的创业人才培养方案。例如学校可以借鉴挑战杯、数学建模等竞赛的经验,设立独立的 POCIB 选修课程。学校还可以将 POCIB 大赛融入课程实践、毕业论文等教学环节,酌情将 POCIB 大赛成绩作为国际商务硕士研究生实践教学课程的成绩和学分的参考标准,这会使学科竞赛与人才培养有机结合,使学科竞赛为人才培养服务的导向更加明确。

同时学校可以根据现有实验教学条件,结合 POCIB 外贸从业大赛的要求,引导外贸企业参与进来,共同建立 POCIB 外贸从业大赛实践基地。外贸企业不仅能为学生提供短期实践学习的机会,而且还能承办 POCIB 大赛的组织培训工作,同时也为企业发展了后备人才。

(二) 配备 POCIB 外贸从业大赛专业指导队伍

POCIB 外贸从业大赛的参与主体是学生,但一支高水平的指导队伍是将创业实践能力与参赛完美结合的重要保障。因此学校可以酌情专门引进指导经验丰富的青年教师并划分专门的参赛实验室,设立 POCIB 外贸从业大赛指导小组,选派参赛经验丰富的教师作为组长,鼓励往届参赛学生作为组员,负责本届参赛学生赛前培训、赛中答疑和赛后总结。

同时学校可以积极邀请外贸企业专业人员来校举办业务讲座,并选派指导教师参加全国 POCIB 外贸从业大赛的赛前指导教师培训,多与兄弟院校交流分享参赛心得与培养经验,积极总结本届比赛的不足,为以后的比赛做好准备。

（三）健全 POCIB 外贸从业大赛参与机制

为鼓励国际商务硕士研究生积极参与 POCIB 外贸从业大赛取得更好的成绩，学校应制定相关的规章制度与激励措施，使得 POCIB 大赛参与更加规范化。

学校和学院可以建立二级管理体制，学校要制定相关的规章制度，明确参赛经费和后勤保障等相关措施。学院可以据此制定相应的指导教师与参赛学生的奖励考核办法，如给予指导教师在进修、聘级等方面的政策倾斜，给予学生在评优、评先等方面的奖励措施，鼓励师生积极参与，提高学生的创业能力。同时学校应完善相关的监督措施，受奖励的参赛师生名单应予以主动公示，如有弄虚作假行为应坚决取消奖励，并全校通报批评，以此维护参赛的公平与公正。

（四）营造良好的 POCIB 外贸从业大赛参赛氛围

学校和学院可以利用校园网站、广播和布告等多重渠道，积极向国际商务硕士研究生宣传 POCIB 外贸从业大赛，邀请曾经参赛的选手参与经验分享沙龙，树立民主、开放的理念，鼓励学生间的互动交流，发表不同意见。同时指导教师应注重因材施教，激发学生的兴趣，保护学生的想法，为每个学生个性化发展留足空间。

这些既能使国际商务硕士研究生全面深入地了解 POCIB 外贸从业大赛，又能激发其学习兴趣和竞争意识，为更好地参与比赛搭建完善的制度平台。

五、结语

创业实践能力的培养是国际商务硕士研究生培养工作的核心。通过组织国际商务硕士研究生参与 POCIB 外贸从业大赛，可以将国际商务基础知识与国际商务实践紧密结合在一起，以基础知识学习为依托，激发创业热情，在 POCIB 外贸从业大赛中锻炼实践创业能力。同时学校应积极做好准备工作，提供政策支持和后勤保障。指导教师小组负责大赛全程指导，提供智力支撑和技术支援。参加 POCIB 外贸从业大赛的国际商务硕士研究生应珍惜难得的创业实践机会，积极参与，将书本所学知识与社会实践相结合，在大赛中培养创业实践能力，为今后创业打下坚实的基础。

参考文献

[1] 胡威, 郭宏, 蒋旻, 付晓薇. 基于学科竞赛的研究生创新实践能力培养研究[J]. 软件导刊, 2015（2）：182-184.

[2] 张新厂, 钟珊珊, 管兆勇. 研究生培养模式的重构与思考[J]. 江苏高教, 2011（3）：68-69.

[3] 柏连阳, 蒋建初, 盛正发. 基于学科竞赛的新建本科院校技术创新人才培养探析[J]. 中国高教研究, 2010（8）：65-67.

[4] 唐根丽, 王艳波. 大学生创新创业能力培养路径研究[J]. 环球市场, 2011（6）：76-79.

[5] POCIB 国际贸易从业技能综合实训网站, http://www.pocib.com/.

探究国际商务专业硕士创新创业型人才培养模式[①]

贾 楠

摘要：随着经济全球化的迅速发展，以及建设创新创业型国家的客观要求，能够从事国际商务经营与管理工作的，具有较强能力进行自主创业的国际商务专业硕士人才急需被高校培养出来。本文通过对国际商务专业硕士创新创业型人才培养的内涵及其必要性的研究，并借鉴国外高校创新创业型人才培养的经验，提出国际商务专业硕士创新创业型人才培养的具体模式，以期实现创新创业型人才更好地培养，促进国家对外贸易更好地发展。

关键词：国际商务；硕士专业学位；高校；创新创业；人才培养模式

一、引言

专业学位硕士是学术学位硕士的补充，其目的是培养具有扎实理论基础知识，并能够完成特定工作岗位的工作，满足行业要求的复合型、应用型高级人才。国际商务专业硕士学位是于2010年，经学位委员会批准在我国高校设立的，是新增的十九个硕士学位之一。该学位是为适应经济的迅速发展，对能够从事国际商务运营与管理，知晓国际商务专业的基础知识理论，拥有较强的涉外沟通能力的人才需求的满足。同时这一专业学位的设立在很大程度上完善和弥补了传统国际经贸人才培养体系的不足，对我国外经贸行业健康持续发展、提高对外贸易质量具有重要的支撑作用。

近年来，随着我国对外开放步伐的进一步迈进，以及我国自贸区政策的进一步推广，我国外贸行业进入新一轮发展的高峰期，外贸企业对高层次、创新型人才的需求日益增加。为适应我国国际商务全球化发展的需求，培养具有较深国际商务知识功底，能够从容处理国际商务事宜的，并适应外贸行业工作的国际商务专业硕士创新创业型人才的培养已成为社会发展的迫切要求。

---

① 本文为天津商业大学教改课题"经济学科市级教学团队建设探索与实践"（60203-15JGXM14）的阶段性成果。

二、国际商务专业硕士创新创业型人才培养模式的内涵及必要性

（一）国际商务专业硕士创新创业型人才培养模式的内涵

随着我国建设创新型国家战略目标的提出，以及对外贸易的迅速发展，对国际商务专业硕士创新创业型人才的需求日益迫切，要求高校改革国际商务专业硕士创新创业型人才培养模式的需求也越发强烈。然而，高校传统的人才培养模式已经根深蒂固，传统人才培养模式过于同质化，就像同一条生产线生产出来的产品，没有丝毫的新意与不同，更不可能具有创新创业精神。因此，想要改进传统人才培养模式，必须进行深入的改革，包括传统的教学课程、教学方式、教学方法、教学设备、教师团队的建设等。而对于国际商务专业硕士创新创业型人才的培养，则主要是在鼓励学生创业的情形下，同时培养其创新精神，使其成为集创业意识与创新精神于一体的人才，在实践过程中能够运用创造性思维，独立发现问题、解决问题、提出新问题，并在从事相应实践活动时，能够独立完成工作，敢于冒险。

（二）国际商务专业硕士创新创业型人才培养的必要性

纵观我国国际商务专业的发展历程，国际商务专业硕士学位的设立是我国对外经济贸易发展需要的满足，也是我国社会对高层次、应用型人才需要的满足。国际商务专业，是以经济学理论为基础，融合多种学科而成的，它不同于世界经济学和国际贸易等纯理论的学科，是一个应用型的学科。国际商务专业硕士学位的设立，使得国际商务专业人才不仅拥有国际贸易和世界经济学等理论知识，而且还拥有涉外贸易、对外谈判等实践能力，同时也具有管理国际商务事宜以及具备国际经济与贸易关系的宏观思维。

我国经济体制由计划型经济体制向市场型经济体制的转变，使得我国对人才的需求也从单一化变成了多元化，尤其是对于国际商务专业人才的需求，不再仅仅局限于传统的只拥有较深理论知识，而是在拥有较深的理论知识的基础上，还需要具有娴熟的外语交流能力、涉外交易能力以及对国际商务事宜的组织与处理能力，更重要的是要有创新创业的能力，即能够独立发现问题、思考问题并解决问题；能够创新思想；能够独自完成工作或与他人良好的合作；能够依据扎实的专业基础，合理地评价市场风险。如今的对外贸易行业，不仅仅是对工作岗位专业高级人才的需求，同时也需要更多的国际商务专业人才去自主创业，最终实现以个人实业带动整个对外贸易行业的发展。因此，国际商务专业硕士创新创业型人才培养，对于促进我国经济的发展，推动我国经济对外开放的进程，是极具必要性的。

三、国外高校创新创业型人才培养模式的经验

鉴于国内对国际商务专业硕士创新创业型人才的需求，以及国内国际商务专业创新创业型人才培养体系构建的不足，而国外创新创业人才培养历史较为久远，创新创业型人才培养体系较为完整的情形，我们对国外创新创业型人才培养体系构建的经验进行借鉴。

创新创业课程的改进，是指在传统创业课程的基础上，改革原有课程及上课模式，增设有利于创新创业人才培养的新课程，建立有利于创新创业人才培养的课程体系，促进创新创业型人才的培养。美国高校曾经开设创新创业教育课程，针对不同的专业，专门设立课程，旨在为其讲解相关创业事项，并解答相关问题。英国高校在长期实践中，形成创业意识、创业通识、创业职业三层次创新创业人才培养课程体系。创业意识旨在培养学生拥有创新精神与创业意识，引导学生在实践中多创新，并抓住恰当的机会进行创业；创业通识则是在于培养学生的企业家思维，通过这种锻炼，使得学生能够在遇到问题时，拥有企业家的睿智思维；创业职业则是注重学生对企业经营管理理论的掌握，使其能够成为拥有经营管理潜质的优秀人才。

（一）增加创新创业项目

从国外各高校创新创业人才培养体系的改革方面来看，各国高校会采取增加创新创业项目来进行创新创业型人才培养。如日本，为了强化学生的创新创业能力，通过增加科研项目的设置，同时降低理论知识学分的方式，来增强学生的科研能力，通过不断地做项目，使得学生能够培养科学的思维方法以及严谨的科学态度。印度高校曾为培养被社会所需要的创新创业人才，专门针对某专业，投入专项资金，设立科技创新创业人才专项启动资金，用于鼓励创新创业型人才的培养。

（二）"官—产—学"螺旋结构

国外高校的创新创业教育曾采取"官—产—学"螺旋结构，即"政府—产业—高校"结构，并通过产业园、研究中心和孵化园三个平台将政府、产业、高校三个主体联系起来。高校在这个螺旋结构中扮演着重要角色，即学校对于人才的培养要考虑政府和产业的需求，以免引起教育资源的浪费。如美国斯坦福大学，在培养学生时，充分考虑社会的需求，为企业培养更多高质量的知识型和技术型创新人才，为社会培养更多的创业型人才。高校自我角色的重要定位，使得其不会与社会和政府的职能混淆，专注于对社会和产业需求的观察，对学生进行有针对性的培养。

四、国际商务专业硕士创新创业型人才培养模式的构建

创新创业型人才培养模式是一种不同于传统培养模式的新的人才培养模式，是以学生的实际能力与发展潜力为基础，培养学生的创新意识、创新能力以及自主创业能力。

通过对国外高校创新创业型人才培养经验的借鉴，以及国内国际商务行业的发展现状及需求的分析，同时结合我国高校发展的实际情况，提出如下的国际商务专业硕士创新创业型人才培养模式的构建措施。

（一）根据行业要求，确立人才培养目标

培养目标是人才培养的质量、标准和规格，也是大学培养人才首要确定的标准。明确的培养目标的定位，才能够保证学校人才培养的质量，才能使培养的学生迅速适应工作岗位，迅速被社会和企业所需要与接纳。随着社会对国际商务专业硕士创新创业型人才的需求，培养创新创业型国际商务专业高级人才已成为各高校急需解决的问题。然而，长期以来各高校的培养目标不够具体，过于笼统与概括，对创新创业型人才素质的要求，

可操作性不强，难以达成和评估。因此，应该依据行业的要求，制定具体的、可操作的人才培养目标。

在国际商务专业硕士创新创业人才培养工作中，高校应该将创新人才能力素质结构作为逻辑起点，也作为人才培养工作的前提依据。《国际贸易业务的职业分类与资质管理》中对国际商务专业从业资格和职业分类有所界定，我们要以这一界定为基础，将国际商务专业硕士创新创业型人才培养目标确定为：能够从事国际商务事宜经营与管理的高级复合型人才。这一培养目标要求国际商务专业硕士掌握与国际商务相关的理论知识与实务技能，能够对国际商务环境进行分析与决策；具有组织协调国际商务的能力；能自如地进行跨文化交流；有开拓新市场渠道、从事外包业务和垂直生产分工、管理海外投资企业、处理市场风险的能力。此外，还要借鉴国外经验，增强高校服务功能，强调人才培养的社会服务性，避免高校学术、科研资源的浪费。

（二）加强高校教学改革，强化教学实践性

传统的教学模式已不再适合国际商务专业硕士创新创业型人才的培养，高校迫切需要进行教学改革，包括教学课程的设置以及教师教学队伍的组建，来增强学生的创新意识与创业能力的培养。

在教学课程设置的改革上，我们不仅要不断提高教学质量，而且要将创新创业人才培养课程纳入国际商务专业研究生培养计划方案中，要将之运用到实践中，可以通过设计一个实践课程计划，里边包含几个课程，多少学分，外加多少实践课程，通过修学分的形式，使学生完成创新创业教学。创新创业课程可以帮助学生形成创新思维、创新意识，同时也会讲解创业的准备、创业过程，以及创业期间会经常出现的问题和应对的方式，帮助学生去更好地了解创业过程、掌握创业的知识。实践课程的设置则是为了提供给学生实践的情景，让其在较为真实的环境中，解决出现的问题，将理论知识在实践中进行巩固与拓展。

在教师队伍组建的改革中，需要将传统的单纯的教师职工组成的教师体系改成由教师和企业家组成的创新创业体系，教师讲授创新创业的理论知识，企业家分享实际经验与案例，这样的分工可以使学生将理论知识在实践案例中进行巩固、分析，提高创新创业课程的效果。这就要求教师通过参加创新创业项目、在相关企业进行兼职等方式进行创新创业知识的实践积累，同时也要求学校邀请企业家通过演讲、创新创业教育小课堂等多种方式，将自己创业过程中所积累的经验、需要注意的问题以及自身应该具有的能力等与学生分享，通过这样的方式，使学生能够更好地了解到创新创业的知识，解决创新创业的疑难问题，并为其创业提供指导。

（三）深化人才培养实践环节，提升人才培养质量

国际商务专业硕士创新创业型人才培养模式，是必须将理论教学与实践教学相结合的人才培养模式，通过更多的实践教学，来增加国际商务专业人才的应用性。而传统的人才培养模式只注重理论教学，忽略实践教学，因此，为了提升创新创业型人才培养的质量，必须通过与相关企业的合作以及多维实践平台的搭建等工作，来深化实践教学环节。

高校应该加大与相关企业的合作，通过校企间的合作，来为学校提供实践平台，以及针对企业的订单式人才培养等。通过企业提供的实践平台，为国际商务专业的学生提

供了实践的场所，使其能够将所学的理论知识在实践中进行巩固与扩展，发现问题并解决问题。增强了学生的动手能力、应对问题的能力以及谈判沟通的能力等，同时也了解了国际商务事宜的处理方式，以及进出口实务方面的专业知识与业务技能。

同时，企业可以进行多维实践平台的搭建，为学生的创新创业教育，提供很好的平台。一方面，学校可以组织创业专题讲座，通过一些创业成功人士讲述其创业经历，来给予学生创业的激情与经验；还可以组织创业设计大赛，通过自主设计创业的全过程，给予学生机会去体验创业。另一方面，通过成立杰出校友团，为学生打造一个校友间沟通的平台，以其经验并结合实际为自己所用，必然会减少走弯路的情形。

（四）合理进行创新创业人才培养教育的角色定位

在创新创业型人才的培养过程中，高校的角色定位是极其重要的。只有明确的角色定位，才能清晰自己的职责，才能够更好地进行人才的培养。我国各高校主要提倡"产—学—研"相结合的创新创业人才培养模式，"产"指产业，"学"指教学，"研"指科研，即产业、教学、科研相结合，教学与科研提供人才和科研成果给企业，企业为教学和科研提供资金等援助，他们之间的联系仅仅局限于产业与高校之间。而西方国家则提倡"官—产—学"螺旋结构，即"政府—产业—高校"，将政府加入螺旋结构中，可以使高校人才的培养满足国家宏观经济发展的需要，使高校人才的培养不仅满足于企业的需求，也供应于社会。因此，我国高校也应该重新进行创新创业人才培养教育的角色定位，主动融入到国家层面的战略新兴产业中，利用自己的知识与技术优势，为国家发展做贡献。随着天津自贸区的建设，国际商务专业高级人才的需求与人才的素质要求也越来越高，高校应该结合实际，联系自贸区政策的发展以及企业的具体需求，进行创新创业型人才的培养。这样既可以使人才能够被社会与企业所需要，也使高校能够得到政府与企业的相关资金等的支持，促进经济发展的同时，也促进了高校自身的发展。

五、结束语

创新型经济的迅速发展、经济全球化进程的不断深入、就业形势的日趋严峻以及人才竞争的日益激烈，使得培养满足企业与社会需求的创新创业型人才，成为高校迫切需要解决的事情。

我国外贸行业的迅速发展，对国际商务专业人才的要求也越来越高，通过对国外高校创新创业人才培养经验的借鉴，并结合我国的实际情形，改革我国创新创业人才的培养模式，以培养出适应社会发展，并为社会与企业所需求的人才，促进我国外贸行业的发展。国际商务专业硕士是适应经济全球化发展的需求而设立的专业硕士学位，我们应该在其培养模式中加入更多的实践课程，力争培养具有理论知识、创新意识、创业能力的高级化和专业化的硕士人才。

参考文献

[1] 张晓鹏. 美国大学创新人才培养模式探析 [J]. 中国大学教学，2006（3）：7-11.
[2] 赵姝淳. 对高校创新型人才培养的思考 [J]. 国家教育行政学院学报，2007（3）：

64-67.

[3] 谢胜强等. 国外创业人才培养模式和特点比较研究 [J]. 科技创业月刊, 2009 (3): 87-89.

[4] 王秀敏, 梁丽, 陈骅, 陆慧娟, 龚宇平. 以产学研活动为载体培养创新创业人才 [J]. 中国大学教学, 2011 (12): 68-70.

[5] 朱景坤. 创业教育: 高校创新创业型人才培养的现实选择 [J]. 煤炭高等教育, 2012 (02): 1-5.

[6] 李飞标, 徐志玲. 高校创新创业型人才培养模式探析 [J]. 浙江工业大学学报 (社会科版), 2013 (03): 346-349.

[7] 李娜. 印度高校科技创新创业人才培养策略探析 [J]. 复旦教育论坛, 2013 (4): 75-79.

[8] 杨慧瀛, 张金萍. 基于创业导向的国际商务专业硕士人才培养模式研究 [J]. 经济研究导刊, 2014 (13): 64-66.

[9] 刘碧强. 英国高校创业型人才培养模式及其启示 [J]. 高校教育管理, 2014 (1): 109-110.

[10] 夏小华. 国外高校创新创业教育的经验与启示——以美国、德国为例 [J]. 鸡西大学学报, 2014 (06): 4-6.

[11] 姜慧, 殷惠光, 徐孝昶. 高校个性化创新创业人才培养模式研究 [J]. 国家教育行政学院学报, 2015 (03): 27-31.

[12] 孟一. 国际商务专业硕士人才培养初探 [J]. 国际商务 (对外经济贸易大学学报), 2015 (02): 154-160.

[13] 罗雷, 王晓东. 探析如何构建电子商务专业创新实践型人才培养体系 [J]. 电子测试, 2015 (15): 142-143.